U0361976

数字化转型系列

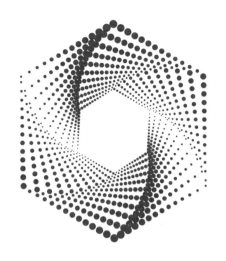

制造业数字化转型实践

欧阳生 宋海涛 ◎ 著

THE PRACTICE OF DIGITAL TRANSFORMATION IN MANUFACTURING INDUSTRY

机械工业出版社

CHINA MACHINE PRESS

图书在版编目（CIP）数据

制造业数字化转型实践 / 欧阳生，宋海涛著 . —北京：机械工业出版社，2024.4
（数字化转型系列）
ISBN 978-7-111-75454-1

Ⅰ.①制…　Ⅱ.①欧…②宋…　Ⅲ.①制造工业 – 数字化 – 研究 – 中国　Ⅳ.① F426.4-39

中国国家版本馆 CIP 数据核字（2024）第 061544 号

机械工业出版社（北京市百万庄大街 22 号　邮政编码 100037）
策划编辑：王　颖　　　　　　责任编辑：王　颖　赵晓峰
责任校对：张雨霏　梁　静　　责任印制：单爱军
保定市中画美凯印刷有限公司印刷
2024 年 6 月第 1 版第 1 次印刷
165mm×225mm · 18.75 印张 · 3 插页 · 336 千字
标准书号：ISBN 978-7-111-75454-1
定价：99.00 元

电话服务　　　　　　　　　网络服务
客服电话：010-88361066　机 工 官 网：www.cmpbook.com
　　　　　010-88379833　机 工 官 博：weibo.com/cmp1952
　　　　　010-68326294　金 书 网：www.golden-book.com
封底无防伪标均为盗版　机工教育服务网：www.cmpedu.com

之前写书都是先花至少两年以上时间构思整体框架，确定书的三级目录，待框架完整并能形成系统的知识体系后才开始写作，而本书打破了以往的流程。本书是基于一个完整项目的实践，并在项目实践的基础上进行丰富和完善而成。

2022 年 4 月 25 日，一家央企客户打电话给我，想要请我辅导数字化转型项目，并提了一个非常"苛刻"的条件，要求项目必须在五一劳动节前交付方案初稿，五一假期后交付方案终稿。当时我感觉不可能完成，因为基于过去的经验，交付一家大型制造业企业的数字化转型项目方案的周期基本要 1 ~ 2 个月，而这个项目要求 5 ~ 10 天，这简直难如登天。

当我把全部工作拆解成 1 ~ 2 小时的小工作，将能够并行的工作并行处理，并且每日工作计划安排不少于 16 小时以后，发现有可能在 4 月 30 日完成方案初稿。于是我给客户回复说，如果他们能够全力配合我的工作计划，部分工作要在凌晨执行，项目团队成员不论是在企业还是在外出差，都要能够随时参与到项目中，我就能够按照要求的时间完成项目。客户听我这么回复后非常高兴，并立即承诺全力配合项目计划的执行。

从 4 月 26 日上午项目启动，到 4 月 30 日我将项目方案初稿发给客户，在这5 天时间里，我们双方完成了 39 项关键话题研讨，交付了上百张图表，一份上百页的 PPT 规划方案，以及一份 109 页、3 万多字的 Word 方案初稿；从 5 月 1 日到 5 月 5 日这 5 天时间里，针对方案初稿里还需改进的 63 项细节，双方又展开了一系列的讨论，最终在 5 月 5 日完成了方案终稿交付。五一假期过后，客户将我们规划的数字化转型方案拿到集团总部评比，一次性通过。当时几十家单位去参加评比，只有 3 家通过。

在客户告诉我这个消息后，我意识到这份数字化转型方案比较有价值。于是计划将这份方案进行完善，再以此为基础形成一本制造业企业数字化转型的参考书，这样能够帮助更多的企业早日实现数字化转型。本书大概用了5周时间就完成了初稿，字数也从3万多字增加到20多万字。写完后我对书中部分内容不是很满意，于是又开始思考如何完善。随后我制定了三个完善策略：

策略1：邀请合著者。初稿完成后，我邀请了时任上海交通大学人工智能学院副院长的宋海涛博士作为合著者，请他提修改建议，并针对书中一些内容进行讨论。宋院长看后十分肯定书稿的内容，对本书的结构和部分内容提出了修改建议，并提供了一些素材，让本书内容更加完整和充实。

策略2：自我学习。针对书中的一些概念，写作时感觉理解不是很深刻，我就去买了相关书籍来学习。比如书中提到的降维打击商业模式创新方法，当时我只听说有这个方法，但并不是很熟悉，于是就去买了专门介绍降维打击商业模式创新方式的书。在学习完这些素材后再去修改书中的相关概念和内容，以确保定义准确。

策略3：在实践中继续完善。2022年6月，这家央企客户在数字化转型整体规划方案的指导下，开始了数字化转型落地实施，之后又请我帮助进行智能制造顶层构架设计，乃至现在还在帮助这家央企进行数字化转型项目管理和监理工作。在这期间，我基于规划和实施过程中的一些差异，又对书中的部分内容进行了更新和完善。

在本书出版之际，非常感谢合著伙伴宋海涛博士、机械工业出版社王颖老师，以及各位编辑的辛苦付出。特别感谢前述客户提供的项目实践机会和素材，这是本书的基础。

目前社会各界都还在积极探索制造业数字化转型，再加上不同行业的差异也很大，因此本书只能提炼相关的共性内容，供广大制造业企业参考。由于作者的水平和经验有限，书中难免有不足之处，特此开通读者邮箱：Reader@lm-leansmart.com，欢迎读者进行交流和反馈。最后祝中国制造业在数字化转型的道路上越走越远、越走越好，愿中国早日跻身世界制造强国之列。

欧阳生

2023年8月31日　于上海

目录

前言

战略篇

规划篇

实施篇

战略篇

　　企业进行数字化转型，需要谋定而后动。"谋"就是指数字化转型战略。

　　企业先要清晰地认知所在行业数字化转型现状，以及各行各业呈现出来的数字化转型特点，然后基于企业内外部数据赋能场景，来制定数字化转型战略。

　　企业数字化转型是一场持久战，要建立数字化管理体系，保障数字化转型的有序开展。

第1章 | CHAPTER

制造业数字化转型现状及特征

数字经济是未来全球经济的发展方向，是推动世界经济发展的重要动能，也是人类进入智能时代的基础。数字化转型作为数字经济发展的重要着力点，以物联网、云计算、大数据、人工智能等新技术为抓手，广泛赋能各行各业，已成为激发企业创新活力、推动经济发展质量变革和效率变革、提升国家经济竞争力的核心驱动力。数字经济是重组全球要素资源市场、重塑全球经济结构、改变全球竞争格局的关键力量，推进世界经济数字化转型已是大势所趋。

1.1 制造业数字化转型现状

制造业是数字经济的主要领域之一，针对我国制造业数字化转型现状，本书从如下三方面进行阐述。

1.1.1 需求个性化和供给标准化的矛盾

我国制造业分为三大类：轻纺工业、资源类加工工业和机械电子类制造工业。由于制造业覆盖的范围非常宽广，有三大原因决定了不同类别的制造业的企业数字化转型路径和方法是不一样的。

一是不同行业的制造形态差异非常大。比如纺织服装、食品饮料、电子制造、重型机械等行业的制造形态基本风马牛不相及。纺织行业的数字化解决方案对于电子制造行业和重型机械行业来说，基本没有太大的参考价值；同样，食品饮料、电子制造、重型机械行业的数字化解决方案对于其他行业也没有太多的借鉴。

二是同行业中产业链上下游企业和不同细分行业的制造形态也差异非常大。以汽车行业为例，至少覆盖机械、注塑、电子电气、玻璃、纺织等几大细分行业，这些细分行业的制造技术、工艺流程、设备设施等相差十万八千里；另外，即使都属于为整车厂提供机械件的供应商，比如传动系统、车门、座椅骨架等企业的差异也非常大，它们的数字化转型需求也注定不同。

三是同行业竞争对手之间的差异也可能非常大。生产同种产品的不同企业，由于制造技术、工艺流程、设备选型、管理方法、组织结构的差异，决定了它们的数字化转型需求也是不一样的。

以上这些差异决定了企业在进行数字化升级转型时，需求都是个性化的；但是从供给方来看，解决方案的标准化程度却越来越高。这就形成了需求个性化和供给标准化间的矛盾，并且这个矛盾越来越突出。供给方本身也知道需求方的需求是个性化的，但还是在不断提高解决方案的标准化程度，这是为什么呢？

一是定制化供给不能带来巨大的经济收益。一般供给方在刚涉足市场时，需要有具体的应用场景，针对种子客户，一般会提供定制化服务来满足客户的个性化需求，这个过程供给方基本没有经济收益。因此供给方在积累了一定服务经验后，就开始提高解决方案的标准化程度，希望通过复制解决方案来产生经济收益。

二是定制化服务难度大。面对不确定的服务场景，需要拥有不同技能的人才，针对超出企业服务能力的需求，还要临时招聘或者购买服务，这样导致团队很难组建且管理难度大，因此供给方会尽量避免出现这种局面。

三是服务需求方不愿意为定制化服务支付更高的成本。每家制造业企业在谈自身需求时，都会强调自身的独特性；但是在和能够满足自身个性化需求的服务商谈合作时，大多数企业不愿意为定制化服务支付高于标准化服务的成本，再加上企业逐利的本性，导致市场上定制化服务商的数量减少。

四是投资方多数不看好定制化的商业模式。一般提供数字化解决方案的企业都是科技型创新创业企业，开发产品和解决方案需要一定的投入，作为投资人一般不偏向投资提供定制化产品和服务的企业，因为定制化不能复制，不能产生规模收益。

针对需求个性化和供给标准化的矛盾，部分行业头部企业自己组建团队，自行开发解决方案。例如无锡某智能制造标杆企业，由于找不到适合自身的解决方案，就组建了近百人的软件开发团队和200多人的硬件和自动化开发团队。这么庞大的团队，对于大多数制造业企业来说，基本不能自给自足，只能去市场上寻找匹配度尽可能高的解决方案，针对不能满足企业个性化需求的部分，再进行相应的二次开发。需要注意的是，无论是企业自己组建团队，还是去市场上寻找解决方案，都需要在智能制造顶层构架设计的指引下进行，否则会事倍功半或者功亏一篑。

1.1.2 顶层构架设计不足

当前企业在进行数字化转型前，普遍没有进行顶层构架设计，或者顶层构架设计不足。这导致企业数字化转型没有方向和层次，从而增加了数字化转型失败风险和成本，延长了数字化转型窗口期。

企业数字化转型缺乏顶层构架设计的现象非常突出。主要有两大原因：一是部分企业没有认识到顶层构架设计的重要性，只是以解决问题为导向逐步实施，这样不能从企业盈利和发展的角度保证数字化转型成功；二是缺乏有效的顶层构架设计方法论。2016年之前，笔者就认识到了顶层构架设计的重要性，随后结合多年为企业提供智能制造顶层构架设计的实践经验，在2021年提炼出来了智能制造顶层构架设计"2347"方法论，该方法论是业界第一套完整的智能制造顶层构架设计方法论，在本书第5章会详细介绍。

在智能制造顶层构架设计的指引下，以企业中长期战略目标和数据赋能场景为导向，持续推动制造业企业数字化升级转型，是制造业企业高质量发展的关键所在。

1.1.3 数字化人才培养工作不成熟

制造业数字化转型需要大量的数字化人才，由于数字化涉及众多知识领域，属于前沿的综合性学科，数字化人才培养工作目前还不成熟，任重道远。

当前数字化人才培养有政府、企业和高校三大主体。2023年，中国成立了国家数据局，负责协调推进数据基础制度建设，统筹数据资源整合共享和开发利用，统筹推进数字中国、数字经济、数字社会规划和建设等。地方政府也陆续设置了数据管理相关职能部门，政府机构需要一大批懂数据管理的工作人员，也在积极推动各种数字化人才培养工作。企业是数字化人才的主要需求方，也在积极探索数字化人才的培养方案，部分企业还设立了相关的数字化部门。但是，目前企业内部还没有成熟的数字化人才培养模型和方案，很多企业是通过团队合作，将数字化工作分解给不同的职能人员去执行。高校是数字化人才培养的主力军，众多高校都开设了智能制造相关专业，但是在智能制造课程规划、教材可用性、师资培养、教学模式等方面还不成熟，还需要更加系统的规划和进一步完善，以培养批量的数字化复合型人才。

本书第 4 章针对企业数字化人才培养体系进行了初步探讨。

1.2　制造业数字化转型三大特征

在过去十几年间，世界各国都在积极探索制造业数字化转型道路。从我国的制造业数字化转型实践来看，呈现出"产品 – 制造 – 管理"三轮驱动、以解决问题为导向和从点到面逐步深入的三大特征。

1.2.1　三轮驱动

制造业数字化转型有三大驱动因素，分别是产品升级、制造升级和管理升级。在产品、制造和管理这三个维度上，整体趋势是从产品升级开始，逐步向制造升级和管理升级过渡。一家制造业企业的产品相对于制造和管理来说相对简单；制造相对于管理来说，又简单一些。因此，三轮驱动是从简单到复杂逐步演变的，符合新生事物的发展规律。

产品升级是制造业企业持续经营的必然要求。在数字经济爆发前，企业也一直在进行产品升级，不断地推陈出新，为社会提供更有竞争力的产品。在数字经济时代，产品升级又多了数字化、智能化、互联化的翅膀，通过集成各种新技术，持续提升产品的核心功能和附加功能，增加客户购买产品的渠道，提升产品体验，从而提高客户心理感受和满意度等。

制造升级也是制造业企业的必修课。制造系统主要由人（这里主要是指直接人员，间接人员属于管理系统）、机、料、法、环、测组成，制造升级就是要对这六大要素进行全面升级。针对制造系统涉及的直接人员，要持续提升作业者的技能水平和生产效率，或者降低作业者对于制造系统的影响；针对设备，要持续开发高性能和高性价比的设备、提升设备自动化和智能化程度，从而提高生产效率和降低生产成本；针对物料，要持续降低来料不良率、提升物料包装规范性、降低物料损耗来降低生产成本；针对作业方法，要持续开发新工艺、科学制定作业标准，以提升生产效率和降低作业强度；针对环境，要持续改善作业环境、降低安全事故、节能减排，向绿色制造方向前进；针对检测，要持续提升检测的科学性、时效性和准确性，确保用最经济的方法保证产品质量。在数字经济爆发前，制造业一直围绕这六大要素进行持续改进，各行各业的劳动生产率每年提升5%以上。当前，基于数字化、智能化和互联化的相关技术和解决方案正进一步提升劳动生产率和降低生产成本。

管理升级是制造业数字化转型最重要的应用场景。企业管理系统非常复杂，过去管理升级的主要路径是建立完整的企业管理体系，以及基于企业管理体系开发相应的信息化系统；随着数字化、智能化、互联化技术对企业管理系统的持续渗透，企业内部各项管理工作都存在数字化升级机会，并朝着管理自动化方向发展。管理自动化是指企业内部的管理工作，基于各种互联互通的数字化系统和管理模型，能够自动完成，不再需要人工进行处理。如本书第16章介绍的实时成本分析系统和全面预算管理系统就实现了管理自动化，不需要人工进行成本分析和预算管理工作，而是由系统自动完成，管理者只需要基于系统给出的结果进行决策或做出决策选择即可。

制造业企业在进行数字化升级转型时，在产品升级、制造升级和管理升级三个维度上需要并行实施，以缩短企业升级转型窗口期，从而获得更大效益。

1.2.2　以解决问题为导向

过去制造业企业在进行数字化升级转型时，以满足某一具体需求或者解决某一具体问题为导向的特征非常明显。比如发现现场人工作业困难，就会考虑机器换人；发现人工检测容易出错，就会考虑自动检测；发现多道工序可以实现连续生产，就会考虑自动化单元改造；发现生产过程不透明，就会考虑安装制造执行系统（Manufacturing Execution System，MES）等。这种以解决问题为导向的局部思维模式非常不系统，而制造系统又是非常复杂的系统，因此从局部考虑问题往往不能取得预期效果。以解决问题为导向是典型的实用主义，制造业讲究实效，也强调解决问题的重要性，这种现象在制造业企业数字化转型过程中比比皆是，但是整体效果欠佳。

1.2.3　从点到面逐步深入

制造业企业数字化转型需要一定的投入，而且这类投入在刚开始时没有前车之鉴，需要自行探索，风险比较大；因此制造业企业在制定数字化转型策略时，普遍先进行试点，待试点成功后再全面推广。从点到面逐步深入的做法在现场改进时有一定的可取性，因为现场各生产单元比较独立，不同生产单元的改进可以独立进行；但是这种方式只能进行一定程度的改进，不能将制造业企业数字化提升到较高水平，其原因是制造系统是一个有机整体，不同生产单元之间要相互协作，试点成功不能保证整体成功。因此在从点到面的推广过程中，还是有相当一部分工作属于面层级的首次尝试，其可行性在试点过程中无法验证。这也是很多企业在试点取得了成功，但在全面推广过程中失败的原因所在。

　　过去的制造业企业数字化转型实践，有积极的部分，也有不足之处。针对积极部分，要继续坚持和推广；针对不足之处，要基于实践给出具体的解决方案。本书就是基于这样的原则，尝试为制造业企业数字化转型提供具体的方向、策略、方法和工具，以供参考。

制造业数字化五大赋能场景

数字经济主要以数据为生产资料,数据要产生价值,需要遵循以始为终的数据闭环策略,依据数据赋能场景来拉动数据生产、数据传输、数据存储和分析,从而实现以小代价换来大价值的目标。

针对数据产生价值的机会,本章总结了制造业企业数据赋能的五大场景:一是解决企业内部问题;二是在企业内部创造新机会;三是在外部客户端创造新机会;四是在外部供应端创造新机会;五是外部的平行伙伴合作新机会。随着企业数字化转型的不断深入,除了以上五大主要数据赋能场景外,未来还会产生其他场景。

2.1 解决内部问题

大多数企业内部都会存在使用传统方法不容易解决或者解决起来非常烦琐的问题,但是当数据丰富以后,借助数字化解决方案,很多问题就可迎刃而解。针对解决企业内部问题的赋能场景,本章从内部价值链的角度进行系统分析,总结出如下 10 个通过常规解决方案很难彻底解决的问题场景。

1. 客户开发

按照客户需求的性质,一般将客户分为定制化客户和非定制化客户。定制化客户需求的产品一般由客户制定产品标准，非定制化客户一般由公司提供产品标准。针对这两种业务模式，客户开发工作也相差很大。

定制化客户开发一般需要响应客户需求，目前典型做法是招投标。供应商按照客户标书要求应标，中标后按照标书技术要求定制产品交付给客户。这个过程中供应商一般都期望提高中标概率和减少风险：提高中标概率需要准确把握客户技术要求的关键点，并提供有竞争力的竞标方案；减少风险需要广泛了解产品的技术标准和不同地方的宏观政策环境。在传统模式下要实现这两个目标并不容易，需要人工收集大量信息并且还容易遗漏很多细节事项。在这种情况下，若企业有一套标书管理系统，不仅能够分析标书内容和输出相关分析结果，并且能够通过数据爬虫获取相关的外部信息，那么就可有效帮助企业解决问题；与此同时，还能精确获取外部更多的招投标信息，扩大需求信息来源，从而提高中标数量，并减少对人员的依赖。

非定制化客户开发的关键是依据客户画像获取客户信息和建设销售渠道。传统方式主要靠人工宣传、活动宣传、购买客户信息等方式引流，效率比较低下。当借助数字化手段时，可以事先建立客户画像，然后基于第三方平台海量数据进行潜在客户筛选（一般需要多家平台的数据集中到一起，才能获取完整的客户画像），实现精准营销，从而提升客户开发速度和效率。这种做法需要使用第三方平台数据，当数据保护相关的法律法规升级后，除非数据所有者授权，否则这种方式不可行。

2. 产品设计

产品设计完成时，针对制造可行性的验证还不充分，多数企业是等到样件制作时才能发现问题。当发现问题后，再去优化设计方案，整个过程需要反复多次，这样就拉长了产品开发周期。借助 MBD/MBE 数字化设计与制造技术，在产品设计过程中，将设计信息、制造信息共同定义到产品的三维设计模型中，改变目前三维模型和二维图纸共存的局面，保证产品数据的唯一性。基于 MBD 在企业内部和供应链上下游建立一个集成和协同的开发环境，各业务环节充分利用已有的 MBD 单一数据源开展工作，从而能有效地缩短产品开发周期，降低开发成本，提高产品质量和生产效率。另外，在产品设计环节，还有各种系统仿真软件，对于提升产品设计效率和质量、减少产品制造不良，以及交付后质量问题有很大帮助。

3. 交付管理

交付一直是困扰传统制造业的一大难题，即使交付绩效优秀的公司，由于交付过程很难实现透明化，也需要管理者投入大量精力进行订单跟踪和协调等工作。借助数字化手段，依据企业信息流和产品价值流，通过设置关键报工点等方式，实现整个交付管理过程的透明化，让全部订单状态实时呈现在管理者面前，简化了订单跟踪工作，也便于处理插单和订单变更等异常情况。在此基础上，也可以将企业内部数字化系统和供应链上下游企业对接，打造协同供应链，从而简化整个供应链上的信息交互，消除牛鞭效应，提升整个供应链的交付绩效，减少供应链上的库存。

4. 生产计划排程

生产计划排程是传统制造业最复杂的一项工作，由于以前没有好用的信息化工具，基本都要手工排程。即使是在当今信息技术非常发达的背景下，通过账本进行生产计划排程的现象还十分普遍。部分管理较好、人员技能较强的公司会开发 Excel 版排程工具，但是使用起来比较复杂，而且容易出错，出错后还不能快速识别问题出在什么地方。也有一些企业安装了排程软件，但是大部分软件的排程能力较差，还没有 Excel 版排程工具的效果好，原因是排程软件里面的很多参数和模型需要经常依据实际生产状况进行调整和增减。Excel 修改起来比较方便，而系统更新较为困难，因此排程软件安装完一段时间后可能就不好用了。另外，生产计划排程是一个动态过程，而一般排程软件都是基于历史数据进行静态处理，不能和公司实际情况保持一致。在这种情况下，基于实时数据（再考虑决策目标和约束条件）的动态生产计划排程软件会比较有竞争力。

5. 质量检验

质量检验是制造业企业一项十分重要并且琐碎的工作，通常包含来料检、首检、自检、互检、过程抽检、终检、出货检等，任何一个环节出差错都可能导致不良品流出。一般企业通过制定质量检验标准、提高员工质量意识和提升质量检验人员责任心来做好质量检验工作。这个过程的主要问题是员工不按照质量检验标准来执行，而且管理人员又不能一直盯着员工，从而可能导致产品不良率上升。通过数字化工具，按照质量检验标准，实时获取检测信息，对于没有按照检测标准执行的行为进行预警和提示，可以规范员工的质检行为，并且消除繁复的质量检验结果记录、汇总、分析等工作，从而提升产品质量和降低质量检验成本；另外也可以开发数字化质量检测系统，取代人工检验，进一步消除人员对于质量检验结果的影响。

6. 直接人员管理

制造业企业直接人员管理一般有考勤管理、技能管理、工作纪律管理（如串岗、离岗等）、绩效管理这四大核心内容。考勤管理一般由文员记录、每班汇总上报，工作量较大而且容易出错；技能管理靠班组长进行技能评定，既不系统也不科学，另外还要基于班组长的经验将人员技能和岗位匹配起来，若匹配有差错，就可能导致产品不良率上升；工作纪律管理一般由一线管理人员负责，如班长或组长等，虽然大多数企业都有明确的工作纪律要求，但员工串岗和离岗的情况仍然时常发生，变成管理者和员工间猫捉老鼠的游戏，既浪费管理者时间和精力，管理效果也不好；对于大多数企业来说，绩效管理最复杂，管理基础差的公司直接人员的绩效管理简单粗暴，管理基础好的公司通过生产日报进行数据汇总、分析，然后算出员工绩效，整个过程至少滞后一个排班，不能及时识别生产过程中的问题并解决。通过数字化和物联网技术，可以实现自动考勤、数字化员工技能管理、员工岗位胜任力分析、员工定位管理、实时绩效管理等，从而加强对直接人员的过程管控，并提升管理效率，更重要的是能及时识别生产过程中的异常并及时解决。

7. 设备管理

国内制造业设备管理有三大普遍存在的问题：一是不知道产能利用率；二是不知道设备综合效率；三是 TPM（全面预防性维护）执行不到位。不知道产能利用率就会导致盲目投资，投资的必要性和精准性都得不到保证；不知道设备综合效率就不清楚如何对设备进行有针对性的管理，从而无法减少设备故障和提升设备效率；TPM 执行不到位，设备故障就会频发而且不受控制，也就随之变成管理者完不成生产计划的借口。通过数字化手段，可以实时监控设备产能利用率、计算设备综合效率（部分数字化产品只能计算设备综合效率，不能识别设备综合效率损失的原因），另外也可以通过智能 TPM 系统进行 AM（自主性维护）和 PM（预防性维护）管理，从而提升 TPM 的执行力度和降低管理成本。在智能 TPM 的基础上，针对关键设备，还可以进行设备健康管理，在设备发生故障前及时进行维护，从而更科学地执行 TPM，进一步降低设备管理成本、提升设备效率。

8. 物料管理

物料管理包括仓储物料管理和现场物料管理。国内制造业关于物料管理整体基础还比较薄弱：多数企业在仓储物料管理方面没有进行储位管理，造成物料存储混乱，"存盘取"效率低下；在现场物料管理方面没有进行中间库、线边库和工位内物料点规划以及现场物流线路规划，造成现场物料混乱、员工浪费大量时间去找物料。按照过去的项目经验，传统企业现场作业人员大约 5% 的时间浪费在找物料和物料周转器具上。通过精益化数字化改造，可以在仓库实现动态储位管理，提升储位利用率、提高物料盘点效率、提高存取料效率；规划现场物料点并进行储位管理，可以提升车间物料配送效率、车间内物料转运效率，从而加速物料周转和减少在制品库存。

9. 工艺变更管理

传统工艺管理的主要问题之一是在工艺技术部制定完工艺标准后，交付给生产执行过程中发生工艺变更，生产作业指导书更新不及时或物料采购更新不及时，造成产品不良率上升和物料采购错误导致呆滞产生。通过数字化系统，将图纸电子化，并且将生产作业指导书电子化，实现同步在线更新，能避免操作错误；将工程 BOM 和生产 BOM 同步更新，可以避免物料采购错误，从而减少呆滞。

10. 环境管理

很多生产场合对于环境有特别要求，比如恒温、恒湿、无粉尘等，若环境条件发生变化，却没有及时识别出来，可能会造成产品批量质量事故，严重时还会引起重大安全生产事故。通过物联网和数字化技术，可以实时监控重点生产场所的环境条件，当环境条件发生变化时及时预警，以便管理人员能够及时响应或自动启动应急措施，从而预防事故发生。

以上是企业内部一些常见的问题，目前都有可行的数字化解决方案。这些内部问题也是智能制造顶层构架设计的重要输入，在进行智能制造顶层构架设计前，要进行详细的业务需求分析，识别相应的数据赋能场景，在企业具备相应的数字化实施条件后按照解决问题的先后顺序有序实施。

2.2　内部新机会

企业内部经常有一些隐藏的、不通过数据分析就发现不了的问题，或者不通过数据分析根本无法解决的问题。针对这两类问题，借助数字化解决方案，有机会识别问题之间的关联性，找到解决问题的方案。本书把这两类问题称为内部新机会，主要是以结果为导向的系统性问题，如提高效率、降低成本、提升质量等。本书从制造业企业最关心的话题角度，总结了企业八大内部新机会。

1. 降低成本

目前我国制造业的整体创新水平不高，众多制造业企业主要赚加工费，因此降低成本意义重大。降低成本是一项系统性工作，一般从单点出发很难见效或者效果甚微。曾经有一位上市公司董事长对笔者说，他们公司成本居高不下，但是找不到降低成本的方法。这话听起来很矛盾，但是现实情况往往如此。一方面成本高，另一方面还不知道怎么降，这也是很多制造业企业的真实写照。企业在数字化转型前，一是通过精益管理，对企业成本进行系统的分析，然后逐项分析成本降低的机会和措施；二是借助数字化管理工具，将成本模型数字化，能够实时监控各成本要素的变化情况，及时识别哪些因素推高了成本，以及是如何推高的。通过实时的系统分析，能够准确识别成本居高不下的表层原因和根本原因，对该如何控制成本、控制哪些成本，以及成本降低潜力有多大也都一目了然。这样能够从根本原因出发解决问题，通常有四两拨千斤的效果。

2. 提升效率

提升效率和降低成本一样，是一项系统性工作，单点效率提升往往不能带来整体效率提升，有时还会导致整体效率降低。传统管理模式下企业提升效率，需要有精通运营管理的人才，一旦这类人才流失，企业的整体效率一般都会下降，这对人的依赖性非常高。通过数字化手段，能够实时监控人、机，以及各种生产要素的使用效率，分析效率的制约因素，也能够预测消除制约因素影响后的效率变化情况，从而给管理者提供可靠的决策依据。在科学精准决策的指导下，再配备能够解决具体问题的人，就可以有针对性地提升效率了。

3. 降低不良率

质量的影响因素不像成本和效率那么错综复杂，一般不同类型的质量不良是由不同因子导致的。只要能识别质量不良的真正原因，针对真正原因来解决问题，质量不良率就能很快降低。依据笔者过去的质量改进经验，1～2个月内将质量不良的影响因子分析清楚，然后确定控制方法，接下来1个月内，不良率通常能下降50%～70%。但这属于事后解决问题，还不能够做到在质量不良发生前（或发生时）就识别并解决。通过数字化手段，实时监控质量不良的发生，同时设定质量不良的响应方式，当不良结果达到响应极限时及时干预，可以阻止批量不良的发生，也能够为及时解决问题提供数据。另外，在积累了一定的数据量后，通过质量大数据分析，也能够更简单地确认各类不良的影响因素以及它们之间的关系，从而找到降低不良率的方案。这种方式比传统的实验设计要简单和高效许多，也降低了对于质量管理人员专业技能的要求。

4. 减少安全事故

虽然大多数企业一直把安全挂在嘴边，但是相对于成本、效率和质量，安全经常被忽视。目前国有企业和外资企业对安全比较重视，民营企业的安全意识还较为淡薄。不过随着国家对于安全生产监管的不断加码，减少安全事故对企业而言越来越重要。传统的安全管理基本都属于事后管理，精益管理强调安全要进行事前预防和消除安全隐患。传统管理方式不能够阻止安全事故的发生，精益管理只能够将大多数人为的和安全管理工作没有做到位的安全隐患消除或预防掉，但是针对一些突发安全事故并不能起到很好的预防效果。通过数字化和物联网技术，感知安全事故的触发条件，在各条件接近阈值前进行预警和及时干预，通过人工或者自动控制方式，可以有效预防发生一些突发安全事故。

5. 生产计划

生产计划是企业的大脑，也是制造业企业中最复杂的工作。完整的生产计划系统有主计划、月计划、周计划、日计划四个层级，再加上产能分析、生产日报和日生产异常反馈和处理机制。还有一些企业有年生产计划，由于年生产计划的主要目的是进行投资规划和决策，不是直接为生产制造服务，所以一般不将年生产计划归到生产计划系统。过去生产计划管理较好的企业一般是开发 Excel 工具，来完成产能分析、各级生产计划排程、生产日报汇总等工作。现今通过数字化系统，可以进行实时产能分析，自动完成主生产计划、月计划、周计划、日计划四级生产计划排程，还能分析生产计划排程不合理的原因，比如结合日生产计划异常的反馈，及时调整日生产计划，使日生产计划会更合理，不仅能提升设备利用率，更能提升企业的整体生产能力。

6. 生产过程监控

很多企业的生产过程是一个黑匣子，投料后就等着产品出来。如果管理者想要查询某一订单处于什么状态，什么时候能够完工，就需要安排人员去现场确认。这种完全靠人的管理方式，在制造业企业依然十分普遍。过去进行信息化改造时，很多企业安装了报工系统，但报工系统是在设定的报工点通过人工输入或者扫描方式录入信息，属于事后控制，只不过是控制点多了一些，能够在每班结束后知晓订单的状态信息。而通过数字化生产管理系统，可以实现订单信息、工艺信息、图纸信息、物料信息、生产信息同步，再结合相应的可视化解决方案，管理者能够实时了解全部订单状态。

7. 管理决策效率

现代企业管理者要做一个决策可能要花几天、几周甚至几个月的时间。究其原因，是数据整理和分析效率低下，需要一群人提供数据，然后通过数据模型将结果运算出来。以国内非常普遍的价格战为例，如果竞争对手开始打价格战，那么通常来说企业有两个选择：一是不理会；二是跟着降价。但是企业若想做出恰当的决策，可能需要很长时间，因为要进行精确的成本分析。对于没有精确成本分析模型的企业，完成这项工作大概要 2 个月左右；对于有成本分析模型的企业，也需要先整理数据，然后才能算出各产品的真实成本，也需要 1 ～ 2 周时间，然后在真实成本分析的基础上，再去评估竞争对手的成本水平，最后才能做出决策。而通过数字化方式，开发实时动态成本分析系统，可以实时精准地呈现当前各产品的真实成本，也能够提供过去一段时间内产品的真实成本，为管理者及时提供决策数据。企业类似这样的管理决策场景还有很多，通过数字化、智能化辅助决策系统，可以大幅提升企业管理决策的效率并降低管理成本。

8. 知识管理

企业知识一般分为通用知识和专有知识：通用知识是在不同企业都能共用的知识，比如办公软件操作技能、沟通技能、领导力等；专有知识是企业在发展过程中沉淀下来的，针对特定场景解决特定问题的知识。专有知识通常换一个环境，有效性就会打折扣或者根本没有用，如企业文化、解决问题的经验等。一般企业的知识都比较分散，没有形成统一管理，比如通用知识由人力资源部管理，图纸由研发部管理，工艺由工程部管理等。目前大多数企业的知识是以电子档存在服务器、员工电脑里，或者以纸质形式保存起来，非常不便于查找，因此使用价值相对较低。借助数字化管理方式，建立通用知识管理平台和专有知识库，定义知识管理标准和标准化管理规则，可以将各类知识系统地管理起来，便于使用时查找和提升知识利用率。

以上八大内部新机会场景包含了提质降本增效，这也是目前企业数字化转型要实现的核心目标。其他新机会的数字化赋能方式和企业解决内部其他问题的方式基本一致，只是解决问题的复杂程度不同。

针对内部新机会场景，目前部分场景还没有成熟的解决方案，如实时成本分析系统和辅助智能决策系统等，需要在健全的实时动态数据基础上进行开发。

企业在进行数字化转型时，将同步解决常见问题和内部新机会场景纳入智能制造顶层构架设计，在项目实施过程中，最大限度地完善各数字化系统功能和挖掘数据价值。

2.3 外部客户端新机会

数据除了能给内部带来解决问题的新机会外，还可在外部创造新机会并带来新价值，比如提高老产品销售收入和市场占有率，开发新产品和开拓新市场，利用现有产品和技术实施降维打击来进入新市场，改变公司业务模式，从销售产品为主变成销售"产品＋服务"，扩展销售收入渠道等。针对外部客户端新机会，本书总结主要有七大场景。

1. 市场情报

企业传统的情报来源，主要靠内部人员去外部搜寻或与外部人员沟通获取，因而对人的依赖性极大，并且完整性和可靠性较低。基于我们过去的企业战略规划项目辅导经验，每次询问客户有没有完整的市场情报渠道时，得到的回答基本是没有，这非常不利于做出准确的战略决策。通过数字化手段，建立市场情报系统，通过定向获取有价值的外部渠道信息，能为内部战略决策、产品设计、市场开拓、销售预测等工作赋能。

2. 销售预测

销售预测是一项比较难做准确的例行工作。很多公司由于销售预测很难做或者很难做得准确，干脆就不做，但这样内部生产就失去了"望远镜"，十分被动，忙的时候非常忙，闲的时候又很闲。另外，有些公司因销售预测不准，若进行提前生产，可能会产生大量呆滞品。如服装行业这种变化非常快而且周期又非常短的消费品行业尤为明显，大多数服装企业生产的 50% ～ 70% 的衣服都不能正常销售出去，有些甚至论斤甩卖。借助数字化工具，通过分析历史销售数据、市场情报数据，以及客户行为习惯数据，能够较为精准地进行产品销售预测，预测"爆款"产品以及销量，从而为企业精准决策提供参考数据。

3. 产品开发

产品开发主要有两类增值机会：一是通过同步开发来缩短产品开发周期；二是通过自身产品升级来提升客户产品性能。

和客户同步产品开发是很多 ODM 公司的一大痛点，特别是针对国外客户，由于工作时间不一致、信息共享程度低、信息交流不便等原因所致。通过数字化协同开发平台，可以解决信息不一致和不同步的问题，从而提升同步开发速度。

产品可以分为面向消费者的终端产品和组成终端产品的零件、部件、组件或者局部产品。从面向终端市场来看，目前"物联＋"和"智能＋"的发展方向非常明显，需要众多能提供"物联＋"或"智能＋"产品的供应商。如果供应商将自己的产品做成终端产品的"物联＋"或"智能＋"载体，那么就能够大幅提升产品的竞争力。在产品变成"物联＋"和"智能＋"产品后，还需要相应配套的云端管理系统，基于产品传回来的数据，提供相应的增值服务，这样就能创造新的价值场景。

4. 敏捷服务

客户服务可分为售前服务、售中服务和售后服务，迅速响应客户需求并提供各种高质量服务是企业的核心竞争力之一。针对售前服务，敏捷洞察客户需求，并能迅速提供有竞争力的产品是核心，比如富士康曾经在戴尔公司发布奔腾四笔记本电脑十几个小时后，就在深圳成功开发和制造出来了奔腾四 CPU 连接器样品并专机送到了美国戴尔公司。如此敏捷的售前服务，自然获得了戴尔奔腾四电脑的订单，也正是这个标志性事件，富士康才超越伟创力变成全球代工之王。针对售中服务，要保持与客户的良好沟通，及时洞察客户痛点，并提供有针对性的解决方案。售后服务也需要及时响应客户需求，尤其当现场出现问题时，要及时解决。这些都是敏捷服务能力，过去由于信息不对称或者信息传递不及时，很多敏捷服务工作无法开展。通过数字化手段，建立和客户之间的共享信息平台，可以大幅度提升敏捷服务效率和质量。例如在企业客户关系管理（Customer Relationship Management，CRM）系统中使用最频繁的就是客户售后服务模块。

5. 售后运维服务

企业基于"物联 +"和"智能 +"产品采集的数据，可提供三种远程售后运维服务模式：一是产品免费、服务收费；二是产品收费、服务免费；三是产品收费、服务也收费。企业可以根据实际情况进行决策。另外，针对 B2B 业务模式的企业，还可以通过产品采集的数据提供增值运维服务，比如安全服务、故障诊断与修复服务等。

6. 售后市场服务

对于提供整机产品的企业，售后是个巨大市场，比如汽车行业 2020 年售后市场规模达到 5.3 万亿元，比很多行业的整体市场容量还要大。一般行业售后市场服务主要形式有配件销售服务、维修服务、保养服务、清洁服务等。售后市场服务的一大特点是渠道比较分散，能够提供服务的服务商众多，那些最先了解客户需求的服务商将会抢占先机。针对"物联 +"和"智能 +"产品，最先了解到客户需求的一定是产品厂家，因为他们能准确知道产品将在什么时候需要售后服务。如果将这些信息通过数字化系统管理起来，就能够给客户提供非常有竞争力的服务。例如 3M 产品售后服务人员会在产品备件快到期时提醒客户更换，若客户同意，会立即和客户预约上门服务时间。

7. 提升行业影响力

有些行业产品有知识鸿沟，客户在产品选型方面可能会比较困难。由于供应商对所在的细分市场更加专业，因此可以开发一些简单的 SaaS 软件，能够有针对性地去解决客户的共性问题，这样既能提升行业影响力，也能扩大产品销售渠道。以纺织行业为例，成品企业可能并不太懂布料，而布料生产商则非常熟悉各种布料的适用环境。如果布料生产商将环境和布料匹配起来，那么就能够帮助成品企业在产品设计完成后进行恰当的布料选择，从而提升产品的使用性能。另外，以渠道、设计和品牌为主的公司主要面向终端消费者，可能并不太熟悉纺织品的制造过程，成品制造厂如果将制造工艺标准化并且以 SaaS 形式提供给客户，那么就能在提高产品标准化程度的同时满足客户的个性化设计要求。

针对客户端众多新机会场景，建议按照如下三个方向实施：

1）方向 1：和关键客户实现信息互联互通，通过 CRM 系统和共享大数据平台，增强客户黏性和为客户提供新服务，如售前、售后敏捷服务和提高客户满意度。

2）方向 2：和关键客户同步开发新产品，含智能化产品，解决客户痛点问题，为客户提供更多增值服务，增强客户黏性。

3）方向 3：基于"智能 +"和"物联 +"的"产品 + 服务"模式，进行商业模式创新，挖掘数据价值，拓展销售收入渠道和方式。

2.4 外部供应端新机会

数字化在客户端有赋能场景，在供应端同样有赋能场景。下面总结了数据在外部供应端的六大价值场景。

1. 协同开发

企业和客户可以进行协同开发，和供应商也可进行协同开发。当前供应端开发主要是供应商依据客户技术要求进行产品开发，当供应商开发完成后，将样品送到客户现场组装，通过组装来验证产品设计的合理性和制造可行性等，若有问题再进行工程变更，修改设计方案，过程繁复。通过建立供应商协同开发平台，企业可以缩短产品开发周期、简化开发流程、提升产品设计合理性和制造可行性，提升不同供应商之间的产品匹配性，降低采购成本。

2. 共享资源

企业和供应商之间有些资源若能共享，也会产生价值。常见的如图纸、库存信息、实验资源等。当企业和供应商共享图纸时，能够和供应商保持信息同步，也能够减少图纸传递带来的时间损失；当企业和供应商共享库存信息后，供应商就能实时掌握客户的物料消耗速度以及剩余库存，以更好地制定库存策略和安排生产，从而给企业提供更好的服务；当企业的实验资源开放给供应商后，若供应商在企业的实验室完成相关测试和实验，那么企业更容易接受测试结果，整个产品确认过程也会更简单。要实现实验资源共享，有传统的线下模式，也可以通过数字化手段，将供应商实验室和客户实验室连接起来，形成共享实验室，实现检验结果互认和同步共享。

3. 订单管理

企业下订单给供应商后，最想知道的还是订单状态。有时企业为了赶货，甚至派采购人员去现场监督生产。通过数字化手段，将企业信息系统和供应商信息系统互联互通后，企业可直接通过信息系统下订单给供应商。若供应商内部有健全的数字化制造执行系统，企业还能够了解订单的实时状态，并在订单状态出现异常时及时在线与供应商交流，从而提升来料准时率。另外，若企业库存较多时，也可以通知供应商延期交付，从而调节企业内部库存数量，减轻库存压力，也能避免仓库储位不足导致物料在企业内部随意放置，造成二次或多次搬运浪费。

4. 在途管理

对供应链管理要求较高的企业，货物在运输途中也需要监管，因为运输途中也可能发生质量不良。比如监管货物有没有被雨淋、是否发生碰撞、运输条件是否能够满足要求、司机是否酒驾或疲劳驾驶等。在传统模式下，这些情况无法监管或者监管十分困难。通过数字化和物联网技术，在车辆上安装传感器和摄像头，可以实时监控车辆各种在途信息，若运输过程中发生异常，企业能够立即知晓并采取应对措施。

5. 质量追溯

针对很多关键产品，客户都希望在发生问题时可以溯源，尤其对同一批次的产品都进行追溯，从而阻止问题进一步扩大。比如汽车行业，当车辆某一关键零部件发生质量问题后，整车厂就需要将同一批次生产的汽车都召回，避免问题扩大。那么，想知道要召回哪些车辆，就必须要借助质量追溯工具来实现。传统方式通过系列号追溯同批次产品，但是不知道质量问题的具体原因；而借助数字化手段实现质量追溯，可将产品全生命周期的关键质量信息都存储起来，当出现质量问题时，可以实时知晓哪些环节出了问题，这对于质量问题的追踪、处理以及质量改进都极为方便。

6. 供应商售后服务

供应商通常要为客户提供各类售后服务，比如退货、换货、补货、配件销售、各种增值服务等。传统模式下，都是等客户有售后服务需求时再告知供应商，供应商再被动地采取响应措施，这样会造成服务滞后和服务效率低下。通过数字化手段,供应商可以事先知晓客户的售后服务需求,变被动为主动,这样既可以提高客户满意度,还有增加销售收入的机会。若不能事先知晓客户售后服务需求,至少可以和客户同步知晓售后服务需求,这样也可以主动响应。

针对识别出来的这六项外部供应端机会,主要赋能方式是安装供应商关系管理(Supplier Relationship Management,SRM)系统和建立供应端的数据共享平台。建议按照如下三个阶段执行:

(1)第一阶段:SRM系统上线。通过SRM系统来进行供应商基本信息管理、供应商评估、采购管理、供应商绩效管理等,这是供应端数据赋能的前提。

(2)第二阶段:建立供应端数据共享平台。通过数据共享平台和供应商信息系统互联互通,实现库存信息共享,同步了解供应质量信息,为供应商提供敏捷服务等;针对信息化程度较高的供应商(如上了MES系统等),可以实时了解供应商产能信息、订单进度信息等;另外,通过数据共享平台,企业也能够知道供应商的产品和订单匹配情况,从而优化下发给供应商的订单量,提升交付及时率。

(3)第三阶段:鼓励供应商全面数字化升级。通过数据共享平台实现供应商数字化系统和企业数字化系统的全方位对接。比如针对实施了QMS系统的供应商,可以实时监控供应商内部和外部全过程质量信息,能够大幅提升来料质量,消除由于来料不良造成的各种问题和浪费。

2.5　平行伙伴合作新机会

在一条产业链上,处于同一层级的企业都可以称为平行伙伴。由于供应链上信息不透明,以及平行伙伴间的行业差异,导致平行伙伴间的合作较少,导致的结果是客户产品组装匹配度较差,或者是能够匹配但是整体性能不是最优。常见现象是不同供应商提供的软件,经常出现通信协议不同和软件开发语言不一致的情况,导致最终产品信息化集成程度低。因此针对平行伙伴,存在协同开发、统一软件技术标准的合作机会。

1. 协同开发

对于B2B(Business to Business)型企业来说,都有平行伙伴,但是它们之间通常缺乏交流和合作。导致此结果的主要原因是它们往往属于不同行业,产品形态差异较大,彼此之间不熟悉,因此也没有相互合作的动力。在这种情况下,它们的共同客户可以扮演协调者角色,让有相互配合要求的供应商协作起来。当有新产品开发任务时,和它们组成虚拟开发团队,进行产品协同开发,这样可以提升产品开发质量和制造可行性。要想实现这个层面的协同开发，需要客户建立供应端数据共享平台，相关平行供应商在此平台上协同开发。

2.统一软件技术标准

对于以产品组装为主业务的企业来说，它们通过采购不同供应商的零部件进行组装，或者将不同供应商的零部件和自制零部件组装在一起，形成最终产品。在这个过程中，若采购的零部件是软硬件结合体时，常常会出现不同供应商的软件技术标准不一致的情况。当组装成成品后，通常有多套控制系统，导致产品操控较为复杂，给最终用户带来不好的用户体验。部分技术集成能力较强的企业，会再开发相应的软件系统将不同供应商的软件整合起来，这种解决方案成本通常较高。当企业对供应商有一定话语权时，可以先设定技术标准，让不同供应商按照统一的技术标准进行产品开发，从而提升产品的整体性能。

统一软件技术标准不属于数据赋能的价值场景，但是能够降低终端用户的数据获取成本，有利于制造业数字化转型。

本章描述了数据赋能的五大场景，共 33 个机会，如图 2-1 所示。

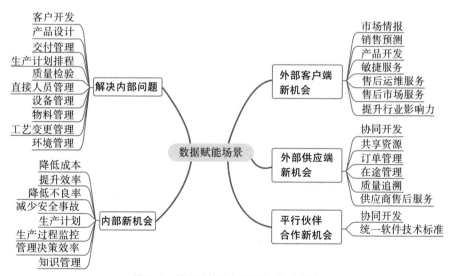

图 2-1 数据赋能五大场景的 33 个机会

大多数企业都有这些机会，企业在实施时可以将其列成点检表，逐项评估每个机会的价值。当企业将这些机会的价值评估清楚后，基本就清楚了数字化能够给企业带来多大价值，从而为企业制定数字化转型预算提供决策支撑。

制造业数字化转型整体策略

第 2 章介绍了制造业数据赋能场景，本章阐述数字化转型整体策略，它是企业数字化转型的行动纲领。对于任何一家企业来说，数字化转型至少由两驾马车拉动：一是数据赋能场景；二是企业的中长期战略目标。数字化转型不仅要能挖掘数据赋能场景的价值，也要能帮助企业实现战略目标。另外，针对一些大型集团的分子公司，还有集团的数字化转型整体要求这驾马车，这样整体驱动力就有三驾马车。

三驾马车要拉着企业向哪个方向前进？需要什么样的资源？要实现哪些目标？具体要解决哪些问题？这就是企业数字化愿景、使命和数字化转型战略需要回答的问题。企业在数字化愿景、使命和数字化转型战略的指引下，有计划地开展落地项目，制订行动计划，才能确保数字化转型成功。

3.1 数字化愿景

数字化愿景是指企业数字化转型要往哪个方向前进，需要以未来的眼光思考问题。数字化愿景要确保全体利益相关方统一思想，在企业的数字化目标上意见一致，尤其是企业的高层管理团队。

要想明确企业的数字化愿景，企业管理团队需要共同回答以下三个问题：

1）数据在企业业务模式中扮演的角色是什么？

2）企业希望通过数据实现什么价值或目标？

3）若干年后，企业希望如何管理和处理数据？

通过回答这三个问题，能够对数据进行定位，这也是企业数字化转型率先要明确的问题。比如一些企业希望变成数据驱动型的组织，希望通过数据来解决当前企业面临的问题，优化业务流程，创造新业务机会等。

以企业要变成数据驱动型的组织为例，数字化愿景可以设定三大阶段目标，如图 3-1 所示。

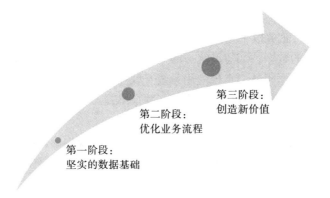

第三阶段：
创造新价值

第二阶段：
优化业务流程

第一阶段：
坚实的数据基础

图 3-1　企业数字化愿景三大阶段目标

第一阶段要解决数据自身的问题，通常包括数据来源可信、数据种类齐全、数据质量高、数据管理规范等核心问题；第二阶段要用数据来全面优化现有业务流程，帮助企业降本增效、提升产品质量、支撑业务增长等；第三阶段基于数据创造新价值，比如将数据资产化，或者基于数据打造新业务模式等。

总之，企业数字化愿景的核心是让企业的全体利益相关方对数字化转型达成一致认知，统一思想，这是企业数字化转型成功的前提条件之一。

3.2　数字化使命

数字化使命主要回答通过哪些目标来实现愿景。因此，企业的数字化使命和数字化愿景是一脉相承的。以"企业要变成数据驱动型的组织"为例，可以制定企业的数字化使命，如图 3-2 所示。

图 3-2 企业的数字化使命示例

在图 3-2 中，企业数字化主要有三大使命：①统一内外部数据来源，确保企业有可信且丰富的数据；②建设统一的大数据平台，对数据进行统一治理，然后为应用系统提供数据服务，实现应用系统互联互通；③打造企业大脑，实现辅助智能决策、管理自动化、优化业务流程，并最终提升企业的盈利能力和实现业务倍增的目标。

当企业数字化使命明确后，企业数字化建设的主要内容就明确了，接下来就是制定企业数字化转型的整体策略框架，并将企业的数字化愿景和使命落地。

3.3 整体策略框架

在数字化转型三驾（或两驾）马车的拉动，以及企业数字化愿景和使命的引领下，结合过去十多年帮助众多企业进行数字化转型的成功项目实践，笔者提炼出来一套完整易行的制造业数字化转型整体策略框架，如图 3-3 所示。

该数字化转型整体策略框架具有一般性，适用于各行各业的制造业企业，不论其是处于工业 1.0、工业 2.0 还是工业 3.0 水平。该整体策略框架共有十大关键任务（不含图中所示的企业中长期战略目标、集团总体要求和数据赋能场景）。

1. 数字化管理体系建设

不以规矩不成方圆，任何一项常态化工作都需要有相应的管理体系来保证执行不走样。目前数字化管理刚兴起，业界还没有成熟的数字化管理体系，需要企业去实践探索。本书建议至少从以下七个方面进行数字化管理体系建设：

1）数字化组织建设：为了将数字化转型落到实处，建议企业组建三级数字化团队，数字化转型领导小组、数字化转型核心团队、数字化转型联络员团队。

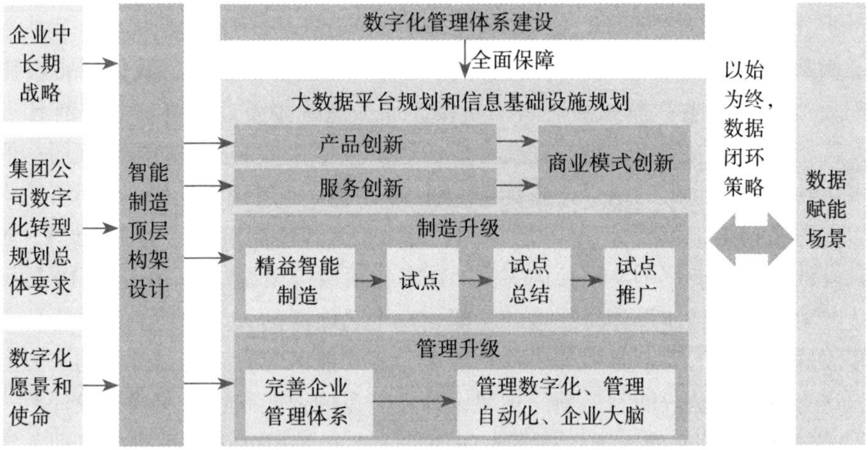

图 3-3 制造业数字化转型整体策略框架

2）数字化能力建设：数字化能力包括数字化人才和能力管理体系。数字化能力建设离不开数字化人才，企业要在数字化转型实践中培养数字化人才；若企业内部人才不充足，要去市场上引进新鲜血液。数字化能力管理体系是培养数字化人才的关键要素，要持续沉淀企业的数字化建设经验、形成知识和能力，并融入数字化能力管理体系中。

3）数字化考核和激励体系：要对数字化工作进行绩效考核，也要制定能够激发全体员工数字化工作主观能动性的激励措施。

4）数字化文化建设：要围绕数字化转型开展系列活动，将数字化工作常态化，与此同时制定相应的宣传方案，以扩大数字化的影响力。

5）数据资产管理：在数字化时代，数据就是企业的核心资产。企业如何进行数据管理、提升数据质量、确保数据安全、管好用好数据、发挥数据的价值是一项核心工作。

6）数据赋能管理：数据要产生价值，需要进行数据赋能场景挖掘和开发相应的解决方案，为了将数据赋能变成每名员工的本职工作，需要制定相关的数据赋能管理措施。

7）数字化管理体系：在数字化转型工作的实践基础上总结经验，然后形成规范企业数字化相关职能业务活动的管理办法、流程和工具。

针对以上内容，本书第 4 章将进行详细阐述。

2. 智能制造顶层构架设计

在确定了企业数据赋能场景和数字化转型目标后，智能制造顶层构架设计是企业数字化转型的第一步工作。有很多客户问我们数字化转型规划、智能制造顶层构架设计、数字化顶层构架设计、IT 规划等概念的差异，我们通常会用建一栋新楼来打比喻：假如要建一栋新楼，那么这栋楼要建多高、需要有什么功能，就相当于是数字化转型规划要完成的输出，也就是这栋楼的规划蓝图；假设数字化转型规划输出的结果是要建造一栋 10 层楼，7 层现在使用，3 层留给未来使用，那么接下来就要完成 10 层楼的设计方案（智能制造顶层构架设计），而不是只设计现在要使用的 7 层楼的方案（数字化顶层构架设计）；在这栋 10 层楼的设计方案中，要具体设计每层楼的功能，每个功能区的大小，还要说明为什么每层楼放这些功能区而不是另外一些功能区，各功能区为什么需要这样的资源配置等，这个过程就是智能制造顶层构架设计；当完成智能制造顶层构架设计后，这栋 10 层楼的样子就确定了；接下来还要确定大楼每根柱子和横梁的粗细、钢筋型号、水管电线布置图等，这就是 IT 规划；通过 IT 规划，要保证大楼的可靠性，基础设施要能够满足使用需求。从这个类比例子可以看出，数字化顶层构架设计是个"伪命题"或是"短视"的做法，一定要兼顾现在与未来进行智能制造顶层构架设计。IT 规划是由智能制造顶层构架设计决定的，能刚好满足智能制造顶层构架设计的需求即可，不要设计过剩，过剩就是资源浪费；更不能设计不足，否则整个系统运作不起来。

3. 大数据平台规划和信息基础设施规划

数字化管理体系是企业数字化转型的体制保障，大数据平台和信息基础设施是企业数字化转型的基础保障。在智能制造顶层构架设计的指引下，企业的 IT 部门先要进行大数据平台和信息基础设施规划与建设。

大数据平台规划主要包含以下三大方面内容：

1）数据资产盘点：对全业务域数据资产（含内外部）进行盘点，作为大数据平台规划的基本输入。

2）数据治理：通过建立数据治理规则，在数据采集前就明确数据标准以及各应用系统的数据格式与规范，可以有效提升数据集成的有效性。

3）大数据平台规划：识别全部数据来源并进行数据量评估；依据数据量、数据类别以及数据处理需求规划数据处理方式和存储方式；进行数据安全规划，通过有效的安全防护措施，确保公司的数据安全，既要能够满足使用需求，又要避免核心数据泄密风险发生。

信息基础设施规划主要包括以下四大方面内容：

1）网络规划：要依据工业物联网、工业互联网和应用软件需求，进行企业办公网络、工控网络、外网规划；要依据公司功能区规划主干网；还要让整体网络架构能够灵活满足布局调整和生产规模扩容需求。

2）信息设备设施规划：依据网络规划、大数据平台需求、应用软件需求等，规划信息设备设施，如机房数量、大小和位置等。

3）基础软件规划：对操作系统、数据库等基础软件进行选型和配置。

4）网络安全规划：通过进行全面的技术措施、管理措施和物理防护措施等规划，确保网络安全和提升网络稳定性。

在企业数字化转型过程中，建议先进行系统的大数据平台和信息基础设施规划；在上线各业务应用系统时，再按照具体需求进行持续建设。随着企业数据量的不断丰富，基于大数据平台，还可以开发企业大脑。

4. 产品创新

产品创新是制造业的主旋律。通过产品创新，持续提升产品的卖点和性价比，以及持续推出新产品，企业才能实现永续经营。本书重点推荐四类产品创新方向：

1）"智能＋"和"物联＋"方向：通过对产品进行"智能＋"和"物联＋"升级，打造更有客户黏性和竞争力的产品。

2）标准化方向：通过提升产品软硬件开发平台的标准化程度，以及提升标准化零部件的比例，能够提供更高性价比的产品。

3）价值工程方向：通过产品价值工程分析，不断优化和升级产品，也能够提供更高性价比的产品。

4）批量定制方向：通过提供有限选择的个性化设计，并灵活组合，来满足不同客户的个性化需求，将会促生批量定制的业务模式。

5. 服务创新

针对第 2 章描述的数据赋能场景，服务创新主要体现在企业内外部的智能化服务和敏捷服务上。智能化服务能够创造更多的增值服务机会，敏捷服务能够提高服务效率和客户满意度。

6. 商业模式创新

商业模式创新是识别新价值的主要方式，是企业数字化转型十分重要的组成部分。企业研发部门、营销部门和数字化相关部门一定要进行深度的商业模式创新机会探讨，要深入客户现场，体会客户痛点，要将客户痛点和未被满足的需求变成商业模式创新的机会。另外，商业模式创新也体现在产品和服务的供给方面。在数字化转型过程中，不能一味地强调单兵作战，要联合外部合作伙伴进行兵团作战，将不同伙伴的资源整合起来打造更有竞争力的产品和提供更有价值的服务。

7. 制造升级

制造升级主要是通过精益智能制造理论，结合企业的实际情况，先通过精益化夯实管理基础和制造基础，提升企业的盈利水平；再通过创新化提升产品和企业的核心竞争力；然后在企业内外部寻找自动化、数字化、智能化、互联化升级机会，来进一步提升企业的盈利能力和实现转型升级。

8. 管理升级 I：完善企业管理体系

针对中国制造业的现状，一般建议管理升级分两步：第一步结合精益管理，完善企业管理体系，构建企业的灵魂；第二步再进行管理数字化和自动化升级，最终打造企业大脑。

企业要想进行管理升级，首先就是要打造能体现企业文化的管理体系。完整的企业管理体系标志着企业开始走上现代化企业管理的正轨。

9. 管理升级 II：管理数字化、管理自动化、企业大脑

在完整的企业管理体系基础上，再去寻找管理数字化的机会，通过管理数字化来固化管理流程，确保不同的人执行起来不走样，也能简化管理流程，提升管理效率。在管理数字化的基础上，进行管理自动化升级，通过持续完善管理模型、管理软件或者开发新应用软件，让数据获取自动化、分析过程自动化、决策建议自动化。当企业内部的全部管理工作（优先聚焦核心管理工作）都实现了自动化，企业大脑就建立起来了，企业大脑需要随着企业需求的变化持续升级。

10. 数据赋能：新业务机会

企业业务是在不断发展的，有了丰富的数据，企业还需要持续识别数据赋能场景，并提供相应的解决方案，开拓新业务机会。

依据上述数字化转型十大关键任务，企业需要先进行数字化转型基础评估，通过全面评估识别企业数字化转型的薄弱环节，然后在各环节数字化转型前有针对性地补强，为数字化转型成功奠定基础。

3.4 落地关键项目

结合数字化转型十大关键任务，需要进一步找出关键任务对应的落地关键项目，针对关键项目，需要明确项目负责人，以及项目执行时间。

在确定各关键任务的落地关键项目时，可以运用头脑风暴的方式，建议公司数字化转型团队和各业务部门，针对不同的关键任务，结合各职能的具体业务，进行单独讨论。当讨论出初步结果后，要初步评估项目可行性。若评估结果为可行，可以进行项目立项，视为一个落地关键项目。

当识别出来全部落地关键项目后，填入"企业数字化转型关键项目进度计划表"（如图 3-4 所示）中，此计划是企业数字化转型的行动纲领，由公司最高管理者负责批准和监督。

序号	关键任务	落地关键项目	负责部门	负责人	计划开始时间	计划完成时间	项目状态	备注
1	数字化管理体系建设							
2	智能制造顶层构架设计							
3	大数据平台规划和信息基础设施规划							
4	产品创新							
5	服务创新							
6	商业模式创新							
7	制造升级							
8	管理升级Ⅰ：完善企业管理体系							
9	管理升级Ⅱ：管理数字化、管理自动化、企业大脑							
10	数据赋能：新业务机会							

图 3-4 企业数字化转型关键项目进度计划表（示例）

3.5 落地行动计划

在确定了数字化转型关键落地项目后，由各项目负责人组建项目团队（可以包含企业数字化转型团队中的成员，也可以不包含），然后项目团队一起拟订项目落地行动计划。

在拟订项目落地行动计划时，一般运用结构化思维模式，先确认项目的行动方向，然后再针对各行动方向制定具体的行动措施。企业数字化转型项目行动计划表（示例）如图 3-5 所示。

序号	项目名称	行动方向	行动措施	负责部门	负责人	计划开始时间	计划完成时间	进度状态	备注
1			措施 1						
2		方向 1	措施 2						
3			…						
4			措施 1						
5		方向 2	措施 2						
6			…						
7			措施 1						
8		…	措施 2						
9			…						

图 3-5　企业数字化转型项目行动计划表（示例）

运用上述项目管理方式，可以在项目绩效出现偏差时能够较容易制定出补强措施，确保项目目标的实现。

3.6　评价指标

目前各行各业正在全面实践智能制造，一套有针对性的评价指标体系就显得非常必要。为了落实《中国制造 2025》确定的大致方针，工业和信息化部、财务部联合印发了《智能制造发展规划（2016—2020 年）》（工信部联规〔2016〕349 号），该规划对智能制造重点领域提出如下目标要求：制造业重点领域企业数字化研发设计工具普及率超过 70%，关键工序数控化率超过 50%，数字化车间 / 智能工厂普及率超过 20%，运营成本、产品研制周期和产品不良率大幅度降低。

《智能制造发展规划（2016—2020 年）》对研发工具、关键工序数控化、数字化车间和智能工厂普及率提出了明确的指标值要求；但是对于运营成本、产品研制周期、产品不良率这些运营类指标没有提出明确要求，而这些运营类指标又是比较容易设定具体目标值的。在上述通用指标的基础上，本着"企业标准高于行业标准、行业标准高于国家标准"的原则，结合中国制造业实际情况，笔者在《精益智能制造》一书中设定了 13 项评价指标，如图 3-6 所示。

序号	评价指标	计算公式 / 方法	单位	备注
1	客户满意度	客户评估	%	
2	固定资产收益率	企业实现收益 / 固定资产价值	%	
3	生产效率	标准产出工时 / 投入工时	%	可以按人、设备分开
4	运营成本比例	(总成本 − 原材料成本) / 总收入	%	假定售价不变做比较
5	能源效率	能源费用 / (销售收入 ×10000)	元 / 万元产值	
6	交期	从接单到出货的时间	天（小时）	
7	库存周转率	销售收入 / 平均库存金额	次 / 年	
8	内部 PPM	内部不良数量 / 总产量 ×1000000	—	
9	外部 PPM	外部不良数量 / 总产量 ×1000000	—	
10	安全生产	工伤事故件数	件	
11	服务性收入比例	服务性收入 / 总收入	%	
12	研发周期	项目立项到研发完成	天	
13	研发成功率	投产件数 / 开发件数	%	

图 3-6　数字化转型评价指标

在上述评价指标中，包含了国家层面的五项指标：生产效率、运营成本（运营成本比例）、能源效率、研发周期，不良率（内、外部 PPM）。除了这五项指标外，结合数据赋能场景，还有另外的七项指标：

1）客户满意度：衡量客户服务质量。

2）固定资产收益率：衡量投资决策的经济效益。

3）交期：衡量流程效率和内外部协作效率。

4）库存周转率：衡量内部价值链协作效率。

5）安全生产：衡量企业发展有没有以牺牲安全为代价。

6）服务性收入比例：衡量公司的服务创新能力。

7）研发成功率：衡量公司研发综合能力的高低（此项指标针对定制化的企业不成立，因为定制化企业的研发成功率是 100%）。

关于各项指标的具体升降比例，本书不提具体要求，这是由于中国制造业不同领域、不同企业的工业化和信息化程度不一样。比如在半导体和液晶等领域，工业化和信息化程度相对较高，基本都实现了工业 3.0；在锻造、铸造、家具等传统领域，基本还停留在工业 1.0 水平。在相同领域中，不同企业的水平也相差非常大，比如在机加工行业，有的企业是工业 1.0 水平，如产品加工主要靠钳工；有的企业引进了现代化数控设备，产品加工主要依靠设备，实现了工业 2.0；还有的企业自动化水平高，数控设备配备机器人上下料系统，实现了单元自动化，也引进了 MES 等管理系统，可以称为工业 3.0。因此，针对不同领域和不同企业，需要解决的问题以及潜力完全不一样。以生产效率为例，有些潜力大的企业稍微改进一点，效率就能翻番；而水平高的企业，如果没有技术革新，生产效率潜在提升空间就非常有限，因为它们的效率提升主要依赖于更为先进的生产设备和更为先进的制造工艺。基于实事求是的态度，关于数字化转型评价指标，建议潜力大的企业以提升幅度和经济效益为导向，潜力小的企业要以保持先进性为导向。

针对这 13 项评价指标，企业要先确认数据来源，再制定数字化绩效考核与激励制度。随着企业数字化持续深入，尽量通过工业互联网和各类数字化系统自动获取各指标的原始数据，实现绩效考核自动化。

制造业数字化转型保障

数字化转型是一个长期和持续的过程，制造业企业数字化转型要走得稳和走得远，需要未雨绸缪，提前规划保障制度，并最终形成数字化管理体系。由于数字化管理是个新事物，需要摸索相关的制度经验，结合过去的一些成功项目实践，本章分享一些具体做法。

4.1 数字化转型保障框架

数字化转型保障工作的第一步是先要规划数字化转型保障框架，然后按照框架进行相关的制度建设。针对刚开始进行数字化转型的企业，建议按照图 4-1 中的七大方向进行数字化转型保障规划。

数字化转型保障首先要进行组织建设，在企业中如果没有组织，事情就变成了项目，项目是临时的，而企业数字化转型工作是要长期进行下去的；有了组织后，就

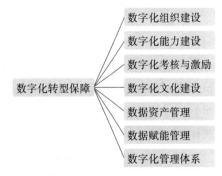

图 4-1　数字化转型保障框架

需要进行数字化能力建设（主要是指数字化人才建设），以确保组织有充足的人才从事相应的工作；当有人做数字化转型工作后，就需要对工作绩效进行考核和激励；为了长久地将数字化工作开展下去，还需要进行数字化文化建设；由于数据是企业的核心资产，也需要制定数据资产管理的相关办法；要挖掘数据资产的价值，还需要将数据赋能工作常态化；在企业数字化管理实践成熟后，需要将这些管理工作制度化，形成企业的数字化管理体系，以规范数字化相关工作。

4.2 数字化组织建设

结合一些企业成功的数字化组织建设经验，为了将数字化转型落到实处，建议组建四级数字化团队：数字化转型领导小组、数字化转型核心团队、数字化转型联络员团队、数字化转型落地项目团队。这四个团队统称为"数字化转型团队"，各角色主要职责如图 4-2 所示。

数字化转型领导小组主要职责：
• 负责企业数字化转型策略决策
• 负责企业数字化程度提升
• 负责数字化资源配置

数字化转型核心团队主要职责：
• 负责数字化工作推动和落实
• 负责数字化软件上线、二开、维护
• 负责数据资产管理
• 负责数据价值挖掘

数字化转型联络员团队主要职责：
• 负责所在部门数字化工作推动、联络
• 促进所在部门工作数字化程度提升

数字化转型落地项目团队主要职责：
• 负责具体项目落地实施

图 4-2　数字化转型团队主要职责

1. 数字化转型领导小组

目前基本形成了共识：数字化转型工作需要从上往下开展。因此需要成立数字化转型领导小组，一般由企业一把手挂帅，企业的高层管理者任组员。

数字化转型领导小组主要负责企业数字化转型策略决策、数字化资源配置，以及持续推动企业全方位数字化程度提升。一般建议企业数字化转型领导小组人员配置如下：

1）组长 1 名：由企业最高管理者担任，进行企业数字化转型策略决策。

2）副组长 1 名：由企业高管担任，组长的助手，协助组长处理数字化转型相关工作。

3）组员 5～7 名：由企业高管组成，主要推动企业数字化水平提升、负责相关数字化资源的配置、寻找数字化转型的方向和建议、参与企业数字化策略的决策、并担任企业数字化转型关键任务的支持者。

当企业高管团队肩负起数字化转型的主要责任，并且在高管之间建立竞争机制时，数字化转型才有可能取得成功。高管之间的竞争机制主要是让他们支持企业数字化转型的关键任务，企业依据各数字化转型关键任务的效果，作为高管数字化工作绩效评比的主要依据。

2. 数字化转型核心团队

为了将数字化转型快速推动实施，解决过程中可能遇到的各种困难，企业需要成立数字化转型核心团队，主要负责企业数字化转型工作的推动和落实、数据资产管理、数据价值挖掘，以及各数字化项目的实施、管理和维护。

数字化转型核心团队需要全职人员，建议设立四个团队：一是数字化办公室；二是精益管理部；三是智能制造部；四是 IT 部。这四个全职团队的主要职责如下：

1）数字化办公室：负责企业数字化的日常工作、数字化项目管理，类似于企业中的项目管理办公室（Project Management Office，PMO）。

2）精益管理部：负责业务流程优化、夯实数字化基础、进行数字化业务需求分析、定义数据来源、业务建模、数字化软件原型设计、数字化软件优化等。

3）智能制造部：负责公司数字化项目的需求定义、技术规范拟定、寻找外部资源或者组织内部资源开发解决方案、外部资源协调、解决方案落地实施等。

4）IT 部：负责信息基础设施规划、建设与运维，数据标准定义，大数据平台建设与管理，软件二次开发，信息系统集成、数据与网络安全等。

当数字化转型核心团队组建完毕后，要明确不同团队不同角色的主要职责，然后统计并汇总相应人员数量、背景信息等，数字化转型核心团队人员清单见表 4-1。

表 4-1　数字化转型核心团队人员清单

数字化转型核心团队	主要职责	人数	学历					职称				备注
			博士研究生及以上	研究生	本科	专科	专科以下	高级职称	中级职称	初级职称	无	
数字化办公室												
精益管理部												
智能制造部												

（续）

数字化转型核心团队		主要职责	人数	学历					职称				备注
				博士研究生及以上	研究生	本科	专科	专科以下	高级职称	中级职称	初级职称	无	
IT部	基础设施工程师												
	硬件工程师												
	软件工程师												
	大数据工程师												

各数字化转型核心团队在企业内部可以是四个独立的部门，也可以将这四支团队整合成一个部门，下分各种职能。具体采用哪种组织形式，取决于企业规模大小、人才多少，以及哪种组织形式更有利于数字化转型目标的实现。

3. 数字化转型联络员团队

为了将数字化转型夯实、深入到公司各职能部门，建议在各职能部门（针对一些规模较大的公司，要到二级部门或者三级部门层级）都设立数字化转型联络员。数字化转型联络员主要负责所在部门数字化工作的推动和联络、促进部门数字化程度提升。

数字化转型联络员为各部门的兼职人员，需要具备以下条件：熟悉所在部门关键业务流程（必要条件）；具备一定的数据处理能力，能够根据业务需求进行业务建模（优选条件）；负责部门数据管理（必要条件）。一般先由各部门负责人提报数据联络员人选，经过公司数字化转型办公室确认后，最终由数字化转型领导小组批准。数字化转型办公室通过信息表（见表4-2）统计和汇总数字化转型联络员团队成员信息。

数字化转型联络员团队可以作为公司数字化核心团队后备人才进行培养，当数字化转型核心团队有岗位空缺时，优先选择联络员团队成员。因此在选择数字化转型联络员时，要以数字化四大核心团队的专业人才需求为导向，合理配置各类专业人才。

4. 数字化转型落地项目团队

数字化转型最终要靠项目落地来实现，因此需要成立临时的数字化转型落地项目团队。各数字化转型落地项目，均按照项目管理的方式进行管理。项目经理由业务所在职能的一把手兼任，项目成员由各相关职能人员组成。当数字化转型落地项目完成后，项目团队就解散。

比如本章介绍的数字化组织建设这个落地项目，就应由人力资源部负责人任项目经理，推动公司建立四级数字化转型项目团队。当公司的四级数字化转型项目团队都组建完后，该项目就结束了。

表 4-2　数字化转型联络员信息表

一级部门	二级部门	姓名	学历					职称				备注
			博士研究生及以上	研究生	本科	专科	专科以下	高级职称	中级职称	初级职称	无	

4.3　数字化能力建设

为了保障数字化转型工作持续进行，挖掘数据的价值，需要持续提升公司的数字化能力；公司要提升数字化能力，需要培养数字化专业人才；培养数字化专业人才，需要积极探索数字化人才画像、所需的专业技能、定义技能等级标准，以及如何发展这些专业技能。

4.3.1　数字化人才画像

上一节介绍了公司的四个数字化团队：数字化转型领导小组、数字化转型核心团队、数字化转型联络员团队、数字化转型落地项目团队。在这四个团队中，除了数字化转型落地项目团队是临时团队，会随着各落地项目结束而解散外，其他三个团队都是常态化组织，因此需要为其确定人才画像，以便企业能够找到和培养相关人才。

1. 数字化转型领导

针对数字化转型领导，主要是确定什么样的领导能够带领公司取得数字化转型的成功，以及需要具备何种特质。要回答这两个问题，需要联系数字化转型领导小组的职责：推动公司数字化程度提升、做数字化转型决策、为数字化转型配置资源。基于这三大职责，建议数字化转型领导画像如下：

1）特征1：用数据说话。平时在工作中重视数据，不凭空想象，针对具体问题喜欢深度分析。

2）特征2：做科学决策。运用科学管理的理性思维方式，需要决策时，能够通过有限信息提炼决策模型，做出风险最小、收益最大的决策。

3）特征3：愿景领导。由于未来的数字化、智能化时代还未真正到来，需要运用愿景领导风格将公司拧成一股绳，朝数字化、智能化方向前行，持续提升公司的数字化水平。

若公司高层领导不具备上述能力要求时，建议寻求外部咨询机构的协助，聘请数字化转型顾问，来辅助公司进行相关的数字化转型决策。

2. 数字化转型专业人才

数字化转型专业人才主要来自于数字化转型核心团队，包含六类人才：项目经理或数字化协调员，主要来自数字化转型办公室；熟悉公司业务流程的专家，主要来自精益管理部；懂智能制造技术和产品的专家，主要来自智能制造部；懂软件和硬件开发的两类工程师，主要来自IT部；懂数据管理、建模与分析的大数据工程师，这个岗位大多数公司还没有，建议设在IT部或单独设立数据管理部。

针对这六类数字化转型专业人才，其人才画像见表4-3。

表4-3 数字化转型专业人才画像

部门	人才种类	特征
数字化转型办公室	项目经理或数字化协调员	组织策划
		项目管理
精益管理部	业务流程专家	价值流分析
		持续改进
		业务过程重组
		数字化、智能化原型设计
智能制造部	智能制造专家	熟悉智能制造相关技术
		熟悉智能制造相关产品

（续）

部门	人才种类	特征
IT 部	硬件工程师	熟悉 IT 相关硬件产品
		能够进行相关硬件管理与维护
	软件工程师	软件开发
		接口开发
	大数据工程师	数据定义与数据管理
		数据建模
		数据分析

数字化协调员要能够进行数字化转型策划、组织数字化活动，以及进行数字化落地项目管理，持续推动数字化转型工作的开展，协助数字化转型领导小组提升公司数字化水平。

业务流程专家要基于数字化是手段不是目的的原则，从公司业务价值流的角度出发，识别有数字化价值的业务场景，持续改进夯实数字化基础，进行业务过程重组和优化价值流程，依据价值实现过程、进行简单的数字化解决方案或原型开发，为数字化解决方案提供技术标准和业务需求输入。

智能制造专家要熟悉相关的智能制造技术，要清楚各技术的应用场景，解决问题的原理，以及如何综合应用才能创造价值；另外，智能制造专家还需要熟悉各种数字化产品，要能识别各产品的优点和缺点，适用什么场景，能够解决什么问题，不能够解决什么问题。这样在公司进行数字化解决方案选型时才能有的放矢，不至于陷入智能制造服务误区。

硬件工程师要能进行 IT 基础设施规划、选型和运维。目前一些公司选择将这部分工作外包，我们还是建议公司要根据规模大小配备一定数量的硬件工程师，这样能够提升 IT 硬件服务效率和选择更为适合的硬件产品。另外，在公司数字化、智能化转型项目实施时，若需要开发硬件产品，也能够更好地进行硬件规划和提出技术要求。

软件工程师主要进行软件开发或者二次开发。在公司数字化转型过程中，主要以外部服务商软件产品为主，需要软件工程师定义软件技术标准，有时还需要进行二次开发或者打补丁；随着公司内部各数字化应用系统的增多，也需要软件工程师进行系统与系统间或者系统与大数据平台间的接口开发；另外一些业务部门可能要为某些具体业务开发一些小软件，这类小软件功能单一，市场上往往没有相关产品或者产品功能不能满足公司的实际需求，这时公司可以自行开发。

大数据工程师岗位随着公司数字化程度的提升会变得越来越重要。面对数字化企业的海量数据，大数据工程师要先定义数据标准和数据管理标准，将数据管理好；同时要进行数据安全管理，确保数据资产安全；在此基础上进行数据分析，挖掘数据的价值，为业务赋能。

3. 数字化协调员

数字化协调员是公司数字化人才的后备力量，人力资源部要和数字化转型核心团队一起识别公司潜在的数字化人才，将他们发展成为数字化协调员。数字化协调员需要具备以下特征：

特征1：熟知所在部门的业务流程（必要条件）。数字化协调员要非常熟悉所在部门的业务流程，能够识别业务流程的问题并进行流程优化，能够进行流程重组和设计更好。

特征2：习惯用数据说话（必要条件）。在日常工作中，爱用数据说话，喜欢量化工作过程和结果。向上级汇报时，能够基于数据，进行工作总结或者提出工作建议。

特征3：喜欢开发运营模型（优选条件）。在工作中若某人展现出来爱用开发工具解决具体问题，特别是通过运营模型来解决一些复杂的实际问题，这类人是高潜力数字化人才。

特征4：结构化与标准化思维（优选条件）。具备结构化思维的人，能够将工作条理梳理清楚；具备标准化思维的人，能够将工作做到位，并且保证每次交付结果质量都很高。这两种思维是数字化转型的核心思维。

4.3.2 数字化人才培养

为了持续壮大数字化人才队伍、传承数字化知识和经验，公司需要摸索一套行之有效的数字化人才培养方式。数字化人才培养要以数字化人才画像为导向，识别数字化人才所需的关键技能、技能等级标准，以及摸索提升各技能等级的方式。

1. 关键技能

依据各类数字化人才画像中的特征，提炼的关键技能如下：

（1）数字化协调员需要具备三项核心技能。①策划能力，要能策划公司数字化向哪些方向发展并且构建数字化蓝图；②组织能力，要能动员全体员工参与数字化建设并且组织相关活动，提升数字化的影响力；③项目管理能力，要能协调各方资源、持续推动数字化转型项目的落地实施。

（2）业务流程专家需要具备五项核心技能。①价值流程分析能力，含制造领域和非制造领域；②持续改进能力，要对精益管理的十八般武器样样精通；③管理体系建设能力，要能依据业务需求设计出最适合的管理方法和开发相应的管理工具；④业务建模能力，要能依据业务需求提炼出运营模型；⑤工具开发能力，要能根据提炼的运营模型开发设计出来简单的模型工具来解决实际问题。

（3）智能制造专家需要具备三大方面能力。①熟悉各类智能制造相关技术，例如通信技术、数控技术、物联网、大数据、人工智能、边缘计算、云平台、虚拟现实、数据爬虫、知识图谱等；②熟悉各类数字化产品，如企业资源计划（Enterprise Resource Planning，ERP）系统、产品生命周期管理（Product Lifetime Management，PLM）系统、产品数据管理（Product Data Management，PDM）系统、MES、仓储管理系统（Warehouse Management System，WMS）、CRM、SRM、数据采集与监视控制（Supervisory Control And Data Acquisition，SCADA）系统等，要熟悉它们的产品框架，业务和数据逻辑，以及数据需求；③熟悉各类智能制造硬件产品，如传感器、智能终端、网关、PLC、工控机、服务器、机房等，能够进行基本的技术标准制定和产品选型。

（4）IT 硬件工程师需要具备两大方面能力。①熟悉各类 IT 硬件产品和网络，如 IT 网络、网关、服务器、机房、云平台、网络安全等，能够进行基本的技术标准定义和产品选型；②能够进行日常运维。

（5）IT 软件工程师。需要熟悉各种软件开发语言以及具备应用软件开发能力，能够基于公司业务需求进行软件二次开发、应用界面开发和系统间接口开发等。

（6）大数据工程师需要具备的两大能力。①数据治理，定义数据标准，进行数据标准化管理和数据安全管理等；②精通算法，能够基于数据和具体业务目标进行数据分析，挖掘数据价值。

2. 技能等级标准

在确定了各类数字化人才的技能需求后，要为每项技能设定技能等级标准。技能等级标准设定可以参照各公司的具体规定，也可以参照行业通用标准，将技能等级分为如下五级：

1）0 级：对该技能完全陌生，什么都不知道。

2）1 级：了解该技能的基本知识，但是缺乏实操经验，不能独立工作；例如大学刚毕业的学生，针对所学的专业知识，技能等级基本都可以认为是 1 级。

3）2 级：熟悉该技能的基本知识，有一定的实操经验，能够独立工作。

4）3 级：熟悉该技能的基本知识，有丰富的实操经验，能够出色地完成相关工作，并能够帮助他人。

5）4级：是该领域的专家，对知识有独到见解，有创造性的成果，并且能够指导他人。

当定义好技能等级标准后，将公司全部数字化人才按照技能等级标准进行技能评定。技能等级评定完成后，识别出公司在数字化能力上的短板，再针对短板部分制定补强措施。通常来说能力补强措施有三条路径：

（1）路径1：自我提升。通过自我学习的方式，定向培养数字化人才，提升他们的数字化技能，以满足公司的数字化转型需求。这种方式优点是能够将能力固化在公司，缺点是培养周期长，有时远水解不了近渴；再考虑人才稳定性问题，可能能力提升后就跳槽了，因此很多公司不采用这条路径。但从公司长远发展来看，这条路是必须要走的，下一节将介绍自我提升能力的路径。

（2）路径2：服务外包。针对数字化转型过程中公司能力不足的部分，采用完全外包的形式。这种方式的优点是公司比较省事，但是对外部机构的依赖性过强，再加上外包服务商切换成本高，不利于公司数字化转型的长期发展。

（3）路径3：借助外力。针对数字化转型过程中企业能力不足的部分，通过和外部专业的数字化转型咨询机构合作，在咨询顾问的帮助下进行数字化转型。这种方式优点是服务灵活多样，能够快速满足企业需求，还能够同步培养人才；缺点是短期顾问服务费用较高，较低的花费找不到好的咨询服务机构。

当公司识别出数字化能力短板后，要结合上述三种能力补强措施，制订相应的能力补强计划，以便数字化转型工作能够顺利开展。

3. 数字化能力发展路径

针对每项数字化技能，都需要制定详细的能力发展路径，这样才能够落地执行，通过自我们造血的方式，源源不断地提升公司的数字化能力。能力发展路径主要有以下五种方式：

（1）方式1：基本知识学习。学习技能的基本知识，是能力发展的基本前提，也是技能从0级提升到1级的主要方式。学习的形式可以丰富多样，如常见的企业内外训、学校学习、网络学习、自主看书钻研等。

（2）方式2：工作实践。从事相应的工作，将学到的知识应用到工作实践，加深对知识的理解，并识别实战能力的不足之处，然后再有针对性地补强。

（3）方式3：带教。在工作中，给发展对象找一名经验丰富的师傅，由师傅定期进行指导，帮助发展对象快速突破自我认知的边界，迅速提升技能。师傅可以是公司内部的，也可以是公司外部的。

（4）方式 4：经验总结。发展对象要经常自我反省，及时总结工作经验。通过自我反省，认识能力不足之处，并体会知识是如何创造价值的，然后针对不足之处再制订能力提升计划。

（5）方式 5：创新突破。通过经验总结，若能够形成自己的理论、方法或者开发相应的工具，那么就实现了技能质的突破。

结合上述几种能力发展方式，为每项数字化技能匹配具体的发展方式，就能够建立完整的数字化技能发展路径，然后在数字化转型实践中再去不断丰富和完善。企业将数字化人才种类、人才画像、技能名称、技能等级、技能发展路径综合起来就能形成自己的数字化能力管理体系，见表 4-4。

表 4-4　数字化能力管理体系

部门	人才种类	人才画像	技能名称	技能等级描述					技能发展路径				备注
				0	1	2	3	4	从0到1	从1到2	从2到3	从3到4	

公司在初步建立了数字化能力管理体系后，仍要在数字化转型实践中边摸索边总结，不断丰富和完善该体系。与此同时，沉淀数字化人才的培养知识和经验，建立数字化知识库。数字化知识库建设要注重经验总结和知识管理，一般来说数字化知识主要有四个来源，针对每类知识来源要设定具体的管理方法。四种常见数字化知识的管理方式见表 4-5。

表 4-5　四种常见数字化知识管理方式

知识来源	管理方式	备注
实践案例	案例评价、案例经验总结、案例编写、案例经验推广、案例推广评价、案例内外部宣传	以内部经验总结为主
外部培训	培训需求管理、外部资源库、培训实施管理、培训评价、培训报告、培训知识沉淀、培训知识应用	
内部培训	培训需求管理、内部资料库、内部讲师库、培训实施管理、培训评价、培训报告、培训知识应用	
内部交流和座谈	主题提报、过程策划、实施管理、纪要管理、跟踪实施	

4.4 数字化考核与激励

公司面对数字化变革，需要全体员工群策群力。为了激发公司全体员工数字化工作的主观能动性，需要制定数字化工作的绩效考核和激励措施。

4.4.1 数字化绩效考核

数字化绩效考核和公司其他工作的绩效考核相比，没有什么特别之处，只是公司的一项"新"工作而已。针对数字化绩效考核，需要做如下五项决策：

1. 确定数字化绩效考核内容

数字化绩效考核主要包括两方面内容：①针对数字化工作结果的指标类考核，一般以关键绩效指标（Key Performance Indicator，KPI）考核为主，由于有可衡量的指标，因此可以比较客观地做出评价；②针对数字化转型过程中的重要事务进行考核，一般以关键绩效任务（Key Performance Task，KPT）为主，这类工作不好量化，主要看任务的执行和完成情况，一般建议采用项目管理的评价方式，按进度和每项任务的完成质量来判断。

数字化 KPI 考核先要有考核指标，考核指标可以参照本书 3.6 节推荐的 13 个数字化绩效考核指标；数字化 KPT 考核要有关键项目，关键项目可以参照本书 3.4 节落地关键项目，通常是从智能制造顶层构架设计衍生出来的。

2. 确定数字化绩效考核对象

在确定了数字化绩效考核 KPI 和 KPT 之后，还需要确定数字化绩效考核对象。依据我们之前的项目实践经验，比较推荐从上到下、逐步递进地选择考核对象。建议分三步走：

1）第一步：在数字化规划和试点阶段，主要是中高层管理者参与项目，因此先对部门级以上管理人员和全职数字化职能人员进行考核，以充分体现数字化转型过程中管理者以身作则的带头作用。

2）第二步：在数字化全面落地阶段，需要公司各级管理者全面配合，因此绩效考核要覆盖全部管理人员。

3）第三步：在数字化转型完成后，数字化工作变成了企业日常工作的一部分，需要覆盖全体员工。

通过以上"三步走"策略，能够精准地进行数字化绩效考核，从而确保绩效考核与工作任务和职责的统一。

3. 确定数字化绩效考核原则

数字化绩效考核也需要有考核原则，本书推荐三项基本原则：

原则一：管理级别越高，数字化绩效考核占比越高。该项原则明确了管理者带头作用的重要性，若管理者不带头进行数字化转型工作，基本很难成功。

原则二：每项绩效考核指标都要有承担指标的人员和由公司级管理者担任的指标支持者。该原则采用双保险的设计方式，既有项目负责人，还有支持的分管管理者。设计考核原则时还可以充分激发各级管理者的竞争意识，百花齐放、百家争鸣，共同实现数字化转型目标。

原则三：和每项考核指标相关的管理人员都要背负相应指标，最后按照其背负指标的多少以及价值贡献来分配权重。该原则强调团队的重要性，支持组织中的跨部门横向协作、相互支持，消除组织隔阂。

4. 确定数字化绩效考核权重

依据数字化绩效考核原则一，要为纳入绩效考核的全体员工按照层级分配绩效考核权重。数字化绩效考核权重示例见表 4-6 和表 4-7。

表 4-6　数字化绩效考核权重示例 1

绩效类别	经营层	总监级	经理级	主管级	员工	备注
数字化绩效占比						
其他工作绩效占比						

表 4-6 是将数字化工作和其他工作并列一起考核，也可以单独对数字化工作进行绩效考核，采用表 4-7 所示的考核方式。

表 4-7　数字化绩效考核权重示例 2

绩效类别	经营层	总监级	经理级	主管级	员工	备注
数字化 KPI						
数字化 KPT						

若将数字化工作单独考核，就需要针对数字化工作单独设定激励措施。公司具体采用哪种绩效考核方式，要看数字化转型工作处于什么阶段。在数字化转型初期，可以单独进行数字化考核，单独设定激励措施，并且以正激励为主；随着数字化的逐步深入，再将数字化考核和其他工作考核融为一体。

5. 确定数字化绩效考核负责人

依据数字化绩效考核原则二，要为每项数字化 KPI 和 KPT 设定所有者和支持者，支持者必须是公司经营层管理者。数字化绩效考核负责人示例见表 4-8。

表 4-8 数字化绩效考核负责人示例

关键绩效指标 / 事务	所有者	支持者	相关者	备注

从表 4-8 可以看出，在设定各指标和事务的所有者和支持者的同时，也要将相关者识别出来，以便公司制作数字化绩效考核表。

当公司的数字化转型领导小组做出了以上五项决策后，人力资源部就可以依据上述决策结果，制定公司每名员工的数字化绩效考核表和完善公司的绩效考核体系了。

4.4.2 数字化激励措施

为了鼓励全体员工进行数字化转型尝试和创新，公司需要制定相关的激励措施。激励措施要涵盖三个方面的内容：一是鼓励创新，激发员工数字化激情；二是奖励好的结果；三是容忍不好的结果。

关于鼓励创新，比较常用的方式有数字化创新大赛、赛马机制、揭榜挂帅等，目的是充分调动项目负责人的积极性，激发员工间的竞争意识。

关于奖励好的结果，比较常见的有物质奖励和精神奖励。物质奖励包括项目奖金、项目效益分红、中长期激励等；精神奖励包括晋升、转岗、荣誉证书、个人发展机会等。

关于容忍不好的结果，主要是要明确"容错机制"。在推动数字化发展、改革创新、维护稳定的过程中，对单位、部门和个人未能实现预期目标或出现偏差失误，但不违反法律法规和政策规定，勤勉尽责、未谋取私利的，不做负面评价，及时纠错改正后可免除相关责任或从轻处罚。

针对数字化转型激励措施，要依据激励效果每年进行一次讨论、修正和完善，以便和企业数字化转型阶段相适应。

4.5 数字化文化建设

要想将数字化工作做深做实，需要全面进行数字化文化建设。数字化文化建设可以以数字化活动和宣传为抓手。

4.5.1　数字化活动

企业在数字化转型初期，数字化活动可以帮助全员了解和学习数字化知识、培养数字化意识。常见的数字化活动有如下几种类型：

1）数字化创新大赛：针对数据赋能场景，公司可以举办创新大赛，激励全员参与，群策群力，通过数据来解决问题，挖掘数据赋能场景价值，同步识别数字化潜力人才。

2）数字化知识竞赛：激发员工学习数字化知识的兴趣，营造数字化学习氛围，针对表现优秀的个人，给予一定的奖励，或者作为数字化储备人才。

3）数字化培训：由数字化转型办公室按照公司需求，邀请外部专家或者内部讲师进行数字化专题培训。

4）标杆研修：由数字化转型办公室组织内部员工去外部数字化转型标杆企业参观、游学等，让他们开阔眼界，从而触类旁通，为公司数字化建设献言献策。

5）数字化座谈会：由公司高层管理者定期和数字化团队、各级员工进行座谈，明确公司数字化发展方向。

6）数字化经验分享会：当公司数字化项目落地成功或失败后，由数字化转型办公室组织进行经验分享或教训总结，举一反三。

公司具体举办哪些数字化活动，建议由数字化转型办公室和公司各职能部门员工进行座谈，收集大家的想法，然后汇总到表格中，数字化活动汇总表示例见表 4-9。

表 4-9　数字化活动汇总表示例

序号	活动方式	活动方案描述	负责部门	活动效果描述	备注
1					
2					
3					
4					
5					
6					
7					
8					
9					
10					

为了将数字化转型活动持续开展下去，数字化转型办公室要制定年度数字化活动日历（见表 4-10），并且每个季度更新一次。

表 4-10　年度数字化活动日历

序号	活动名称	1月	2月	3月	4月	5月	6月	7月	8月	9月	10月	11月	12月	负责部门	备注
1															
2															
3															
4															
5															
6															
7															
8															
9															
10															

数字化活动日历制作或更新后，要发送给全体员工，让大家知道公司在开展哪些数字化活动，激发大家参与的热情，提高活动效果。

4.5.2　数字化宣传

活动和宣传密不可分，公司要在现有宣传资源的基础上，根据数字化转型需要，再开发相应的宣传渠道和宣传方式，以增强公司的数字化氛围，提升员工的数字化意识。常见的简单有效的宣传方式有如下几种：

1）公司网站：可以增设数字化专栏，然后鼓励全体员工针对公司的数字化工作进行投稿。投稿内容可以是数字化知识分享、数字化项目经验分享、数字化活动报道、数字化学习经验分享等。

2）各大社交平台：宣传内容同公司网站。

3）公司期刊、报纸：主要针对大型集团公司，有些不方便在网站、公众号、微博和微信上宣传的内容，可以在公司期刊和报纸上宣传。

4）显示屏/横幅：当公司有重要的数字化活动时，通过显示屏和横幅进行宣传，增强活动氛围。数字化转型办公室可以优先利用现有显示屏资源，若现有显示屏不足以满足需求，需要进行整体规划，确定在公司什么位置设置什么类型的显示屏。

5）广播系统：公司可以在就餐时间段和工休间隙，通过广播系统播报公司数字化新闻，进行数字化活动宣传。

6）社会媒体：在公司所在行业的期刊、报纸、网站等渠道定期投稿，报道公司数字化项目取得的成果。

7）官方媒体：比如在工信部、科技部、经信委、科委、园区管委会等数字化主管部门官方平台进行公司重要数字化项目投稿宣传。

通过数字化宣传，提升公司全体员工对数字化的认识，提升数字化在公司内部和外部的影响力，以便获得更多内外部资源支持，从而助力公司数字化转型工作顺利开展。

4.6　数据资产管理

数据管理的概念从 20 世纪 80 年代由国际数据管理协会提出已经接近 40 年了，数据治理提出也近 20 年了。数据管理是为了交付、控制、保护并提升数据和信息资产的价值，在其整个生命周期中制订计划、制度、规程和实践活动，并执行和监督的过程。数据治理是在管理数据资产过程中行使权力和管控，包括计划、监控和实施，其目的是确保根据数据管理制度和最佳实践正确地管理数据。

在 DAMA 国际数据管理协会定义了 11 个数据管理要素：数据治理、数据架构、数据建模和设计、数据存储和操作、数据安全、数据集成和互操作、文件与内容管理、参考数据和主数据、数据仓库和商务智能、元数据管理、数据质量。这其中并未包含数据资产管理。

随着全社会数字化转型的持续深入，各行各业都已经深刻地认识到数据和人才一样，是企业未来的核心资产。因此，近年来数据管理领域又出现了一些新的要素，如数据资源地图、数据资产评估、数据核算、数据确权、数据交易、数据跨境、数据要素市场监管、数据知识产权保护等。这些新要素主要是将数据看成一项资产，围绕数据交易进行。

数据资产管理是大数据流通和应用价值实现的重要过程，能够有效推动企业技术创新和商业模式变革。数据资产管理的主要工作内容有：数据标准定义、数据采集、数据存储、数据标准化管理、大数据平台建设、数据安全管理、数据资产价值评估、数据交易机制等。数据资产管理属于数据管理的前沿方向之一，企业要参照市场上的数据资产管理规则，建立企业级的数据资产管理办法。

4.7　数据赋能管理

如本书第 2 章介绍的，数据赋能场景是推动企业数字化转型的原动力之一。因此做好数据赋能管理，持续识别更多的数据赋能场景，将能够最大化企业数字化转型机会，也能够更好地挖掘数据价值。

本书建议数据赋能管理至少包括：建立数据赋能沟通和评价机制、建立数据赋能场景所有人制度、建立数据赋能场景赛马机制。随着企业数据赋能管理的成熟，再持续丰富和完善。

1. 建立数据赋能沟通和评价机制

数据赋能沟通机制要丰富多样，要能发挥企业全体员工的主观能动性。可以采用两种方式：①由数字化转型办公室定期召集不同人员进行特定场景数据赋能机会研讨，识别数据赋能机会；②鼓励全员参与，任何人都可以随时随地提出企业存在的数据赋能机会，通过提案改善的形式将想法提交给数字化转型办公室。通过这两种方式，尽可能多地收集企业内外部数据赋能场景。

针对这两种方式产生的数据赋能场景机会，由数字化转型办公室召集数字化专业团队进行评价。评价时主要关注价值和技术两个维度：价值主要判断是高还是低，以及技术主要判断是否成熟。经过"价值和技术"判断后的机会，实施策略按价值和技术矩阵（如图 4-3 所示）进行。

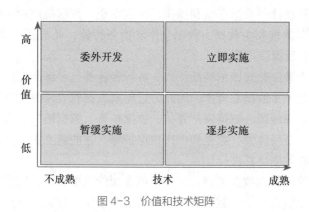

图 4-3　价值和技术矩阵

1）针对价值高技术成熟的场景：属于最重要的数据赋能场景，要坚持立即实施的原则。

2）针对价值高技术不成熟的场景：建议委外开发，把握行业机遇，重要性排在第二位。

3）针对价值不高但是技术成熟的场景：企业依据资源情况，在人力和物力资源允许的情况下，逐步实施。

4）针对价值不高并且技术还不成熟的场景：要暂缓实施，先主动放弃，等到技术成熟后，再看是否有资源去实施。

2.建立数据赋能场景所有人制度

针对识别出来的数据赋能场景，结合实施策略，指定每个业务场景的一把手作为数据赋能场景的所有人，担任项目经理，负责协调资源，实现价值。

3.建立数据赋能场景赛马机制

在数据赋能场景价值实现过程中引入赛马机制，让各场景所有人相互激励、相互竞争。由数字化转型办公室每月或每季召开项目会议，进行项目进度追踪和整体协调。针对数字化落地效果好的项目团队，给予正激励。

4.8　数字化管理体系

为了保障数字化转型工作在企业里广泛且持久地开展下去，让数字化变成一项日常工作，企业需要将数字化管理和其他企业管理工作一样对待，需要建立和完善数字化管理体系，并将其作为企业管理体系的一部分。

建立企业数字化管理体系需要识别数字化的业务活动、业务流程、管理标准、管理工具、管理绩效等，形成标准化的管理体系文件。关于如何创建数字化管理体系文件，可以参照本书 6.5 节管理升级的相关内容。

企业在数字化转型过程中，要不断丰富和完善数字化管理体系，逐步形成数字化管理手册。数字化管理手册的形成标志着企业数字化管理体系的成熟。

规划篇

制定完数字化转型战略，相当于明确了目标。企业之后需要规划目标的落地路径。

规划有两个层面的工作：一是顶层构架设计；二是落地方向的路径选择。

关于顶层构架设计，目前有智能制造顶层构架设计、数字化转型顶层构架设计、信息化顶层构架设计等概念，本书 3.3 节以建造一栋新楼做类比，阐述了它们之间的关系；在本篇中将详细介绍笔者独创的 L&M 智能制造顶层构架设计"2347"方法论。

关于企业数字化转型的落地方向，本书从产品、服务、商业模式、制造和管理五个方向进行全面论述。

第5章 | CHAPTER

智能制造顶层构架设计

关于顶层构架设计，目前有智能制造顶层构架设计、数字化顶层构架设计、信息化顶层构架设计这三个概念。如本书 3.3 节中的阐述，数字化是制造业通往智能化过程中的一个阶段，只谈数字化顶层构架设计是不完整的，是个伪命题。因此，企业在进行数字化升级转型前，需要进行智能制造顶层构架设计，而不只是进行数字化顶层构架设计；另外，信息化顶层构架设计要基于智能制造顶层构架设计的输入，没有智能制造顶层构架设计，信息化顶层构架设计就是无本之木。智能制造顶层构架设计是企业在实现智能化的过程中，决定具体要做什么、哪些先做、哪些后做，以及如何将要做的东西融合成一个有机整体，从而达到耗用最少的成本、用最短的时间来实现企业智能制造降本增效升级转型目标的一份蓝图或者规划说明书。

5.1 L&M 智能制造顶层构架设计 "2347" 方法论

目前关于智能制造顶层构架设计，业界研究得较少也不深入。比较系统和完整的方法论来自于笔者所著的《精益智能制造》一书中所阐述的 L&M 智能制造顶层构架设计 "2347" 方法论，该方法论是基于众多企业建设智能制造灯塔工厂、智能制造示范工厂的实践经验得出的，该方法论框架如图 5-1 所示。

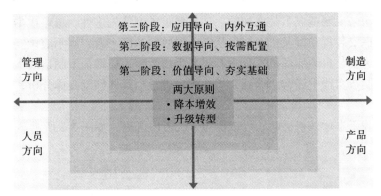

图 5-1　L&M 智能制造顶层构架设计"2347"方法论框架

L&M 智能制造顶层构架设计"2347"方法论中各数字代表的含义如下：

1）"2"：两大原则，是指企业进行智能制造顶层构架设计需要遵守的两大基本原则。

2）"3"：三个阶段。智能化企业不是一朝一夕建成的，需要一步一个脚印地改造，因此智能制造顶层构架设计需要体现出相关要素的优先级。

3）"4"：四大方向。企业智能化策略落地的主要方向。

4）"7"：七大步骤。进行智能制造顶层构架设计方案规划的实操步骤。

接下来具体介绍 L&M 智能制造顶层构架设计"2347"方法论的两大原则、三个阶段、四大方向、七大步骤。

5.2　两大原则

企业进行数字化转型，衡量转型效益的目标是"降本增效"，衡量转型质量的目标是"升级转型"。而智能制造顶层构架设计要以"降本增效"和"升级转型"为原则。那么，在进行智能制造顶层构架设计时，如何才能做到这两点呢？

首先要评估企业做什么事情可以降本增效。在评估降本增效的机会时，一定要严格将收益和成本联系起来，不能只看收益而忽视了成本。以一条装配线中的自动打螺丝工位为例，打螺丝是很多产品组装不可缺少的一项作业，针对螺丝数量很多的产品，自动螺丝机一般可以节省人工，这时只要对比自动螺丝机的投入成本和节省人工的收益即可（忽略场地等成本因素的影响）；另外也有一些产品，螺丝的数量较少，打螺丝是一名工人工作的一部分，当采用自动螺丝机后，减轻了工人的劳动强度，但是没有减少工人的数量，也没有增加产线的产能，这种情况对于公司来说制造成本是增加的。如果要追求制造先进性，忽略成本影响，那么可以考虑安装自动螺丝机；如果从降本增效的角度来看，则不应该安装自动螺丝机，因为安装自动螺丝机不仅没有提升生产效率，还增加了制造成本。这类情况在智能制造实践中经常会遇到，需要管理者根据具体问题具体分析，并做出恰当决策。

在寻找降本增效机会时，可以围绕六大方向开展，如图5-2所示。

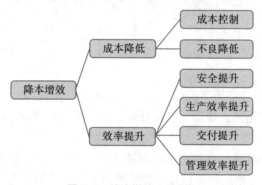

图5-2　降本增效六大方向

1）成本控制：通过精益管理全面消除浪费来控制各类成本，通过产品标准化设计来降低研发成本和制造成本，通过数字化实现信息流和物流的一致性来降低运营成本，通过各职能部门的业务数字化来降低管理成本。

2）不良降低：通过质量管理软件和质量大数据分析来实时控制质量，预防和杜绝不良品的产生，降低内部质量成本和外部质量成本。

3）安全提升：通过精益管理来消除安全隐患，通过提高自动化程度来减少受到人身伤害的概率，通过智能化产品和技术来预防安全事故的发生。

4）生产效率提升：通过精益管理来优化产品价值流程和各职能部门的关键工作流程；通过自动化来提升生产作业效率；通过数字化来提升生产过程透明化和管理过程透明化程度，实现信息流和物流同步；通过智能化来减少设备异常停机时间。

5）交付提升：通过精益管理来优化产供销流程、完善生产计划系统和物料管理系统，并在此基础上引进数字化管理软件如CRM、APS和WMS来固化管理流程。

6）管理效率提升：通过各职能数字化机会识别，寻找数字化工具解决问题和提升工作效率的价值场景。

其次要评估升级转型的机会。升级转型是基于降本增效机会，评估哪些机会有精益智能制造解决方案，针对没有可用解决方案的机会，决定是否要自行攻克、委外、暂停还是放弃。以博世为例，博世在实践工业4.0时，针对有可行解决方案的机会，也是和外部服务商合作，让他们按照博世的要求实施；但是针对工业4.0实践的一些关键"钉子"，没有现成可用的解决方案就自己去拔，为工业4.0建设扫清障碍。对于大多数中国制造业企业来说，自身基本不具备"拔钉子"的能力，因此只能去寻找可用的解决方案；对于行业龙头企业来说，一定要锻炼自身的"拔钉子"能力，针对"拔钉子"的任务，要忽略成本影响，去引领行业发展，体现龙头企业应有的担当。

关于数字化升级转型目标，以降本增效为基础，围绕八大方向开展，如图5-3所示。

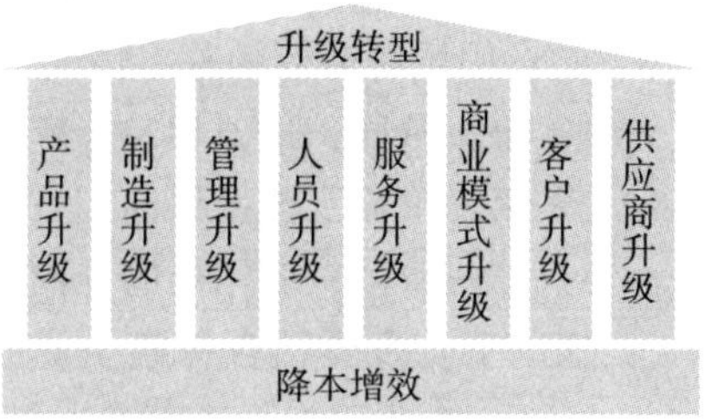

图 5-3　升级转型八大方向

1）产品升级：持续提高产品的标准化和智能化程度，为客户提供有限选择的个性化产品，具备批量定制化条件。

2）制造升级：通过精益管理全面消除浪费、夯实基础、提高生产效率、改善工作环境；通过数字化和智能化来进一步提升生产效率。

3）管理升级：通过精益管理优化管理流程，提升管理效率；通过各职能业务数字化转型，实现管理数字化、自动化，提升管理效率。

4）人员升级：要依据企业所处的发展阶段匹配相应的人才，在数字化转型过程中，精益管理人员、智能制造人员、信息技术人员、设备管理人员必须要进行技能升级。

5）服务升级：通过提升产品标准化程度，来快速满足客户的个性化需求；通过产品智能化，给客户提供增值服务；通过大数据平台，实现内外部数据互联互通，给客户提供敏捷服务；通过数据赋能，挖掘更多增值服务机会。

6）商业模式升级：以价值和客户需求为出发点，通过"产品＋服务"、供应链垂直整合、跨界创新、降维和升维打击等方式，升级现有商业模式。

7）客户升级：通过共享大数据平台与客户互联互通、同步开发产品和升级现有客户群体；通过更有吸引力的产品和服务来吸引更多优质客户。

8）供应商升级：通过共享大数据平台与供应商互联互通、同步开发产品和升级现有供应商群体；通过优胜劣汰的方式来保留和开发更多更好的优秀供应商，打造双赢供应链。

最后考虑资源约束，做出恰当决策。企业要做多少事情，需要考虑有多少资源。由于数字化转型投入巨大，企业需要提前做好预算规划。如果需要的投入超过了企业的自我造血能力，企业就需要考虑放慢脚步或者适当融资。若企业有很好的融资能力，投资预算不是问题，那么也可以按照最佳模式去实施。将预算和智能制造顶层构架设计结合起来，制订出可行的实施计划。

5.3　三个阶段

中国制造业的普遍处于工业 1.0 和工业 2.0 阶段，只有少数企业实现了工业 3.0。结合中国制造业的基本情况，在实施智能制造时建议分如下三个阶段进行：

1）第一阶段：价值导向、夯实基础。

2）第二阶段：数据导向、按需配置。

3）第三阶段：应用导向、内外互通。

这三个阶段要结合每家企业的实际情况，规划到智能制造顶层构架设计中去，最终体现在智能制造实施计划中。

1. 第一阶段：价值导向、夯实基础

在本阶段，建议企业围绕价值展开，不断降本增效、提升企业盈利能力。大多数中国制造业企业盈利能力偏弱，大部分是制造基础薄弱导致的，主要有以下原因：

（1）补丁式扩张。对于中国制造业企业来讲，从小到大主要是像滚雪球一样滚出来的，当销售增长时，就扩大生产规模。而扩大生产规模的过程往往是补丁式扩张，即哪里产能不足，就往哪里投资，投资扩张基本是复制过去的最佳实践。由于这种补丁式扩张缺乏整体规划，工厂内部各车间相对位置，以及车间内部的布局均不太合理，会造成极大的转运以及库存浪费，导致企业运营效率降低和成本上升。另外还有一些规模更大的企业，有两个以上生产基地，如果生产基地之间的产品分配没有做好，会造成生产基地之间的竞争，并降低生产规模效应。要解决补丁式扩张带来的后遗症，一般要进行产品规划和布局规划。针对有多个生产基地的企业，先进行产品规划，定义各基地生产哪些产品，将错配的产品调整到适合的生产基地去；然后再预测各产品的最大销量，结合工艺流程进行厂区布局规划，调整不合理的布局。针对单一生产基地的企业，不需要进行产品

划分，其他工作和多基地企业基本一样。在解决补丁式扩张带来的后遗症时，经常会碰到两类障碍：一是很多设备位置不方便调整，或者调整代价过大；二是很多公司为了追求美观，不太愿意调整。

2011 年，我们在给无锡的一家公司做项目辅导时发现，他们是工艺集中式布局，现场设备摆放得非常整齐，动力管道也架设得非常美观，但是这种布局方式有交付周期长、库存金额高的问题。于是我们问设备布局是什么时候调整的，对方回答说刚完工不久，董事长花了 1500 万元调整的。当时我们就跟他们说，如果不破除这种外表看起来很美观的布局方式，公司很多问题就解决不了。当天该公司董事长听说有人要"拆现场"，直接停止了这部分的辅导。10 年后，也就是 2021 年，该公司终于意识到布局问题的严重性，来找我们进行改善。我们首先做的就是将以前的工艺集中式布局打破，改成单元化生产布局，交期从 34 天降低到 7～12 天，生产效率提升了 35% 以上。这种结果不免让人惋惜，若当年该公司董事长能立即止损，进行单元化布局规划，那么过去 10 年的潜在收益，已经远不止 1500 万了。

（2）粗放式管理，不用数据说话。粗放式管理的一个最重要特征就是不用数据说话，或者是不用准确的数据说话。比如问公司产能是多少，生产负责人一般会回答实际班产是多少。那么实际班产和产能是一回事吗？当然不是。以中国机加工行业为例，平均产能利用率不到 30%，平均设备综合效率在 60% 左右。基于这两组数据，可知实际班产约是产能的一半。那么对于机加工企业来说，要提高产能，在不投资的情况下可以提升设备综合效率，也可以提升产能利用率，二者都有很大的提升空间。我们曾经给一家央企做精益智能制造培训，结束后一位工厂厂长来找我们，请我们帮他看一下产能扩充投资计划是否恰当。当我们看完投资计划报告后，问了两个问题：①设备综合效率是多少？②设备产能利用率是多少？当时该厂长回答不出来，原因是他们厂根本没这两组数据。如果一个工厂不做设备产能利用率和设备综合效率分析就去盲目投资，会导致设备产能利用率和设备综合效率进一步下降。这些都是粗放式管理、不用数据说话的例子，在这样的公司，只要建立基本的数据统计系统，然后进行简单的数据分析，就可以实现非常大的价值，这些工作甚至都不需要投资。

（3）产供销系统不健全。产供销系统是企业中最复杂的系统，也是目前中国制造业最薄弱的系统。在我们提供服务的数百家公司里面，基本每家公司的产供销系统都有不同程度的问题。产供销系统不健全，造成的直接结果就是外部客户需求无法预测、供应商来料不稳定、内部产能信息不透明、生产订单状态靠人追踪、库存周转慢且不受控制、紧急订单多、销售生产间矛盾突出等。要想解决这些问题，首先要设计出适合公司的产供销系统，然后建立管理规则，再去补强每个薄弱环节，才能彻底解决问题。在实际案例中，若是客户订单不稳定给内部带来困扰，就需要建立销售预测模型和在内部推行均衡生产方式；若是订单状态不明确，就需要执行日生产计划系统；若是生产异常增多，就要建立生产现场异常协调制度；若是生产计划排程繁复，就需要设计生产计划自动排程工具；若是原材料库存过高或者待料，就需要优化采购模式和加强库存管理。由于产供销系统里每项问题都是系统性问题，在解决时一定要全盘考虑，任何单点突破都不可能成功。

（4）不重视组织建设和人才培养。这点主要是针对中国的民营企业而言的，国有企业比较重视组织建设和人才培养工作。中国民营企业在用人上一般不太会储备人才，也不太去发展人才。当公司有晋升机会时，一般是从内部挑选表现优秀且忠诚的员工。这种做法的结果有好有坏：好的是优秀员工忠诚度很高，大多数管理层都是从基层做起来的，对于业务比较熟悉，任劳任怨；不好的是组织缺乏活力，缺乏创新思维，对管理者唯命是从，不敢担责，公司大大小小的事情都要老板决策。当企业规模不大的时候，这种做法比较高效；一旦公司规模大了，各种问题就会突显出来，老板会发现人才短缺，遇到问题时没有可以交流的对象。若公司想继续发展，就要去市场上寻找人才，新管理者到位后又会出现空降高管和元老们的内部斗争等问题。要解决这些问题，需要企业在规模不大时就做好组织规划和人才培养计划，然后在企业发展的不同阶段去调整组织结构和配置相应的人才。

（5）产品技术含量不高，比较容易被替代。中国制造业主要以模仿和复制为主，产品开发能力普遍偏弱。大多数行业都产能过剩，同行之间同质竞争比较激烈，为了获取订单，主要靠打价格战，这种做法导致企业的盈利能力普遍偏弱。一些公司甚至连产品成本核算都不是很清楚，只要账面上还有利润，就盲目地进行价格战，经常出现"赔本赚吆喝"的情况。

以上种种问题都导致中国制造业企业基础薄弱，在降本增效方面有很多潜力点可以挖掘，而且挖掘这些价值不需要企业投入多少成本就能实现。因此，在中国制造业企业实施智能制造前，先要全面消除浪费，夯实制造基础，把能够挖掘的价值先挖一下。否则，在不好的基础上建造智能制造这栋大厦，要么建不起来，要么建起来了也没有竞争力，白白增加成本。

2. 第二阶段：数据导向、按需配置

在第一阶段夯实了制造基础后，企业将会变成高盈利企业，在成本、质量、效率、交期、服务方面会明显优于竞争对手。当企业具备了竞争优势，就可以主动开拓市场，业务也会随之快速增长，再加上高盈利，企业很快就能步入良性发展循环；当企业具备很强的自我们造血能力时，也就有更充足的资源进行第二阶段的数字化投入。

数据导向、按需配置是指企业要以内外部需求为导向，进行数字化升级改造，不要盲目追求华而不实、不能给企业带来价值的东西。那么企业如何才能实现以内外部需求为拉动的数字化建设呢？

（1）解决第一阶段的遗留问题。由于第一阶段基本不需要企业进行投资，主要是通过精益管理来提升企业效益，精益管理在解决问题的时候，经常受制于人，有些问题不能彻底解决，若是通过数字化建设能够彻底解决，要优先考虑。以提升设备综合效率为例，精益管理需要统计设备故障数据、不良数据等，这对人的依赖度很高。若设备人员或者作业人员没有及时准确地记录故障类型、故障时间、不良类型、不良数量等信息，又要保持数据的完整性，他们就会凭经验填虚假数据。这些虚假数据虽然反映在结果上差异不太大，但是对分析问题原因的影响非常大。要想彻底避免发生这种情况，就需要采用数字化手段直接从设备上读取相应的原始数据。这些数据对于企业很有价值，而且获取成本不高，可以优先考虑数字化。

（2）进行数字化替代。在第一阶段的基础上，若有更为先进的数字化替代方案，在投入成本和收益具备可行性时，可以直接进行替代。比如在生产现场，精益管理一般建议企业建立早会制度，来及时处理现场发生的各类问题。传统的现场早会制度需要放置一块早会看板，记录并且追踪各种问题的完成情况。这样做的优点是参与会议的人员能够高效地解决问题，缺点是没有参加早会的人员还是不知道现场发生了什么，要靠入会者会后报告。如果采用数字化的方式，在现场放置一台可输入显示屏，将看板格式数字化，再辅以多样化的信息输入方式，就能够完全替代传统的早会看板，并且效率更高。如果在后台再配上现场问题与解决方案库，能够更加快速地解决问题；现场问题管理库还可以进行问题分类汇总，挖掘问题背后的价值，而传统精益看板不能保留解决掉的问题。另外再开发客户端，让各级管理层都可以访问，管理者坐在办公室也能实时了解现场状况。这是一个具体的数字化替代方案，若这类数字化替代方案的投入成本相对于管理效率提升来讲比较经济，企业可以考虑替代。

（3）针对企业的"老大难"问题。大多企业在整体上和一些核心职能层面，如研发、制造、质量、物流等，都可能会有"老大难"问题，这些问题往往会限制企业自身的发展。企业在进行数字化转型时，要积极寻找解决方案。比如物流部的原材料管理，如果一家公司原材料种类多，而且量很大，要想把所有原材料的状态完全搞清楚就非常困难。一般企业的做法是年度大盘点、月度小盘点和日常盘点相结合来管理。这种管理方式费时费力而且还不准确，经常导致账卡物不一致、物料呆滞等情况。在非数字化时代，要想彻底解决这方面的问题几乎不太可能；而在数字化时代，就可以借助数字化的解决方案来解决。比如将仓库储位编码录入系统，并给每个储位一个二维码、条码或者 RFID 标签，再给入库的物料或者放物料的容器一个二维码、条码或者 RFID 标签，每当存取物料时，都去扫描储位和物料信息，系统实时记录储位的存取信息，并且实时更新库存状态。当管理人员要了解库存信息时，可以直接在系统里面查看，这样库存盘点可以实时进行，能够最大限度避免呆滞的产生。针对这一类"老大难"问题，企业需要先评估投资收益，再决定是否要解决。如果企业是为了引领行业发展，进行积极探索，可以不考虑投资收益的影响。

（4）新价值。数字化除了有降本增效的特质外，还有可能给企业带来新价值，新价值主要体现在新产品或新服务上。以新产品为例，如果将传统产品改成数字化产品，是否更容易被消费者接受，是否能够给企业带来业务增长机会。比如制造业常用的游标卡尺，传统游标卡尺要靠人去读数获得测量结果，人需要掌握游标卡尺的读数方法；现在有了数字游标卡尺，可以将测量结果直接以数字形式显示出来，降低了对人的技能要求，减少了人读测量结果带来的误差，这是将数字化应用到产品上引起产品升级的例子。如果让消费者选择传统游标卡尺和数字游标卡尺，到底哪种会更受欢迎呢？结果可能是不言而喻的。如果数字游标卡尺更受欢迎，那么价格也可以相应的定高一些。在数字化时代，任何企业在产品和服务上都会有数字化的创新机会，企业要利用数字化给客户带来价值的同时，来开拓市场和提升业务收入。

目前在第二阶段常常有一些扭曲的做法。例如企业获取数据后，会用比较花哨的目视化形式，如液晶大屏、图表、图示等方式显示出来。这在数字化的初始阶段，解决了企业信息不透明的问题，有一定的实际意义。但是数据更大的价值是解决实际问题，要解决实际问题需要结合具体的业务知识（也称为运营技术）。本书将比较常见的业务知识与数字化结合放在第二阶段，因为任何一个数据只有服务业务才更有价值。在这里举一个简单例子来说明这个问题，比如班产是企业数字化建设要获取的重要数据，大多数软件都是将这个数据取回来，做折线图显示，没有进行深度分析。如果深度分析班产数据，可以发现它至少有以下三个方面的价值：

1）价值1：可以根据班产数据来分析员工之间或者设备之间的效率差距。要想实现这个价值，要结合人员数据和设备数据，当这三个数据放在一起就可以进行人员效率差距分析。根据分析的结果识别问题，然后有针对性地解决，就能够提升效率。

2）价值 2：可以根据员工或者设备的班产数据识别稳定性。当人或者设备的效率出现波动时，一定是有问题发生了，这个时候可以及时提醒管理者解决问题。这种问题通常是小问题，会被人们所忽视，但是一旦这些小问题累积到一定程度，就会发生大问题。如海恩法则所述：每一起严重事故的背后，必然有 29 次轻微事故和 300 起未遂先兆以及 1000 起事故隐患。

3）价值 3：将人、设备、产品信息结合起来，可以进行更科学的分工。比如让员工做他最擅长的产品、让设备生产最匹配的产品等。在多数企业，这些经验都储存在一线生产管理者的脑子里面，但是非常不科学，只是个人经验，没有具体数据支撑。在数字化工厂，通过简单的数据分析就可以解决这个重要问题。

以上只是举一个十分简单的"数字化 + 运营知识"的例子。如果软件只做数据获取、没有类似的运营分析，那么这类软件没有太大价值。目前的软件开发公司比较欠缺这方面的运营知识，大多数数字化软件只起到数据获取和显示的作用。因此企业数字化建设第二阶段是关键，将第二阶段规划和实施好，建成数字化企业，就能达到工业 3.5 水平。

3. 第三阶段：应用导向、内外互通

在数字化企业的基础上，企业需要考虑具体的应用软件。应用软件主要是来解决企业系统层面的重大问题，比如内部经营管理问题、外部供应链问题等。本节举采购预算这个牵扯到企业内部和外部的话题来加以说明。

一般企业做采购预算，需要先知道各产品的销售预测。当有了销售预测数据后，结合产品 BOM 表，可以得到各零部件的需求数据。针对每种零部件和全部供应商，分配相应的采购比例，然后再假设采购价格，这样就能确定整体采购预算了。整个过程从历史数据整理到预算完成，一般需要 1～2 周时间。需要较长时间的原因是企业数据比较分散，需要按照预算模型进行整理和汇总。如果企业变成了数字化企业，做这项工作就会比较简单，可以将采购预算开发成应用软件，从企业各系统里面获取相应数据，然后采购预算应用软件就能够完成相关的汇总和计算工作，得出一个更为准确的预算结果。

企业内部类似采购预算的这类应用场景非常多，第三阶段要以企业具体应用场景为导向，开发个性化的应用软件，有了这些应用软件，可以辅助企业进行智能决策，从而大幅度提升管理效率。在企业开发应用软件的过程中，若牵扯到供应商、客户和其他外部合作伙伴，就需要去协商如何解决。当企业外部的合作伙

伴都能够与企业互联互通并产生实际应用价值时，才标志着企业智能制造升级转型完成。

5.4 四大方向

前文两大原则和三个阶段主要是关于智能制造顶层构架设计策略的，策略最终要落地，需要体现在具体方向和机会上。结合目前的智能制造实践，本节总结了四大方向：产品、制造、管理、人员。

1. 产品方向

产品方向主要是：产品创新、服务创新、"产品+服务"的商业模式创新。

提到产品创新，人们常常会联想到类似于苹果手机、特斯拉汽车等划时代的创新产品。但它们只是产品创新的一种类型。按照《从0到1》作者彼得·蒂尔的说法，这是"从0到1"的创新。除了"从0到1"的创新，还有"从1到n"的创新，这类创新属于改进类创新。改进类创新的驱动力通常有新技术应用、价值工程、新外观等。另外一类常见的创新是产品标准化，产品标准化按照程度来分，可以分为硬件平台标准化、软件平台标准化、零部件标准化。产品创新的三种类型如图5-4所示。

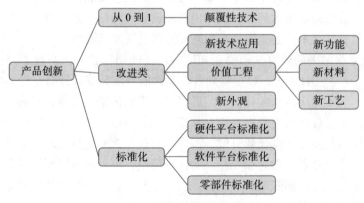

图 5-4 产品创新的三种类型

掌握各种产品创新类型的要点，就可以不断地进行产品创新和产品升级。

在当今社会，服务也是一种产品，因此服务创新也是企业可以开辟的一条道路。企业可以转变思路，将提供产品变成提供服务，因为在很多情况下，客户购买的其实不是产品本身，而是这种产品带来的服务。以医院 CT 设备为例，医院其实不需要 CT 设备，需要的是能替病人进行 CT 检查这项服务。CT 设备一般很贵，直接把 CT 设备卖给医院，可能会影响 CT 设备的销量。于是 CT 设备公司就开始思考：既然医院要的是 CT 检查服务，那么为什么不把设备放在医院，为医院提供检查服务，针对检查费用和医院进行分成呢？采用这种将销售产品转变成销售服务的方式后，果然很受医院欢迎。对医院来说，不需要一次性付那么多钱，也不用承担设备闲置的风险成本，还能享受更好的服务（设备厂家一般会放备用设备在医院，以保证医院能够不间断地提供检查服务）。因为这种服务模式创新，设备厂家能够生产更多设备、医院可以有更多设备和提供更好的服务、病人的 CT 检查会更便捷，这是个三赢结果。那么读者可能会想，CT 设备厂家如何知道做了多少次 CT 检查呢？如果不知道的话，费用分成就无法计算了。要做到这点其实不难，设备只要将检测次数数据发送给设备厂家即可，这需要产品创新打基础。在设备上安装通信模组，实时统计设备运行状况并发送给厂家，厂家就能够实时掌握全球各地的设备运行状况。近几年，随着大数据的兴起，CT 设备厂家的服务创新还没有停止。既然 CT 设备里面有很多病人数据，那么能不能基于这些数据再做一些有价值的事情呢？虽然这种想法在技术层面实现比较容易，但是存在一定的风险：医院不能泄露病人的信息，而且病人不一定愿意将个人信息开放给设备厂家。因此这种服务创新还没有变成现实。

"产品＋服务"创新将会成为未来智能化社会的主旋律。上文的 CT 设备本质上也是"产品＋服务"创新，只不过表现出来的是服务创新。"产品＋服务"创新是既卖产品也卖服务，先销售产品给客户，获取一次利润；再通过提供服务，获取长期利润，并且和客户形成更为紧密的长期合作关系。过去"产品＋服务"创新有三种模式：①产品收费服务免费；②产品免费服务收费；③产品和服务都收费。比如现在的智能汽车、智能烹饪产品走的就是产品收费服务免费模式，CT 设备走的是产品免费服务收费模式，一些工业 SaaS 软件走的是产品和服务都收费的模式。这些 B2C 企业产品走"产品＋服务"创新，好像比较容易实现，那么 B2B 企业，是否有"产品＋服务"的创新机会呢？

B2B 企业的产品比较确定，需要思考可以为客户提供哪些增值服务，以及这些服务客户是否愿意买单。B2B 企业如果能够和客户同步开发，或者通过技术创新，能够给客户带来产品升级的机会，就等于给客户提供了最大的增值服务。针对这些增值服务，客户毫无疑问会很容易接受，也可能愿意花更高的价格来购买。另外，在交付产品时，如果包装更为规范，还能用信息化方式追溯物料和统计物料信息的话，那么客户满意度会更高。从长期来看，企业想要保持在供应链上的竞争力，更好的产品开发能力和更好的交付服务无疑能够提升其竞争力。

2. 制造方向

制造方向主要集中在生产、物流和质量领域，也是过去几年智能制造的主战场。为什么这些领域会成为主战场呢？我们可以从收益和技术门槛两个维度加以分析，结果如图 5-5 所示。

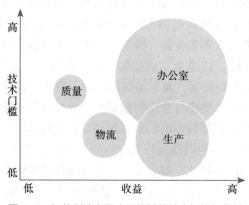

图 5-5　智能制造主要应用领域的技术门槛与收益

生产领域技术门槛较低，收益高；物流领域技术门槛较低，收益较高；质量领域收益较低，技术门槛较高；管理领域收益最高，技术门槛有些方面非常高、有些方面也较低。技术的应用价值会引导人们的行为，因此目前在生产领域，智能化技术应用的最多；其次是物流和质量领域；在管理领域，由于非常分散而且复杂，目前的解决方案还不是很系统和成熟。

生产领域主要关注效率提升和机器换人。通过智能化技术应用，关注其是否能够提升生产效率，是否能够降低人员需求数量。这需要企业挖掘机会，提出具体的业务需求，然后再寻找解决方案。目前生产领域的解决方案主要集中在自动化、数据采集、数据可视化、工单下达、电子作业指导书、电子图纸、生产报工、模具刀具寿命管理等方面。解决方案深度还不够，原因是解决方案服务商对于行业运营知识研究还不足。

物流领域比较聚焦，主要是面向原材料仓和成品仓管理、现场库存点管理、物料转运这三个方向。在这三个方向中：原材料仓和成品仓主要是自动化仓库解决方案，这方面最容易，但是服务商收益最大，因此目前也最成熟；物料转运主要解决方案是 AGV，这方面由于成本和便利性因素，应用价值还没有完全体现出来；现场库存点管理需要丰富的运营知识，先要做规划，然后才能实施，整个过程最复杂，服务商收益不大，所以目前从事这领域的服务商较少。

质量领域目前主要有数字化质量管理系统、在线检测、视觉检测、智能实验室四个方向。数字化质量管理系统是将传统质量管理方式升级，能够让质量管理的各项规则在执行上更有力，另外也简化了质量数据的收集和汇总；在线检测是将检测设计成一个工位，集成到自动化生产单元中去，这样可以缩短质量控制环，起到及时发现质量问题并记录的效果；视觉检测是运用人工智能技术替代人工检测的一种方法，有时也将视觉检测当成在线检测的一种方式；智能实验室是结合物联网技术、大数据技术和人工智能技术的一种新型实验室管理方式，对于产品设计开发、质量管理能够提供新方向。在这四个方向里面，数字化质量管理系统是面层级的应用，在线检测、视觉检测和智能实验室是点层级的应用。质量领域的智能化不仅仅要考虑投资收益，更多要考虑是否能够提升企业的核心竞争力。

3. 管理方向

管理方向要分公司层面和职能层面来进行（图 5-5 中的办公室领域属于管理方向）。目前常见的解决方案除了公司层面的 ERP 和办公自动化（Office Automation，OA）系统外，还有各职能管理系统，如厂务职能的智能 EHS 管理系统、销售职能的客户关系管理系统和销售预测管理系统、研发职能的产品生命周期管理系统、工程职能的计算机辅助工艺过程设计系统和数字化作业指导书系统、计划职能的高级计划排产系统、采购职能的供应商关系管理系统、财务职能的预算管理系统和成本管理系统、精益职能的员工提案管理系统和现场异常管理系统等。目前各管理系统成熟度参差不齐，不同服务商产品的偏重点也不一样，选型比较复杂。另外，针对不同企业，各管理系统的价值也不一样，需要分析企业的特点，然后选择最适合的管理系统，特别要注意的是并不是每一家公司都要安装全套管理系统。当然如果一家公司要变成真正的数字化智能化公司，这些管理系统都不可缺少。但是在往智能化方向升级的过程中，还是要一步一步来，具体哪些系统先上，哪些系统后上，不是取决于公司内部哪些职能喊得响，哪些职能比较强势，而是取决于哪些系统能够给公司带来更大的价值，以及按照哪个顺序来实施更顺畅、效果更好以及成本更低。

4. 人员方向

正常来说人员方向可以不单独作为一个方向，可以融合到制造方向和管理方向中去，但是考虑到人员方向的智能化措施可以单独来实施，所以将其独立成一个方向。人员方向主要有人员管理、人事管理和知识管理。人员管理主要是通过智能卡管理人员的出勤、后勤、门禁、技能等信息；人事管理主要是建立招聘管理、面试管理、员工档案管理、入离职手续、培训管理、薪酬管理、绩效管理、福利管理、员工关怀等方面的管理系统；知识管理主要是开发公司的能力管理库和经验管理库，通过能力管理库建立每项技能的标准发展路径，通过经验管理库沉淀公司解决问题的最佳实践。

以上详细介绍了 L&M 智能制造顶层构架设计"2347"方法论的两大原则、三个阶段和四大方向。而具体到某一家公司进行智能制造顶层构架设计实操时，需要经历七大步骤。

5.5 七大步骤

L&M 智能制造顶层构架设计"2347"方法论中的实操七大步骤如图 5-6 所示。

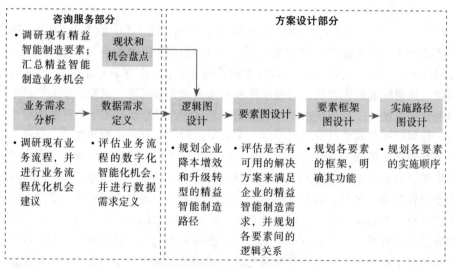

图 5-6 "2347"方法论实操七大步骤

在图 5-6 的七大步骤中：前三步业务需求分析、数据需求定义、现状和机会盘点属于咨询服务部分，目的是深入分析企业业务现状，洞察精益智能制造的全部机会，以及定义企业各数字化智能化系统的功能和主要数据需求；后四步逻辑图设计、要素图设计、要素框架图设计、实施路径图设计是企业智能制造顶层构架设计的主体，通过这些图的设计明确企业智能制造降本增效升级转型的方向、路径，以及各数字化智能化业务系统的构架和功能。

5.5.1　业务需求分析

业务需求分析一般遵循从上往下的原则：先从公司需求出发，然后再到各部门需求；当部门需求和公司需求不一致时，以公司需求为主；在公司需求得到满足的情况下，再去关注部门未被满足的需求。

公司需求首先要考虑公司未来 3 ～ 5 年的战略目标或者更长期的战略目标，分析智能化对于公司中长期战略目标的支撑。若公司中长期战略目标与智能化不太相关，那么公司就应该暂缓智能制造计划；若公司的战略目标离不开智能制造，那么就要先进行智能制造顶层构架设计，将公司未来的智能化蓝图与公司战略完美地结合起来，然后全面启动智能制造；若公司的战略目标和智能化有一定的关系，也要先进行智能制造顶层构架设计，然后分阶段有选择的执行。这样做可以消除为了智能制造而智能制造的跟风行为，避免企业投资没有回报。过去几年流行产学研相结合发展智能制造，一些企业和高校联合设计智能化生产线，然后向政府申报智能制造项目。由于这类智能化项目的核心目的不是以公司业务需求为导向，所以大多数智能化生产线设计出来后效率较低，成本却极高，只能放在现场当摆设，起到项目验收和参观的作用。这是为了智能制造的名号而智能制造的典型例子，浪费了大量的社会资源。

部门级业务需求分析由精益管理部和各部门的核心业务人员一起执行，分析公司战略目标在落地过程中各部门扮演的角色和价值贡献，将部门的价值贡献和公司战略目标结合起来。一般分析的结果有如下四种情形：①部门不需要经过太多改变就能完全支撑公司战略目标的实现，这种情况下部门基本不需要安装智能化系统，只要持续完善现行的管理制度即可；②部门基础薄弱，而且和公司智能化方向强相关，这时部门需要先完善基础，然后在健全的基础上去规划智能化系统，从而达到升级转型的目的；③部门基础较好，部门的业务需求有现成的智能化解决方案，这是最理想的情况，可以直接选型实施；④部门基础较好，但是没有现成的解决方案，这种情况要么自己开发，要么委外定制，要么等待外部服务商方案成熟再实施。

在分析公司和各部门的智能化业务需求时，有些管理者会产生一些不顾全大局的想法：比如担心公司的智能化投入和自己部门关系不大，从而提一些不符合公司战略目标的需求，或者是和公司未来几年无关但是和长远发展相关的需求。针对这些情况，精益管理部需要主导整体管控，要确保所有的需求都和公司战略目标一致。

分析完公司和各部门的业务需求后，要形成公司智能化业务需求分析报告。

若公司有多个生产据点，而且每个生产据点的生产形态差异很大，还要单独为每个生产据点进行业务需求分析。在业务需求分析报告的基础上再进行数据需求定义，分析支持业务需求实现需要有哪些数据，数据从哪里来，数据间的业务关系，以及进行大数据平台规划。

5.5.2 数据需求定义

按照来源不同，数据可以分为内部数据和外部数据：内部数据是指来自于公司内部，分散于公司各处，或者本身不存在需要去生产的数据；外部数据与公司业务需求相关，表现为公司外部网站、社交媒体上，或以其他形式存在的数据。获取内部数据，主要是要导出内部各信息系统的数据，以及采用数据采集或数据生产的方式获取实时数据，或者在业务活动中人工录入数据；获取外部数据，先要依据业务需求寻找数据来源，然后采用数据爬虫和摸底收集相结合的方式，最大限度降低数据获取成本和提升数据获取效率。

数据是智能制造的基础，不同的智能化业务需求规划，对应的数据需求也不一样。如果定义的数据很多很全，但是智能化用不到，就是数据浪费；如果智能化需要的数据没有被识别和收集出来，项目实施后会因数据不足，导致系统功能不全、运作不畅或者根本运行不起来等问题，需要重新进行数据收集和系统完善，这会拉长企业智能制造升级转型周期，也会增加建设成本。为了避免数据浪费或数据不足，在进行智能制造顶层构架设计前要清楚定义数据需求，确保数据和企业智能化业务需求一致。

数据需求定义通常有三个步骤：一是按业务需求和职能进行数据需求研讨和统计；二是进行数据治理；三是大数据平台规划。

（1）按业务需求和职能进行数据需求研讨和统计。根据要实现的战略目标和业务需求，建议通过团队研讨的形式，来确定需要哪些数据。数据通常有以下四种情形：①现有数据的来源、统计和分析都能够满足需求，这类数据可以直接使用；②有数据，但是数据形式和分析不能够满足需求，需要先进行数据统计工具设计，在数据统计工具的基础上再设计数据分析工具，若一些数据分析工具设计不出来，可以只设计数据分析逻辑；③有数据，数据统计工具也可用，但是没有进行数据分析，需要基于现有数据、设计数据分析工具或者数据分析逻辑；④需要的数据没有，这时需要定义数据来源，设计数据收集的方法和工具，还需要设计数据统计和分析工具。这部分工作通常比较琐碎，需要十分精通业务逻辑，通常需要花费较多时间，特别是数据基础薄弱的公司，一定要先完善数据基础，否则系统安装完成后就是个空壳。数据需求统计清楚，对于指导工业互联网规划、应用系统功能定位和数据交互有巨大意义。

（2）进行数据治理。企业通常将数据治理作为一个单独的项目，数据治理的最佳时机是应用系统上线前。数据治理的核心内容有数据分类、定义数据标准、数据标准化管理等。当明确了需要哪些数据后，要先进行数据分类，比如常见的有主数据、元数据、指标数据、时序数据等。不同的数据类型，数据管理方式有较大差别，要针对各类数据分别制定数据标准。数据标准是为了保证企业内外部使用和交换的数据是一致的，经协商制定并经企业数据管理部门批准、共同使用和重复使用的规范性文件。数据标准化管理是通过建立一整套的数据规范、管控流程和技术工具来确保各种重要信息（如产品、客户、供应商、账户等）在组织内外的使用和交换都是一致和准确的过程，是和数据标准不同的概念。

（3）大数据平台规划。通常来说，大数据平台分为规划和建设两个项目，也可以单独作为一个项目（本书建议大数据平台规划和建设分开，通常在企业顶层构架设计完成后执行数据治理和大数据平台规划项目，数据治理和大数据平台规划可以一起执行）。当企业安装了众多应用软件系统后，信息孤岛现象比较严重，原因是各系统之间不能互联互通。要解决这个问题，可以让有数据交换需求的软件两两互联互通，也可以通过统一的大数据平台进行数据交换，本书建议通过建立统一的大数据平台来实现企业各应用软件间的数据交换。通过建立大数据平台，所有数据源汇聚到大数据平台上进行统一管理，如数据清洗、整理、监管、订阅和分发到各应用系统等。当企业安装新系统时，只要打通新系统和大数据平台间的接口即可。这样就可以保证数据的规范性、可扩展性和一致性。让系统间互联互通更简单，也能够在前期数据需求定义不足的情况下可随时扩展，提升系统的灵活性。大数据平台规划完成后，可以开始大数据平台建设工作（不属于智能制造顶层构架设计范围），由于企业的应用软件系统是逐步上线的，因此大数据平台建设工作也是持续进行的。目前一些大数据平台服务商主要提供第三步服务，将前两步交给企业自己去完成，然后按照企业的需求来建设大数据平台。大数据平台建设时可以自建服务器，也可以租云。云有公有云、私有云和混合云之分，从长远趋势上来看，混合云是比较好的选择。建设大数据平台是企业智能制造的重要组成部分，也牵扯到信息基础设施规划，属于智能制造的基础项目之一。

大数据平台规划与建设还包括数据安全、数据备份、元数据体系、标签体系、数据存储、算力等内容；大数据平台也可以分成物联网子平台、应用系统互联互通子平台、主数据子平台、数据资产子平台、商务智能（Business

Intelligence，BI）子平台、人工智能（Artificial Intelligence，AI）子平台等，本书不做详细说明。当企业建立了统一的大数据平台后，可以根据企业业务需求进行数据分析与挖掘，识别数据的新价值。在实践项目实施时，为了加快项目进度，数据治理和大数据平台规划在智能制造顶层构架设计完成后再进行。

5.5.3 现状和机会盘点

企业在弄清楚了业务需求和定义清楚了数据需求后，还需要进行现状和机会盘点，现状和机会盘点清晰后才能开始进行智能制造顶层构架设计的后半段方案设计工作。

现状和机会盘点主要有两大部分内容：一是盘点企业精益智能制造相关工作现状；二是将各职能部门存在的降本增效升级转型机会进行汇总。企业精益智能制造现状盘点见表 5-1。

表 5-1　企业精益智能制造现状盘点表

方向	现有要素	详细描述	建议措施	备注
产品				
制造				
人员				
管理				

在表 5-1 中，以智能制造升级转型的四个主要方向产品、制造、人员、管理为出发点，详细盘点在这四个方向上企业主要做了哪些事情（现有要素）。针对现有要素，进行客观和详细的描述，不添加任何判断。然后再针对现有要素进行判断和给出建议措施，这些建议措施可以是现状没有执行到位的，也可以是补强建议。

在完成了现状盘点后，将所有精益智能制造降本增效升级转型机会用表 5-2 进行汇总。

表 5-2　企业精益智能制造机会盘点表

序号	改进机会	精益智能制造阶段	负责人	计划完成时间	备注

　　表 5-2 主要是以企业为对象，全面评价企业在精益智能制造方面的机会。在识别了企业存在的机会后，再进一步识别各职能部门存在的机会。

　　各职能部门降本增效升级转型机会汇总可以参见 L&M 企业诊断方法论，如图 5-7 所示。

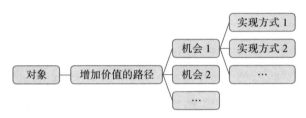

图 5-7　L&M 企业诊断方法论

　　该方法论中对象是各职能部门或者是部门里面的相关职能；增加价值的路径是核心，是针对研究对象，要能识别出来做哪些事情能够给企业带来价值。通常有价值的事情包括成本降低、效率提升、质量提升、交付提升、安全提升等，这些事情能够增强企业的核心竞争力；机会是指在研究对象的范围内，有哪些具体可以做的事情能够增加价值，这方面需要描述得非常具体。比如效率提升，就要具体到有哪些工作，是办公室的工作还是现场的作业。当识别出具体机会后，再要确定实现方式，实现方式就是如何做，如果一些机会没有实现方式，那么就只能是一个机会，这种机会在现有解决方案的条件下还不能兑现，要将其暂时先放一放。

　　接下来举一个具体例子加以说明，某企业生产计划部的降本增效升级转型机会汇总，如图 5-8 所示。

　　该案例中，研究对象是生产计划部。生产计划部通过"提升生产计划质量、降低生产计划人工成本、缩短生产计划排程周期"这三条路径可以增加企业价值，而且在这三条路径（图 5-8 中统称为提质降本增效）上的机会一致，所以就将增加价值的三条路径合并到一起。该企业生产计划部提质降本增效共有四个机会：①建立主 / 月 / 周 / 日四级生产计划系统，该企业生产计划现状是只有月计划，因此生产的自由度很大，无法掌控交期；②生产信息及时反馈系统，由于该企业没有日生产计划，也没有生产日报，更没有日生产计划异常问题解决系统，因此生产执行信息无法及时反馈给计划部，计划部也不知道订单的生产状态，出现生产异常后各单位响应和配合解决问题速度非常慢；③提高物料采购计划的准确性，在调查中发现该企业的 BOM 系统并不完整，而且在生产过程中还经常发现 BOM 数据错误的情况，再加上缺乏主生产计划，因此物料采购计划不是很准确，经常造成各生产车间待料，交期延迟；④提高外协加工及时性，该企业对外协厂商的管控力度较弱，基本是把物料发出去，再等着外协厂商加工完送回来，如果采购不去询问供应商基本就无法知晓何时才能把物料收回，这种管理方式完全不能控制外协生产进度。

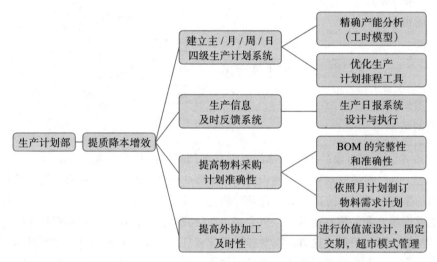

图 5-8　某企业生产计划部降本增效升级转型机会汇总

　　针对该案例企业现状和要实现的目标，基本都有成熟的解决方案：比如建立主／月／周／日四级生产计划系统，只要先做好精准的产能分析和优化生产计划排程工具就可以实现；要让生产信息能够及时反馈，在建立主／月／周／日四级生产计划系统的前提下，再做好生产日报系统的设计与执行即可；要提升物料采购计划的准确性，需要完善 BOM 和依据主／月计划以及销售预测进行物料采购；要加强外协资源管理，需要进行价值流程设计，将外协资源当成内部生产环节，给予其固定的产出时间，然后建立相应的发料和收料机制，并优化供应端的物流模式即可。

当把企业所有对象的降本增效升级转型机会全部弄清楚后，就知道智能制造要做什么、要解决什么问题了。通常企业希望通过智能制造来解决很多问题，那么在这些问题中，需要有一条清晰的解决问题的逻辑，如果找不到这条逻辑，解决问题的效率和效果就会降低，智能制造升级转型成本也会增加。

智能制造顶层构架设计是以企业升级转型和降本增效为目标，基于企业各项业务的行业最佳实践，规划出来的企业智能制造升级转型最佳落地路径，并将其转化成可以逐步实施的项目行动计划。智能制造顶层构架设计决定了企业在智能化升级转型过程中，要做什么、哪些先做、哪些后做、如何将要做的事情融合成一个有机整体，从而达到花最少的成本、用最短的时间来实现企业智能制造降本增效升级转型目标的一份蓝图或者项目规划说明书。

依据 L&M 智能制造顶层构架设计"2347"方法论，整个规划部分有四大步骤：逻辑图设计、要素图设计、要素框架图设计、实施路径图设计。

5.5.4　逻辑图设计

逻辑图设计是智能制造顶层构架设计落地执行的第四步，本节介绍的 L&M 智能制造顶层构架设计"2347"方法论逻辑图设计框架，适用于所有制造业企业，如图 5-9 所示。

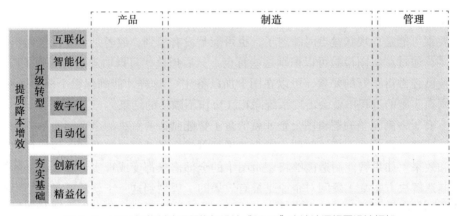

图 5-9　L&M 智能制造顶层构架设计"2347"方法论逻辑图设计框架

企业在进行智能制造顶层构架逻辑图设计时，只要按照此框架，将待解决问题和相关机会补充进去，然后将逻辑关系描述清楚，就能构建出来一副完整高效地解决问题的逻辑图。

该逻辑图基于降本增效和升级转型展开，因此按照此框架设计出来的逻辑图，一定能够给企业带来效益。另外在该逻辑图中，也包含了精益智能制造的六个步骤，一般企业在这六个步骤中或多或少都有一些问题需要解决，将这些问题按照这六个步骤分层放置，自然就能区分开哪些问题要先解决，哪些问题后解决。细心的读者可能还会发现，这个逻辑图框架只包含了智能制造四大方向中的三个，缺少了人员。前文提过在企业进行智能制造升级转型过程中，顶层构架设计以业务为出发点，人员可以单独进行，也可以将其划分到管理或制造中去。因此在本逻辑图中没有将人员单独列出来。

实际操作时，要先从夯实基础开始，将产品、制造、管理方向的精益化改进机会列出来，然后再将创新化的机会列出来，接着用箭头将这些机会间的逻辑关系描述出来。在描述逻辑关系时，可能存在要调整机会的情况，或者将一些机会拆开，以便更清晰地表达逻辑关系。夯实基础通常也是企业在实施智能制造项目前先要补强的，通过补强基础，提升企业盈利能力，强身健体。

在升级转型部分，主要是自动化、数字化、智能化和互联化。实际操作时分成两大步骤：

第一步先将现状和机会盘点表中识别的全部现有要素和机会按照框架结构填进去，然后用箭头描述逻辑关系（包含和夯实基础部分的逻辑关系），同时调整每个机会在逻辑图中的位置。

第二步检查逻辑关系是否顺畅，若不顺畅通常是由于缺乏要素导致的，这些要素可能是在现状盘点时疏忽了，也可能是没有想到，或者是企业已经做得很好了，通过逻辑图检验可以识别这些盲点。然后把这些盲点加进逻辑图中（若是企业已经做得很好的要素，可以在图上加以备注），这样才能确保整个框架通畅，否则在实施的过程中就会出现系统间相互协作不顺畅的结果。

有了一副完整的逻辑图，企业就清楚了智能制造要解决的全部问题的逻辑关系。这些逻辑关系不能够颠倒，因为逻辑颠倒就会降低解决问题和实现目标的效率和效果。如果智能制造能够将逻辑图中的全部需求都变成现实，那么这样的智能制造解决方案毫无疑问对企业是最有效果的。规划到这一步就需要考虑是否有成熟的解决方案让逻辑图全部落地了。

5.5.5　要素图设计

若将成熟的解决方案视为建设企业智能化大厦的要素，再将这些要素依照逻辑图关系连接起来，就构成了完整的智能制造解决方案，这就是要素图设计。

　　要素图和逻辑图有很大不同，比如说逻辑图中要解决的问题一般有三种情形：①逻辑图中的一个待解决问题，可能对应要素图中的一个完整要素；②逻辑图中的一个待解决问题，可能需要要素图中的多个要素才能实现；③要素图中的一个要素，可能解决逻辑图中的多个待解决问题。因此就要求智能制造顶层构架设计人员对各种智能制造要素要非常熟悉，要清楚各种智能制造解决方案主要能解决什么问题，以及解决问题的内在逻辑，否则就不能完成逻辑图向要素图的转化。要素图设计的框架如图 5-10 所示。

图 5-10　要素图设计框架

　　要素图设计需要紧紧围绕企业的经营目标，通过关键绩效指标体系将经营目标和运营目标连接起来，这样可以确保智能制造方案为经营目标服务不动摇，还能通过运营目标的改善来达成企业的经营目标。这是打通企业经营和运营隔阂的关键所在，避免企业经营和运营两张皮。

　　进行逻辑图向要素图转化时，首先要识别企业需要哪些智能制造要素（比如ERP、APS、PLM 等都是智能制造要素），这些要素要能完全覆盖逻辑图中的需求；其次智能制造的解决方案主要围绕企业的物理层、信息层和决策层，需要将各智能制造要素按照这三个层次进行分层，以便在实施的时候确定先后顺序；最后再将这些要素之间的逻辑关系用箭头连接起来，箭头表示的是要素之间有数据交互，但是具体交互哪些数据，不需要在要素图上标识，在第四步要素框架图设计时再解决，否则要素图就会过于复杂。

5.5.6 要素框架图设计

在搞清楚了企业智能制造需要哪些要素以及各要素之间的逻辑关系后，需要进一步细化，将各要素的功能和逻辑框架描述出来。

企业在进行智能制造解决方案（要素）选择时，面对服务商提供的形形色色解决方案，往往很难确定哪个方案是企业需要的。迅速识别服务商解决方案的特点，判断是否和自己企业的需求匹配，往往是选择的难点和痛点，因为这无异于大海捞针。如果企业按照L&M智能制造顶层构架设计"2347"方法论完成要素框架图设计，这个问题就能够迎刃而解。哪家服务商的解决方案和企业需求最接近，答案就会跃然纸上。

要素框架图描述每个要素的功能构架，以及与其他要素之间的关系。这一步蕴含了每个企业的管理方式，由于不同企业的管理方式差异很大，因此本书不会给出参考框架，而是以一个实际案例进行阐述。

某公司要安装E-HR系统，设想的是将人事部门的主要工作，如招聘管理、入离职管理、档案管理、培训管理、员工发展、员工关怀、考勤管理、薪酬管理、福利管理都纳入该系统。如果要满足该公司的全部需求，设计出的E-HR系统的整个框架如图5-11所示。

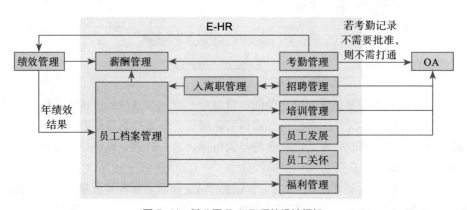

图 5-11　某公司 E-HR 系统设计框架

以该框架中的薪酬管理为例，每家公司的薪酬管理制度可能不一样：一些执行绩效考核的公司，薪酬可能与绩效挂钩；一些执行考勤的公司，考勤结果也和薪酬挂钩；一些公司还会结合员工在公司的服务时间、岗位性质等设定一些薪酬构成要素。这样针对不同的公司，就有不同的薪酬模式。比如该公司绩效管理和薪酬挂钩、考勤也和薪酬挂钩、员工的岗位也和薪酬挂钩，因此薪酬管理就需要调用绩效、考勤和岗位这三项数据，来综合计算员工的薪资，这也是该公司对于 E-HR 系统薪酬模块的需求。当公司的需求具体到这样的程度之后，在面对服务商的产品选型时，就能够根据需求进行匹配。若没有完全匹配的产品，也知道服务商的产品要做哪些改变。这些改变可以请服务商帮忙实现，也可以自己做二次开发。

　　当企业将每个要素的框架都弄清楚后，各要素间的数据交互也就清楚了。若企业选择直接打通系统进行数据互联互通，那么也清楚该打通哪些数据接口。

　　通过要素图能够直观地看出整个智能制造系统的结构，通过要素框架图能够知道每个要素的功能，但是实施先后顺序还不清晰明了。因此最后一步是实施路径图设计，用来表达各要素实施的先后顺序。

5.5.7　实施路径图设计

　　最后一步，将要素图中的各要素放入 L&M 智能制造顶层构架设计 "2347" 方法论实施路径图中（如图 5-12 所示），也就完成了实施路径图，这步相对来说比较简单。

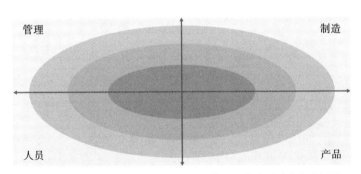

图 5-12　L&M 智能制造顶层构架设计 "2347" 方法论实施路径图

　　实施路径图的好处是能够很直观地知道在智能制造的每个阶段、每个方向要做什么事情，但是还不够详细。要想非常详细地管理整个智能制造项目实施过程，还需要借助智能制造顶层构架设计落地行动计划表，见表 5-3。

　　在落地行动计划表中，也可以加入项目概算（当具体项目实施时，再在项目概算的基础上制定项目预算）。依据项目概算，将项目支出按照时间进行分配，这样能得出项目支出计划，对于财务进行现金流估算比较有用。另外也可以加入项目进度条，更为直观地看出各项目进度状态和资源投入情况。

表 5-3 智能制造顶层构架设计落地行动计划表

序号	项目名称	精益智能制造阶段	关键行动计划	负责人	计划完成时间	项目状态	备注

在制定好智能制造顶层构架设计落地行动计划表后，还需要成立项目团队。项目团队分为公司级智能制造项目团队和各个子项目团队。公司级项目团队负责公司智能制造的规划和落地，子项目团队负责具体子项目的实施。

完成智能制造顶层构架设计后，公司关于产品创新、服务创新、商业模式创新、制造升级、管理升级的方向就比较清晰了；另外，依据公司智能制造顶层构架设计方案，也可以开展大数据平台和信息基础设施规划等基础工作。

制造业数字化转型五大方向

根据智能制造顶层构架设计，可以明确制造业数字化转型的五大方向：产品创新、服务创新、商业模式创新、制造升级、管理升级。本章结合过去制造业数字化转型实践经验，进一步阐述在每个转型方向上有哪些具体机会，以及相应的方法和工具。

6.1 方向 1：产品创新

有形的产品和无形的服务都可以称为产品。销售产品提供的是有形产品，销售服务提供的是无形服务。由于本书阐述的是制造业数字化转型实践，因此主要以生产制造有形产品的制造业为研究对象。

产品是制造业的主体，在制造业数字化转型过程中，产品创新处于排头兵的位置，是数字化转型的核心之一。目前众多制造业企业本末倒置，没有花太多心思进行产品创新，将主要精力放在营销上面，依据价值规律这种方式是不能持久的。虽然营销对制造业很重要，但是和产品相比，还是处于附属位置，俗话说"皮之不存，毛将焉附"，用来形容产品和营销的关系再确切不过。

目前中国制造业产品研发水平总体可以分为五个层次：

1）第一层次是代工生产：基本不需要研发能力，只要能看懂客户图纸就行，依据客户图纸加工，赚点微薄的加工费。

2）第二层次是完全复制型：靠低价去抢占市场，靠规模来获得利润。如江浙一带的电动工具企业，将国外品牌的产品拿过来仿制，在材料和结构上稍做变更，价格方面大幅度降低，将国外顶级品牌的市场份额一点点抢走。

3）第三层次是功能优化型：针对市场上已有的产品进行改良或者提升局部功能，相对竞争对手来说有比较优势。

4）第四层次是同步研发型：能做到同步研发的企业基本都掌握着核心技术，如一台电脑，CPU 是核心技术，CPU 底座链接器、主板等也是核心技术，把这些核心技术整合一起才能组装成一台电脑。例如富士康在 3C 领域就坚持同步研发，配套电脑主机厂 CPU 同步推出 CPU 底座连接器和主板等。

5）第五层次是自主研发型：这类企业目前在中国非常少，有自主研发能力的企业基本上都是行业的领军企业，如无人机领域的大疆创新。

按照以上研发水平的五个层次来划分，大多数中国制造业企业处于第一层次、第二层次和第三层次，整体研发水平低；再加上中国制造业处于微笑曲线的底部，企业利润水平也较低。要想摆脱这种"双低"现状，一定需要加大产品创新力度。

6.1.1 产品创新机会分析

结合企业数字化转型，在产品创新方向主要有四大新机会。

1. 数字化产品设计

工欲善其事必先利其器，产品创新也是如此。产品设计是产品创新的关键工作，好的产品设计工具能够让产品设计如虎添翼。在制造业数字化转型实践中，特别强调 2D/3D 设计软件的使用比例以及系统仿真软件的应用。有了 2D/3D 设计软件，能够让产品开发更为便捷；通过系统仿真，能够在图纸设计阶段就模拟设计方案的可行性和潜在问题，然后进行改进，提升产品设计质量、缩短产品开发周期、降低产品开发成本。目前一些装备制造业企业开始探索 MBD/MBE（基于模型的定义/基于模型的企业），通过 MBD 将设计和制造信息集成到 3D 模型中，消除二维图纸，确保设计数据来源的唯一性；通过 MBE 将产品全生命周期所需的数据、信息和知识进行整理，建立便于系统集成和应用的产品模型和过程模型，实现通过模型进行产品协同设计、制造和管理。

2. 数字化协同开发平台

3D 设计软件和系统仿真软件是针对单人单机的，强调的是单兵作战；数字化协同开发平台是要联合各路人马，进行多兵种军团配合作战。在制造业数字化转型实践中，通过建立企业内部，或者是连接外部客户端、供应端和各平行伙伴的数字化协同开发平台，更便捷地设计出满足客户需求的产品，缩短产品开发周期，也能够提升产品的制造可行性。另外，通过内外部数字化协同开发平台，也能够减少各方开发资源的投入，提升各方开发资源的利用率。比如系统仿真实验室，完全可以开放给产业链上下游合作伙伴，这样既可以提高实验资源的利用率，也能够获取新的服务收入，还能降低产业链系统仿真资源投入。

3. 数字化产品开发项目管理

产品开发有两个重点工作：一是产品设计；二是新产品开发项目管理。

一般的企业比较重视产品设计，忽视新产品开发项目管理工作，导致产品开发有协调性差、进度缓慢、成功率低等问题。若一家公司新产品开发数量不多或者产品不太复杂，不使用新产品开发项目管理软件是可行的，通过设计简单的 Excel 项目管理工具完全可以满足需求；但是当公司产品开发任务多、产品结构复杂时，还是有新产品开发项目管理软件比较好。通过新产品开发项目管理软件，能够将开发任务需要的资源、进度、成本等要素都有条有序地管理好，缩短产品开发周期。如常见的 PLM 系统，基本都具备项目管理功能，但是不同行业、不同产品的项目管理知识差异巨大，并不是某款具体的 PLM 产品一定能满足企业的产品开发项目管理需求。

4. 产品"数物智"创新

产品"数物智"创新是指运用数字化、物联化、智能化技术，进行产品创新。前面三个机会主要都是产品创新工具层面的，如设计工具、平台和管理软件，还没有涉及产品本身。关于产品创新本身，有"从 0 到 1"式的全新产品创新，也有"从 1 到 n"式的改进类产品创新。在制造业数字化转型过程中，运用数字化、物联化和智能化技术，可以支持全新产品创新和改进类产品创新。

数字化是常见的产品创新手段，比如将一个游标卡尺、一支温度计、一个水杯加上数显液晶屏，就变成了数字化产品。数字化产品能够满足人们对于便捷的追求。

物联化是产品创新的另一个主要方向，通过物联网技术，能够对产品的生产制造、使用场景、使用状态进行全生命周期追踪，能够了解客户行为习惯，也能够洞察客户痛点，还能够及时为客户提供售后服务。比如物联网路灯不需要人进行开关控制，也不需要人巡逻来发现哪盏灯坏了，它们能够根据环境光照度进行自我们控制，也能够告诉维护人员是否坏了，这样的物联化产品可以降低"产品＋运维"的综合成本。

智能化也是产品创新的重要方向，基于人工智能和大数据分析技术，可以赋予产品一定的自我们分析和决策能力，并将分析和决策结果反馈给使用者，满足使用者之前没有被满足的需求。例如智能煤机能够感知矿山环境并将矿山的安全状态反馈给矿山管理者，这样能够减少诸如瓦斯爆炸、透水等安全事故的发生。

6.1.2 产品创新的三条路径

针对中国制造业产品创新的现状，要迅速提升产品研发水平，有三条常见的产品创新路径，如图 6-1 所示。

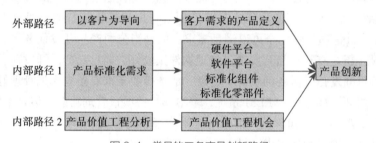

图 6-1 常见的三条产品创新路径

1）外部路径：以客户为导向。企业要坚持以客户需求为导向，以推动行业进步为己任，持续进行产品创新，不断提升产品性能，解决客户痛点问题，推动行业向智能化方向发展。

2）内部路径 1：产品标准化。企业要不断地提升产品硬件和软件平台的标准化程度，以及提升零部件的标准化比例，来持续优化产品结构和制造工艺，降低制造成本，提升产品性价比。

3）内部路径 2：价值工程。价值工程是指不断提升产品价值来提升产品竞争力。产品价值通常描述成产品功能和产品成本的比值，这个比值越高，产品的价值就越高。

接下来将详细介绍关于以客户为导向的产品创新、产品标准化和产品价值工程的一些具体方法。

6.1.3 以客户为导向的产品创新

产品最终会销售给客户，以满足客户对产品功能的需求。因此，以客户为导向进行产品创新是产品创新的最佳选择。特别要注意的是，本书用的是"以客户为导向"，不是"以客户需求为导向"。这是因为客户很多时候并不清楚自己的需求，如亨利·福特所言："如果你问客户要什么，他们会回答说要一匹更快的马"。如果你已经想到了汽车，而客户还只是想到马，那么你就需要去引导客户的需求。"以客户为导向"是要想客户所想、感客户所痛，并为其提供解决方案。

本节介绍"痛点情景产品创新法"，适用于各类制造业的产品创新。耳熟能详的集成产品开发（Integrated Product Development，IPD）也是这方面的典型代表，但该方法运作过程复杂，适合比较成熟和产品附加值较高的企业，不太适合低成本运作的制造业企业。

"痛点情景产品创新法"共有三大步骤：第一步分析客户痛点，第二步描述价值情景，第三步定义客户需求的产品。

1. 分析客户痛点

通常来说，客户痛点就是产品创新的机会，在产品创新前要通过各种方式深度分析客户痛点。分析客户痛点通常有三种方法：客户现场调研、客户访谈、内部研讨。

方法 1：客户现场调研

要想听见炮火声，就要奔赴前线；要切实感受客户之痛，就需要去客户现场。作为零部件供应商，要去客户生产现场和客户产品的使用现场；作为成品制造商，要去客户产品的使用现场。

去客户生产现场，可以分析和观察改变产品的哪些方面可以提升客户价值；去产品的使用现场，可以观察产品是否方便使用，是否能够满足最终用户的全部需求，以及观察最终用户是否有未被满足的潜在需求等。通过客户现场调研，将收集到的信息汇总到"客户需求调研表"中，调研结束后再开内部研讨会。一般建议企业每年至少要执行两次以上客户现场调研工作，每次要选择不同层次的、有代表性的若干个客户，以便能够及时准确地把握产品的开发方向。

方法 2：客户访谈

在客户现场调研的基础上，还可以邀请客户的采购、销售、研发、工程、质量、客服人员进行面对面访谈，请客户代表们谈谈他们工作中的痛点，描述他们脑海中理想的产品是什么样子，以及他们对供应商的相关诉求等。通过客户访谈，可以了解客户的真实想法，将客户诉求作为产品创新的出发点。

通过客户现场调研和客户访谈，企业可以带回大量的一手信息，针对客户的痛点以及诉求，再进行深度研讨分析。

方法3：内部研讨

内部研讨是企业经常采用的分析客户痛点的方法，一般建议由和客户接洽的人员以及产品开发人员一起研讨。企业内部最了解客户痛点的是销售、客服和质量这三个岗位的人员，了解产品开发的主要是研发和工程技术岗位的人员。

在内部研讨时，一般先由了解客户痛点的销售、客服、质量人员准备客户问题清单，并将问题清单提交给研讨会的主持人，由主持人对问题进行归类汇总，作为研讨会的输入信息。主持人最好选择具备主持技巧，但是和产品开发不相关的人。在研讨过程中，主持人需要结合待研讨的问题，采用有针对性的主持技巧，尽可能让参与研讨的人员都能够独立发表各自的观点。当大家对于客户痛点产生共鸣后，团队再一起分析客户痛点以及客户的真正诉求。通过这种深度的内部研讨会，能够从不同视角认知客户痛点。

2. 描述价值情景

在了解客户痛点后，需要描述价值情景。描述价值情景可以提升产品创新方向的准确性，否则即使产品创新成功，价值也可能不能持久。

描述价值情景可以运用"假如……将能够……"的句式。举一个煤矿设备的例子，煤矿设备供应商了解到的客户痛点之一是不能够预先或者及时掌握矿坑的安全信息，在内部研讨时可以这样描述价值情景：假如我们的煤矿设备能够感知煤坑内部的瓦斯浓度和矿压等信息，将能够给煤矿公司提供安全预警服务，煤矿公司也能够有效避免煤矿安全事故的发生。通过描述价值情景，煤矿设备供应商能够明确价值情景的价值。

当确认价值情景的价值后，还需要进一步分析价值情景的实现路径：比如获取矿坑的安全信息很有价值，但是获取安全信息的可行方式和最佳方式是什么？如果煤矿设备不是获取矿坑安全信息的最佳载体，那么即使马上能够提升煤矿设备的智能化程度去获取煤矿安全信息，那么最终还是会被其他载体替代，从而不能产生持久价值。在这种情况下，企业需要考虑去联合能够提供最佳载体的企业，进行共同研发。

描述完客户价值情景后，还需要回答公司产品创新是否是客户实现价值情景的最佳选择。若回答是"是"的话，那么这种产品创新最有力量，也最可能获得成功。以煤矿设备为例，煤矿安全信息是通过煤矿设备采集还是由矿山重新布置安全信息采集系统更好？若煤矿公司认为通过煤矿设备进行安全信息采集更有价值或者更便捷，那么让煤矿设备具备相应的安全信息感知和分析功能就是煤矿设备创新的一大方向。

上述两个步骤可以用客户痛点与价值情景分析表（见表 6-1）来统一管理。

表 6-1　客户痛点与价值情景分析表

序号	客户痛点描述	客户痛点产生的原因	客户价值情景描述	客户价值情景与公司的关系	备注
1					
2					
3					
4					

通过客户痛点与价值情景分析表，可以全面分析客户痛点和公司产品创新的关系有多大。针对关系很强的机会，公司需要明确定义客户需求的产品；针对关系不是很强的机会，公司不需要进行相关的产品创新。

3. 定义客户需求的产品

定义客户需求的产品，通常可以分为三大类型：

1）产品需要进行优化升级，以更好地满足客户需求。优化现有产品一般运用价值工程和产品标准化的方法。

2）产品需要增加新功能，以便能满足客户未被满足的需求。增加新功能也是运用价值工程的方法。在价值工程可行性评估通过后：针对非智能化功能直接进行产品或者技术集成；针对智能化功能一般先要进行"智能＋"或"物联＋"方面的产品和技术集成，然后还要进行智能化运营管理平台开发，通过管理平台持续为客户提供售后运营服务。

3）需要开发全新产品。针对全新产品开发：首先需要识别技术上是否有瓶颈，若没有技术瓶颈决策后走全新产品开发流程，若有技术瓶颈则先进行技术预研；在完成全部分析后，再将相关内容填入新产品开发方向和决策表（见表 6-2）中。

表 6-2　新产品开发方向和决策表

序号	方向	新功能	新功能落地路径	公司的决策	备注
1					
2					
3					
4					

（续）

序号	方向	新功能	新功能落地路径	公司的决策	备注
5					
6					
7					
8					

表6-2中方向列通常有：产品标准化、价值工程优化、新功能、智能＋、物联＋、全新产品开发等。以煤机产品物联＋方向为例，随着煤矿开采深度的加深，瓦斯浓度和矿压等因素也在不断变化，严重威胁着煤矿安全，因此煤机新功能需要有实时探测煤矿瓦斯浓度和矿压的装置，能够对煤矿安全进行及时预警。另外煤机物联＋解决方案还可以加装采煤量感知装置，能够让煤机根据采煤量自动调整运转速度，从而产生更大的经济价值。在新功能落地路径分析时，结合公司的技术能力、机会价值大小，按照本书图4-3"价值和技术矩阵"的实施顺序来实施。

通过以上产品创新分析，可以定义出来不同创新程度和层次的产品。公司通常有以下三代新产品机会：

1）第一代新产品：升级版产品。集成成熟的非智能化和非物联化的产品和技术，进行产品功能优化升级，提升产品性价比。

2）第二代新产品：智能化产品。通过成熟的智能＋或物联＋技术应用，提升产品的智能化程度，同步开发产品的运营管理平台，为客户创造除产品使用价值之外的其他价值。

3）第三代新产品：面向未来的产品。将目前尚不成熟，但是在产品上有很大应用价值的新技术，通过购买专利、委外开发或者自己预研的方式，提前进行技术布局，抢占技术制高点，引领行业发展。

针对上述三代新产品机会，公司需要准确判断当前的行业环境，然后制定有针对性的新产品开发策略。

6.1.4　产品标准化

依据三次元创新理论，产业创新是有周期可循的，不断在产品（技术）创新、制造创新和商业模式创新间循环往复，不同产业循环周期不一样。产业处于成长期需要产品（技术）创新，产业爆发期需要制造创新，产业洗牌期需要商业模式创新，这三股创新力量推动着产业循环往复的向前发展。

产品标准化是产品创新和制造创新的核心驱动力之一，当公司所在行业处于产品创新尾期和制造创新驱动阶段时，产品标准化能够为企业带来巨大效益。产品标准化主要有四大作用：

（1）产品标准化能够缩短产品开发周期。一件产品，如果标准化设计比例越高，需要投入的研发资源就越少，通常产品的开发周期也越短。产品开发周期缩短，可以更快地响应客户需求，也能够降低开发成本。

（2）产品标准化能够降低采购成本。产品标准化比例越高，单一标准化零部件的采购量就越大。通常来说，采购量越大，在和供应商进行价格谈判时就越有优势，供应商给出的采购价格也会更有竞争力，从而能够降低采购成本。

（3）产品标准化能够降低制造成本。产品标准化比例越高，针对自制的标准化零部件，生产批量就越大。通常来说，生产批量越大，就有更多机会来提升制造的自动化程度、也能够减少切换成本和提升生产效率，制造成本也会随之降低。

（4）产品标准化能够降低管理难度。产品标准化比例越高，新产品需要重新开发的零部件比例就会越少，研发的管理难度就会下降；需要新开发的产品工艺数量会减少，工艺的管理难度会下降；生产的产品品种类别减少，生产和质量的管理难度会下降。制造业最简单的管理就是公司只生产一种标准产品，此时公司的管理难度最低。除了初创企业外，市场上基本没有这类公司。但是这种情况体现了产品标准化、减少产品种类能够降低管理难度和管理成本的机会。

既然产品标准化如此重要，那么该如何执行产品标准化工作呢？通常有三大方向：硬件平台标准化、软件平台标准化、零部件标准化。

1. 方向 1：硬件平台标准化

每一种产品都能找到一个或几个关键零部件，作为产品的硬件平台。首先提升该硬件平台的标准化程度，尽可能减少其种类；其次再提升与该平台直接相关的 1 层级硬件的标准化程度；接着再提升与 1 层级硬件关联的 2 层级硬件标准化程度；依次类推，逐步深入，最终提升产品的整体标准化程度。硬件平台标准化过程如图 6-2 所示。

在确定产品的硬件平台时，有以下三个基本原则：①作为硬件平台的零部件在整体零部件中占有一定比例的数量；②分析当硬件平台确定后，那些和硬件平台直接相关的 1 层级零部件也随之确定，能够确定的 1 层级零部件数量和比例越多越好；③分析作为硬件平台的零部件能不能分解成有限的 1 个或多个标准件的组合，若能的话该硬件平台的标准化程度能进一步提升。

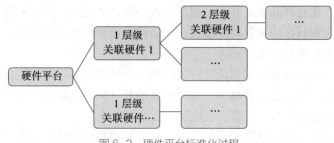

图 6-2　硬件平台标准化过程

以煤机刮板机为例，主要客户是煤矿，由于煤矿的地理环境和规模大小不同，煤机刮板机都是定制化的。通常来讲，定制化和标准化不在同一个框架下。但是在分析煤机刮板机的构成时，发现中部槽由槽帮、哑铃销、齿轨、中底板组成，在刮板机零部件中占比 70% 左右；当中部槽确定后，机头、机尾、动力部也随之确定；中部槽、机头、机尾、动力部占整个刮板机零部件的 85%～90%。如果煤机刮板机制造企业要提升刮板机的标准化程度，可以先标准化中部槽，然后依照中部槽的类型，将产品分为不同型号，再将不同型号的产品和客户需求匹配起来，帮助客户进行快速产品选型。通过有限的选择大幅度提升产品标准化程度，实现在减少零部件有限组合的情况下满足客户定制化的需求。

2. 方向 2：软件平台标准化

软件平台标准化是针对有软硬件结合的产品制造企业而言的。软件平台标准化是指尽可能减少软件产品的开发语言、操作系统、通信协议等差异。主要有两大方向：一是标准化自己公司产品的软件平台；二是标准化和公司产品配套的其他公司产品的软件平台。

公司在开发产品的过程中，不同产品若能选择统一的软件平台，将能降低产品的软件开发成本，也方便产品投入市场后的售后服务和更新换代。若公司的外购件有配套软件的话，公司需要对供应商提出明确的软件开发标准，统一公司和不同供应商的软件开发平台，这样比较方便产品集成，也比较方便最终客户使用。

当公司将产品交付给客户后，若客户还要将交付的产品和其他产品进行集成，公司可以主动联系客户，商讨统一产品软件开发平台的可能性，这样可以增强客户黏性以及提升产品在客户端的影响力。

3. 方向 3：零部件标准化

零部件标准化对于敏捷设计、提升经济生产批量、降低制造成本和采购成本有很大价值。零部件标准化要以产品硬件平台标准化为主线，通过硬件平台拉动提升各层级零部件的标准化程度。另外，针对和硬件平台没有关联的零部件，尽可能选用已有零部件；若已有的零部件不能够满足要求，再去设计新的。

外购件和自制件的标准化方向是一致的。若一些外购件由供应商自行设计，可以针对产品整体设计提出具体要求，邀请供应商一起研讨提升零部件标准化的机会，从而减少外购零部件的种类。

从客户的角度来说，零部件标准化也有很重要的意义，特别是面向终端消费市场的产品。以手机充电接口为例，以前诺基亚的充电口是圆孔型，后来 Android 系列的充电口是 D 型扁口、苹果系列的充电口是小 O 型扁口，华为的充电口是大 O 型扁口，互不通用，导致消费者每个人家里都有一大堆充电器。这不光给使用者带来不便，也浪费了大量的社会资源。如果这些充电器接口可以统一，整个社会也可以节省上百亿个充电器，上千亿的物资资源。这只是手机充电器这样简单和常见的一件产品标准化能够带来的社会价值。

以上产品标准化是针对设计端的，当产品标准化设计能力提升后，还可以考虑工艺标准化、设备标准化、工装模具标准化、材料标准化等相关内容。

6.1.5　产品价值工程

价值工程一直是产品创新的重要方向，产品不断升级换代，主要是价值工程驱动的结果。价值工程是通过提升产品价值的方法来进行产品创新。产品价值是产品功能与产品成本的比值，计算公式如下：

$$V=F/C$$

式中，V 代表产品价值；F 代表产品功能；C 代表产品成本。

通过该公式可以得出提高产品价值的三个途径：一是提高功能、降低成本；二是提高功能、提高成本，功能提高的幅度更大；三是降低功能、降低成本，成本降低的幅度更大。这三条路径对产品开发非常有指导意义：例如新车上市的时候，一些功能和技术还不够成熟，等到第二代的时候，之前的一些小问题就纠正过来了，这相当于提高了功能；另外，在提高功能的时候，又进行部分标准化零部件替代，这样可以降低成本，相当于走"提高功能、降低成本"的路线。随着车辆热销，汽车厂家开始减少配置降低功能，零部件生产也越来越标准，成本也随之降低，这就是"降低功能、降低成本"的策略，整车的价格也会相应下调，从而让消费者感到价值提升。

企业要想将产品价值工程执行到位，一般建议开展以下两项关键工作：

一是公司要形成良好的价值工程工作氛围，在内部由工业工程师牵头，定期举办各种形式的价值工程研讨会。例如我们在某个企业工作时，每个季度都会组织总部产品开发部、工厂工程部、生产部、质量部一起，将全部产品样品摆开，大家一起对照讨论价值工程机会。在这个过程中参与者基本都会有一个感觉：当没有把产品摆在一起对比时，大家单独观察分析基本识别不出太多机会，一旦把全部产品摆在一起对比，很多想法自然而然地就出来了。通过这样的产品价值工程研讨会，通常都能识别出很多价值工程改进机会，然后再去和客户沟通逐步实施计划。针对价值工程机会，B2B业务模式的公司需要和客户沟通后实施，而B2C业务模式的公司不需要和消费者沟通，但是可以聆听消费者的声音。

二是公司要举办全价值链价值工程研讨会，邀请客户、供应商、平行合作伙伴一起挖掘价值工程机会。公司也可以分别邀请供应商、平行伙伴或者客户搞专题研讨会。通过外部伙伴参与，往往能提供不一样的分析视角和技术能力，从而进一步挖掘产品价值工程机会，因为部分价值工程机会不通过协作很难识别。比如要实现电机低噪声，通常需要几个关键零部件配合，任何一家零部件企业基本都不能独自解决这个问题，需要客户召集与噪音相关的几家零部件企业一起沟通解决。

当企业将这两项价值工程活动持续进行下去后，就会在企业内部逐渐形成价值工程文化，从而让价值工程变成一项日常化工作。

6.1.6 产品创新计划

当识别出来产品的创新方向和机会后，研发部门需要制订未来几年重点的产品创新计划，见表6-3。

表6-3 产品创新计划表

序号	产品系列	创新方向	创新事项	负责人	团队成员	需要资源	预算（万元）	计划开始时间	计划完成时间	备注
1										
2										
3										
4										
5										
6										
7										
8										
9										
10										

在表 6-3 中，产品创新是以产品系列为导向，确定各产品系列的创新方向和具体创新事项，并指定项目负责人，由负责人去组建项目团队，并评估需要的资源以及预算，最后制订具体的项目进度计划。

在制订产品创新计划时，特别要注意项目资源需求。为了配合公司的产品创新计划时间节点，一定要有充足的资源投入。当企业自身能力有所欠缺时，一定要实事求是，果断去寻求外部资源协助。遇到此类情形，很多企业的实际情况是项目负责人不去寻求外部资源帮助，抱着背水一战的决心，不成功便成仁。这种方式士气可嘉，但是对企业来说无异于赌博，企业需要的是 100% 完成任务的确定性，而不是这种会给公司未来带来的不确定结果的赌徒心态。

在产品创新计划中，通常会包含数字化产品开发的相关内容，而产品又是制造业的立司之本，这也是本书将产品创新放在前面阐述的原因。

6.2　方向 2：服务创新

虽然产品和制造是制造业的核心，但是服务也不可缺少。通常来说，服务分为内部服务和外部服务。内部服务是指内部各部门间的相互协作；外部服务可以分为三类：客户端的外部服务、供应端的外部服务和其他利益相关者的外部服务。

关于内部服务的主导部门，一般有三种情况：①有企业管理体系职能的，由企业管理体系负责人主导，不论企业管理体系是在那个部门或是一个独立部门；②公司还没有企业管理体系或相关职能的，由于内部服务需要协调所有部门，建议由总经办（或类似部门）主导比较适合；③企业既没有企业管理体系职能，也没有总经办相关职能的，由人力资源部来主导。

关于外部服务的主导部门：客户端外部服务由营销主导，供应端外部服务由采购主导，其他利益相关者外部服务由各自对应的职能主导。税务事务由财务主导，社保、劳动纠纷等由人事主导，工会事务由工会或者党委主导，外协合作伙伴由外协任务部门主导，研发外协由研发主导，生产外协由计划部门主导等。

不论内部服务还是外部服务，都要将关注点放在提升服务效率、提升服务质量和降低服务成本上，关键在服务创新。在数字化智能化时代，由于建立了人、物、信息间的连接，提供服务要比过去只建立了人与人间的连接、人与信息间的连接时更便捷，因此也会创造新的服务机会，促使内外部服务模式发生巨大变化。

6.2.1 服务创新机会分析

制造业服务创新主要基于未被满足的内外部需求，识别上下游产业链有哪些服务机会，以及评价这些服务机会是否能够给公司带来价值。

1. 新服务模式

从整个产业链来看，需要分析是否有未被满足的服务需求，或者现有的服务模式是否效率比较低、成本比较高，有没有可替代的服务模式等。比如在大多数制造业产业链中，都有配件销售、售后服务这两类机会。针对配件销售和售后服务，一般模式是公司针对客户提供有针对性的服务，这种一对一的服务模式服务效率非常低而且成本很高。那么新的配件服务平台或者售后服务平台就是新服务机会，它们属于一对多的服务模式，能够提高服务效率和降低服务成本，如工业品一站式采购平台；也有一些公司承包了不同公司的售后服务，然后按区域分配给个人，这样就能提升服务密度，从而降低服务成本和提升服务效率。

2. 基于"物联+"和"智能+"产品的新服务

基于"物联+"和"智能+"产品创新，也能衍生出来一些新服务机会，而这些新服务机会在传统模式下可能根本不存在，或者由专门的第三方来提供。以"物联+"设备为例，传统设备基本不能进行健康管理，只有当设备出现故障时才知道是什么零件或系统坏了；若设备具有物联网功能，就能够及时获取设备的关键参数信息，通过大数据分析，设备就能够预测什么零部件或者系统什么时间要出现问题，从而进行事前预防，这就是新出现的设备健康管理机会。

3. 基于数字化软件或平台的新服务

当企业数字化水平提升后，也会衍生出来一些新服务机会。比如公司安装了CRM 系统后，就有可能和客户的 SRM 系统对接，从而能够更便捷地进行订单管理和提供客户服务；当企业建立了数字化协同开发平台后，就能够将公司产品开发相关的资源集成起来，形成虚拟开发团队，从而能够更便捷地进行产品开发工作，缩短产品开发周期。比如现在很多龙头企业在建设的工业互联网生态圈就是应用这种模式，将产业链生态圈的各类资源集中起来，通过统一的赋能平台形成虚拟团队，从而加速工业互联网平台建设。

要想实现服务创新，先要进行服务创新机会分析。我们过去在辅导企业服务创新时，会结合企业管理体系，采用服务盘点的方式，全方位分析服务创新机会。不管企业有没有建立完整的企业管理体系，企业所有业务活动还是要正常进行，只是有没有标准可依。因此进行服务盘点时，可以按照各职能部门的业务活动来开展。有企业管理体系的，参照企业管理体系；没有企业管理体系的，请各职能部门负责人按服务名称描述服务内容和过程。这里需要注意的是，服务创新不等同于管理创新。管理创新需要对全部业务流程进行分析，而服务创新只需要对跨部门和涉外事务进行分析。

在服务创新机会分析时，可以参照服务创新机会分析表进行梳理，见表6-4。

表 6-4　服务创新机会分析表

序号	服务类别	服务名称	服务提供者	服务对象	痛点	创新方向	创新机会	备注
1								
2								
3								
4								
5								
6								
7								
8								
9								
10								

在"服务创新机会分析表"中：服务类别主要分为内部服务、客户服务、供应商服务、其他利益相关者服务四个类别；痛点是指在现有服务模式下有哪些不便捷的、服务质量不高的、成本过高的过程，若有的话记录下来；创新方向一般是指采用什么手段来解决服务过程中的痛点；创新机会是指具体如何做。比如销售设备的企业，经常要对客户提供设备现场安装指导服务，那么这个服务项目中：服务类别就是外部服务；服务名称是设备售后安装指导；服务提供者是公司售后或者技术部门人员；服务对象是客户设备人员；痛点是要给客户设备人员进行现场指导、售后人工成本较高、作业不标准、指导不全面、发现问题处理不及时等；创新方向是通过技术手段来解决此问题；创新机会可以是开发产品安装指导手册并做成电子文档和视频，让客户扫描就能够方便获取，也可以是通过虚拟现实技术、结合 VR 眼镜进行远程指导，从而能够提高设备售后安装服务及时性和降低服务成本。

通过上述方法将企业内外部服务创新机会管理起来，企业就能够系统的实施服务创新。接下来本章将围绕内部服务创新、客户服务创新、供应商服务创新、其他利益相关者服务创新（除客户和供应商群体），具体阐述在这些服务创新方向上的核心问题，以及相应的创新方法。

6.2.2 内部服务创新

数字化和智能化给内部服务创新创造了新机会。一般建议公司发扬"集中力量办大事"的精神，在内部服务创新方面优先选择"老大难"问题，然后再逐步扩展到其他服务。

"老大难"问题一般都在公司内部遗留了很久，以至于大家都习以为常了。例如技术文件更改时效慢、容易出错等，这类问题从本质上来说解决难度并不大。制造业常见的内部服务"老大难"问题有三类：服务不及时、数据不真实、信息流和物流不同步。

1. 服务不及时

服务不及时是制造业企业内部服务非常普遍的现象：比如现场设备坏了，需要设备维修人员去及时处理，设备维修人员经常会说很忙，没时间立即去处理，从而造成设备停机时间过长；生产过程不稳定需要工艺或者质量人员来解决问题，但工艺或质量人员响应不及时，造成不良品比例上升；员工将报销单给财务，财务处理不及时，报销时间过长，造成员工抱怨和满意度下降。诸如此类的服务不及时现象在制造业企业内部不胜枚举。

服务不及时的根本原因是信息不透明，信息不透明就会缺乏监督，缺乏监督就会导致执行力下降。在传统管理模式下，当服务不及时给公司造成影响时，即使要追责也无从下手。比如责备设备人员维修不及时，他们会说在忙其他事情抽不开身，但是他们是不是真在忙其他事情，根本不得而知。如果这种追责经常发生的话，会加剧设备维修人员的怠工心理，他们在执行维修任务时会故意放慢节奏，从而形成恶行循环。为了解决这类问题，以前一般采用绩效考核方式，考核设备的停机时间，若设备停机时间越少，说明设备维护人员的绩效越好。绩效考核是以结果为导向来解决问题的，没有从根本上解决信息不透明问题。借助数字化技术，让信息透明化，会大幅度提升服务及时性。比如在车间建立生产管理平台后，当设备发生故障时，就能及时发出服务请求，平台自动统计全部设备的停机服务需求并发送给设备人员，设备服务人员收到服务需求后，需要在平台上做接单响应，在服务完成后执行关单作业，并需要生产人员确认，这样整个服务过程就完全透明化了。生产设备状态一目了然了，每名设备维修人员的服务内容、服务工作时间也一目了然了。再结合相应的绩效考核办法，就能够提升设备维护人员的积极性，从而能够有效解决设备维修服务不及时问题。以上是以设备维修服务为例，其他类型的内部服务不及时问题的解决方法是一样的，主要是让信息透明化。在生产领域，需要建立生产管理平台；在非生产领域，主要是通过办公自动化软件。

2. 数据不真实

在非数字化工厂，数据记录和统计主要靠人工进行，缺乏监督和确认，很多数据都不真实，造成公司发生问题后无法追踪，掩盖了问题和失去了解决问题的机会。比如来料检验记录，经常会出现不按照检验标准进行抽检和全检，然后人工随意补全检验记录的情况；设备维修记录基本是由设备维修人员任意填写，若考核维护人员设备停机率，他们就会将维修时间少记录或者不记录，若考核他们工作量，他们就会将维修时间多记录，这样造成设备故障无法分析或者依据统计结果分析不准确的问题，从而导致提升设备效率没有有效数据支撑；生产异常经常不记录，当生产效率差异较大时，不知道是什么原因导致的，让生产效率提升工作也没有足够的数据支撑。

造成数据不真实的原因主要是数据记录靠人来填写，由人来填写就会发生很大偏差：不记、漏记、多记、少记、乱记等现象很难避免。传统企业提升数据真实性的做法主要靠提高员工素养，要求员工按照公司规定进行作业，这种方式对于人的依赖性非常高，特别是随着员工年轻化，这种方式越来越行不通了。因此，在制造业数字化转型过程中，通过各种数据采集方式自动获取数据，可以有效解决数据不及时和不真实的问题。在实施数据采集前，先要明确定义各部门的数据需求，然后统一规划数据采集方案。

3. 信息流和物流不同步

制造业信息流一般是指从接单、出货到回款整个过程中业务信息的传递；制造业物流一般是指从原材料采购、内部生产制造、委外加工和产品交付过程中的物料或产品流动。信息流的管理一般较为复杂，通常涉及多个系统，如销售管理系统、生产计划系统、采购管理系统、生产管理系统、质量管理系统、物流管理系统和财务管理系统；物流主要涉及生产计划系统、仓储管理系统和生产管理系统。造成制造业企业内部信息流和物流不一致的原因有：当生产计划下达工单给车间后，一些企业是生产人员去仓库领料，一些企业是车间向仓库发出物料需求，由仓库配料，不管是领料还是配料，都需要物料先入库，若物料没有入库，仓库里面就没有信息记录；从生产的角度，工单完成，相当于生产计划信息流执行完毕，但是物料可能在生产现场，也可能在仓库，还可能已经到了下道工序生产现场，这样物料流就有可能出现三种状态；至于物料在哪里处于何种状态，没有哪个系统能准确反馈出来；因此经常需要人工去现场确认，特别是针对需要零件成套才能进行生产的情况，对于物料齐套性要求很高，往往因无法追踪物料齐套性信息，只有在下道工序被动等物料配齐了，才能够开始生产，而这时生产计划可能已经到下道工序很久了。信息流和物流不同步会导致生产计划准时完成率降低，造成现场库存堆积。

在传统模式下，解决此类问题一般用精益管理的方法：针对信息流，运用间接领域价值流设计（Value Stream Design in Administration，VSDiA）进行流程分析，然后制定管理规范；针对物流进行仓储和物流规划，再结合看板、两箱拉动，以及设定相应的物料转运规则来实现物流和信息流同步。在制造业数字化转型过程中，有了 CRM、APS、MES、WMS、ERP 等数字化系统，可以更为彻底地解决此类问题。由于解决此类问题涉及多个系统，还需要先进行仓储和生产现场规划，因此是一项十分复杂的系统性工作。解决此类问题的一般步骤是：先进行规划，含信息流、物流、仓储，以及各信息系统规划；然后再按规划逐步实施。

针对内部"老大难"问题的服务创新机会，还可以结合揭榜挂帅和赛马机制，鼓励大家积极摸索解决方案。

6.2.3 客户服务创新

客户服务是最为重要的外部服务，通常包括售前服务、售中服务、售后服务和配套增值服务等。在数字化与智能化兴起后，客户服务方式发生了天翻地覆的变化，存在着大量客户服务创新机会。

1. 售前服务

获取客户信息、准确描述客户需求是售前服务的关键。传统售前服务是由市场人员打前阵，确定目标市场和目标客户后，再由销售人员进行目标客户拜访和公关。在企业数字化转型过程中，给售前服务带来了巨大机会，接下来本节以定制化生产企业和非定制化生产企业为例进行阐述。

针对定制化生产企业，售前需要准确分析客户需求，针对客户需求做出准确响应。这个过程中存在两项服务创新机会：一是开发 SaaS 应用软件或者智能产品，供潜在客户设计产品参考；二是通过联合各设计方，为客户提供售前产品设计服务，比如目前比较流行的网上全屋定制就是这种模式。

针对非定制化生产企业，要对已有客户需求进行销售预测分析，以及进行产品升级服务；针对潜在客户，需要分析竞争对手的产品质量、成本、交付，然后采取有针对性的营销策略。在这个过程中，有两个借助数字化提升售前服务质量的机会：一是和客户建立信息共享平台，同步进行产品开发，以更好地配合客户进行产品升级；二是开发产品竞争力分析软件，通过各种渠道收集竞争对手信息，然后对竞争对手的产品和自己的产品在质量、成本、交付、服务、材料、工艺等维度进行综合分析，识别自己产品的优劣势，然后制定相应的客户开发策略。

2. 售中服务

在售中服务过程中，不论是定制化生产还是非定制化生产企业，客户经常想及时了解订单状态、产品质量、交付等信息。为了提高客户满意度，在传统模式下，多数公司建立客户服务部门，来及时回复和处理客户的各种需求。在企业数字化转型过程中，可以建立和客户间的信息共享平台，将客户关心的信息和客户同步共享，这样既可以提升客户满意度，又能降低客户服务成本。若客户十分关心产品质量，可以在企业安装 QMS 系统时，将关键控制点的实时质量数据或者相关检测结果和客户同步共享，让客户能够随时随地了解产品的质量信息，在简化售中服务过程的同时也提高了客户满意度。

3. 售后服务

售后服务有多种形式，常见的有客户释疑、客诉处理、客户技术指导、安装维修、配件服务、维护服务等。售后服务与售前以及售中服务有很大不同，售后服务可以是免费增值服务，也可以是有偿服务。比如像博世这类掌握了汽车核心技术的公司，将零部件销售给整车厂后，还对整车厂提供售后市场维修技术培训等有偿服务。在传统模式下，通过共享售后渠道，很多企业将客户售后服务委外了，这样既降低了售后服务成本，也提升了服务质量，这是通过商业模式创新来实现的。而企业在数字化转型过程中，售后服务又出现了众多创新机会：比如客户答疑可以采用人工智能语音机器人技术；客诉问题处理可以通过 CRM 系统；客户技术服务、安装维修可以结合虚拟现实技术进行远程服务；配件更换、设备维护保养可以结合设备健康管理系统进行精确管理等。售后服务的底层逻辑还是"技术 + 商业模式创新"，接下来分享一家定制化设备公司的售后服务案例，该公司数字化转型团队在对设备外部服务机会分析后，发现设备在客户现场安装是一个痛点，分析结果见表 6-5。

表 6-5　客户现场设备安装服务机会分析结果

服务类别	服务名称	服务提供者	服务对象	痛点	创新方向	创新机会
外部服务	客户设备安装服务	营销中心、技术中心	客户	缺乏专业人员	敏捷服务	1. 设置客户服务部门、培养专业售后人员、配备相关设备（优选）
				人员到位不及时	敏捷服务	2. 设置区域服务中心（探索）
				发现问题处理不及时	敏捷服务	
				指导不全面	技术方向	开发指导手册
				作业不标准	技术方向	

经过数字化团队深度分析后，发现解决客户现场设备安装服务问题、提升客户服务质量并不是太难，关键在于开发"设备安装指导手册"。这项工作对于公司技术人员来说没有难度，只要有以客户为导向的服务意识即可。另外，提升客户服务质量还需要一定的资源，公司计划在营销中心设置客户服务部门，并通过租赁车辆来满足服务资源需求；在此基础上公司还计划独自设置区域服务中心，或联合其他外部单位共同设置区域服务中心的可行性，从而降低售后服务成本。

从该案例可以看出，不论是在数字化时代还是非数字化时代，解决客户售后服务问题，服务意识往往比技术、资源和服务模式更重要。

6.2.4 供应商服务创新

传统观念认为一般只有供应商给客户提供服务，没有客户给供应商提供服务，这种观念常常会限制公司发展。在现代商业活动中，供应商和客户是平等主体，供应商为客户提供服务，客户也需要为供应商提供服务。客户为供应商提供的服务主要有三种类型：订单服务、增值服务、同步开发服务。

1.订单服务

客户给供应商下订单是最常见的供应商服务，也是供应商抱怨最多的。在我们提供过咨询服务的数百家公司里面，基本上每家公司都对客户订单有不同方面、不同程度的抱怨，主要集中在五大方面：订单不准确、订单波动大、插单、订单交期紧、订单信息不全。

订单不准确主要是客户预测不准确所致，在客户预测不准确的情况下，一般会给供应商多下单，然后交付时不要那么多，导致供应商仓库库存堆积。客户预测不准确的根源是客户的管理水平不高。

订单波动大一个原因是行业的季节性波动，另一个原因是客户预测不准确。季节性波动单一企业改变不了，但可以通过均衡生产来应对；预测不准确需要提升客户的管理水平。

插单主要也是由客户订单质量不高引起的，有时是因为采购员漏发，有时是因为客户内部信息操作失误。

订单交期紧主要有两种类型：一是供应商的运营管理薄弱，制造周期长，满足客户要求的交期比较吃力；二是客户预测有偏差，导致订单要求的实际交付时间比和供应商约定的交期时间短。

订单信息不全会导致供应商即使收到订单也无法开始生产，特别是在定制化生产企业中，这种现象更为严重。由于信息不全，供应商很难在短时间内备齐订单需要的物料，而等客户信息下达全时，交期马上又要到了。这就导致整个订单交期拉长，若供应商的生产管理能力偏弱，就会出现很多未完工订单堆积在公司内部，造成半成品过多；等到物料齐全可以生产时，又要去找物料（主要是堆积的半成品），造成生产效率非常低下。

在企业数字化转型过程中：针对订单不准确、订单波动大、插单、订单交期紧的问题，有望通过应用销售预测系统来缓解。通过应用销售预测系统，结合外部数据和客户历史需求数据，能够提升销售预测准确性；针对订单信息不全的问题，客户可以完善订单管理系统，在订单信息不全的情况下不能从系统里下订单；另外，若不能迅速确认订单信息，也可以请供应商来共同确认。

2. 增值服务

企业不仅要向客户提供增值服务，还可以为供应商和其他平行合作伙伴提供增值服务。针对供应商的增值服务主要是开拓新服务渠道，常见类型有：供应商发展服务、技术服务、检测服务、量具检定和校准服务等。

针对很有潜力的供应商，企业可以通过供应商发展项目提供全方位辅导服务，将其培养成战略合作伙伴，从而打造更加稳固的供应链，实现供应链双赢战略。

针对供应商在研发和制造过程中遇到的技术难题，若客户技术团队能力强，可以给供应商提供一定支持，帮助供应商解决技术问题，从而提升来料质量、降低采购成本，也能够提升产品的整体性能。

针对实验中心和检测中心，当有剩余产能和具备相关资质时，可以为供应商提供相应的实验、检测和校准服务。

通过以上服务创新，企业可以增强供应商黏性，还能够获得一定的服务性收入，也能够提升供应商来料质量、降低采购成本。此类增值服务，不论企业进不进行数字化转型，都可以实施。

3. 同步开发服务

企业开发新产品，可以邀请有开发能力的供应商进行同步开发，不仅能够增加供应商的参与感，还能够提高产品开发质量，特别是在外购件的工艺可行性和制造可用性方面。在传统模式下，邀请供应商同步开发主要是通过线下研讨或传递纸质图纸的方式，效率较低。企业在数字化转型过程中，可以和供应商建立信息共享平台，实现产品在线同步研发，提升产品开发效率；若再结合三维设计和系统仿真，还能够进一步提升产品开发效率和开发质量。

6.2.5 其他利益相关者服务创新

公司常见的利益相关者，除了客户和供应商外，还有政府部门、外部机构和各类平行合作伙伴等。在企业数字化转型过程中，也存在一些服务创新机会。

企业业务联系较多的政府部门和外部机构有工商、税务、劳动、技术监督、环保、消防和银行等。在这些部门或机构中，工商、税务、银行和企业间的数字化服务程度已经较高；劳动、技术监督、环保、消防等部门和企业间的数字化服务程度还较低，随着整个社会数字化建设持续升级，这些方面存在一些服务创新的机会。

针对劳动用工，若劳动者信息由统一平台管理，公司可以在平台上进行精准招聘和实时查询劳动者背景信息，如工作信息、信用信息、刑事记录等；这样企业可以更为便捷地找到需要的人才、降低用工风险，也能够促使劳动者遵纪守法。

针对环保和消防，企业可以在各环保和消防管控点应用物联网技术，实时获取相关数据，并将数据上传到企业大数据平台。当企业大数据平台和政府大数据平台打通后，政府就能实时监控所辖区域内全部企业的环保和消防数据，真正做到问题早发现早预防。目前，大多数企业要是完全满足环保和消防要求，会增加企业运营成本，因此在这方面的主动性比较低；但是随着全社会数字化转型的深入，这种趋势不可避免，企业应未雨绸缪。

针对平行合作伙伴，企业可以建立类似于客户和供应商间的数据共享平台进行信息同步，减少信息收发，消除信息不一致导致的各种问题，也能够和一些外部伙伴联合同步创新。

当企业将内外部利益相关者的数据都汇聚到数据共享平台上后，以企业为中心的一个小生态圈就建立起来了；当整个产业链上的企业都建立了这种小生态圈，一条完整的数字化产业链自然就形成了。基于数字化产业链，又可以衍生出众多的服务创新机会，比如消除牛鞭效应、打造产业大脑等。

6.3 方向3：商业模式创新

依据三次元创新理论，在产业发展的不同阶段，企业的核心竞争力也不同：产业处于成长期需要产品和技术创新，产业爆发期需要制造创新，产业洗牌期需要商业模式创新，这三股创新力量推动着产业循环往复地向前发展。在企业数字化转型过程中，要基于未被满足的客户需求，通过商业模式创新来提升企业竞争力。

6.3.1　商业模式创新机会分析

商业模式创新是改变企业创造价值的底层逻辑以提升客户价值和企业竞争力的活动。商业模式创新的主要形式是整合内外部资源，更好地满足客户需求，或者满足客户未被识别的需求，以提升产品和服务的竞争力。常见的商业模式创新有五条路径：①提供"产品＋服务"的整体解决方案；②联合其他伙伴进行跨界创新，让不同行业相互渗透、互相赋能；③进行供应链垂直整合，降低产品成本并提高利润率；④降维打击开拓新市场；⑤升维打击提升竞争力。

1."产品＋服务"模式

基于未被满足的客户需求，走"产品＋服务"商业模式创新路线。"产品＋服务"有狭义和广义之分：狭义是指基于自身的产品或者服务；广义是指集成各方的产品和服务。

狭义上的"产品＋服务"商业模式创新一般需要企业先开发物联化、智能化产品，基于自身产品，寻找新服务机会，从而将企业从以产品销售为主的业务模式，升级成"产品＋服务"的业务模式。比如目前流行的智能燃气灶，可以充当一本美食菜谱，提示人们如何烹饪美食；也可以根据菜谱自动控制加热时间和火力，保证菜品色香味俱全；还可以结合社交平台，向人们展示厨艺，满足人的娱乐和交际需求。这种既具备产品属性又有社交功能的产品，毫无疑问会更受消费者喜欢。

广义上的"产品＋服务"商业模式创新是指企业不一定要有产品创新的关键技术，但是能够联合众多资源，将自身产品作为载体，集成相关方的技术和服务，变成一个整体销售给客户，从而达到"产品＋服务"商业模式创新的目标。比如传统机器人一般不具备视觉功能，在进行非定点精确抓取方面能力不足，这种场景就需要机器人企业将视觉识别装置安装到机器人上，将机器人升级成视觉机器人，从而完成非定点精确抓取任务，提升制造的智能化程度。还有集成了众多产品和服务资源的平台性公司也是如此，他们既没有产品，也没有服务，但是提供了一个平台，将各种互补的产品和服务集成起来，从而形成强大的对外服务能力。

2.跨界创新模式

跨界创新是商业模式创新的重要方向，通过邀请终端消费者、客户、合作方等不同角色一起进行产品功能需求定义、产品设计、产品制造、产品验证和产品服务等相关工作，通过赋予产品更加丰富的功能和增加用户体验，来提升客户黏性、提升产品开发成功率。这种以客户需求为导向的产品推向市场后，更容易被客户和消费者喜欢。在传统模式下进行跨界创新很不方便，大多数都是通过线下方式实现的；

在数字化和智能化时代，跨界创新变得更简单了，很多都可以在线上同步进行。

3. 供应链垂直整合模式

供应链垂直整合是最常见的商业模式创新形式。供应链向上可以整合零部件和原材料供应商，降低产品的制造成本和增加供应链的稳定性和可控性；供应链向下可以向成品、品牌、渠道等方向渗透，增强品牌影响力和提升产品利润率。供应链向上垂直整合比较常见，最典型的是富士康，通过执行供应链垂直整合战略，在利润十分稀薄的3C产品代工行业保持了较高的利润率；供应链向下垂直整合要慎重，因为要冒和客户直接竞争的风险，如富士康向供应链下游整合销售渠道的万马奔腾计划，结果以失败而告终。

4. 降维打击模式

在商业上，降维打击是通过将一个市场现有的产品或技术应用于另一个要求相对较低的市场，从而扩大产品的销售渠道和提升销售额。降维打击在第二次世界大战后体现的特别明显，大量军用技术转移到民用领域，促使了美国工业大发展，如雷达定位、卫星定位和通信等。目前降维打击的整体趋势是工业技术向社会服务和消费品领域转移，比如将工业自动化技术应用到社会服务领域，工业物联网技术应用到智慧城市、智慧社区、智慧农业等领域。

5. 升维打击模式

在商业上，升维打击是通过将产品提升一个或多个价值维度、相比其他竞争对手有绝对的比较优势，从而提升产品竞争力和提升销售额。比如在手机领域，之前最为畅销的诺基亚手机是按键式的，当苹果推出没有按键的触摸屏手机后，按键手机很快就消失了，诺基亚也随之破产，苹果手机成了智能手机霸主，苹果替代诺基亚在手机行业的地位就是升维打击最好的例证。

针对上述五种常见的商业模式创新机会，企业要结合自身实际情况，评估能抓住哪些机会，以及能够给企业带来多大价值。针对高价值但在现有条件下无法落地的机会，要么扩大投入，要么暂时放弃，一定要明确创新方向。接下来本章将具体介绍这五种商业模式创新的一些具体方法。

6.3.2 "产品 + 服务"模式

在数字化和智能化社会，制造业产品数字化和智能化升级是必然趋势。企业先要开发数字化和智能化产品；再思考如何基于数字化和智能化产品，衍生出增值服务，最终形成"产品 + 服务"的新商业模式。

"产品 + 服务"的商业模式创新有三条落地途径：①产品收费服务免费；②产品免费服务收费；③产品和服务都收费。现在的智能汽车、智能烹饪产品采用的是产品收费服务免费模式；CT 医疗设备采用的是产品免费服务收费模式；一些工业 SaaS 软件采用的是产品和服务都收费模式。B2C 企业采取"产品 + 服务"创新模式好像比较容易成功，B2B 企业主要生产零部件或者代工，不面对终端消费者，是否有"产品 + 服务"的创新机会呢？

B2B 企业产品比较确定，可以思考两方面的机会：一是如何通过零部件升级推动客户产品升级；二是能够为客户提供哪些增值服务，以及这些服务客户愿不愿意买单。

针对部分技术领先的零部件企业，可以持续进行产品创新，以推动行业进步。比如博世公司，在汽车行业是核心技术和关键零部件服务商，博世通过持续提升自身产品的性能，如汽油喷射技术和柴油喷射技术，从而不断地提升汽车发动机的性能；近年来，博世还基于在汽车芯片、传感器、物联网方面的技术优势，为汽车制造商提供自动驾驶和车联网解决方案，从而推动汽车行业不断向前进步。

零部件企业也能够为客户提供增值服务。比如和客户进行同步开发，缩短客户产品开发周期；为客户提供交付敏捷服务，减少供应链上的库存等。针对这些增值服务，客户毫无疑问很容易接受，也可能愿意花更高的价格购买产品。另外在交付产品时，如果产品包装更加规范、客户使用时不用换包，还能够用信息化方式追溯物料质量和统计物料信息，客户满意度毫无疑问会提高，但是这类增值服务客户愿不愿买单就不一定了。从长期来看，零部件企业要保持在供应链上的竞争力，更好的产品开发能力和更好的交付服务无疑能够提升核心竞争力。

在实践"产品 + 服务"商业模式创新时，要以客户为中心来构建新商业模式。在新商业模式里面，除了包括新产品和新服务外，还需要考虑企业的产品和服务如何跟外界的产品和服务相联结，形成一个更大的生态链。以客户为中心的商业模式创新生态链如图 6-3 所示。

"产品 + 服务"可以打造更有竞争力的产品。传统产品创新主要关注产品性能提升、性价比提升、满足客户的个性化需求等。当把服务融入产品后，就像给产品赋予了灵魂，产品顿时有了生机。

关于"产品 + 服务"的创新方法，李杰教授提出的主控式创新模型非常有代表性。在主控式创新模型中：从覆盖程度和可见程度两个纬度来描述市场，覆盖程度分为"已做"和"未做"，可见程度分为"可见"和"不可见"；从满足程度和可见程度两个纬度来描述需求，满足程度分为"已满足"和"未满足"，可见程度分为"可见"和"不可见"。这样，主控式创新模型就形成了9个象限，如图 6-4 所示。

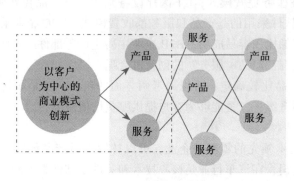

图 6-3　以客户为中心的商业模式创新生态链

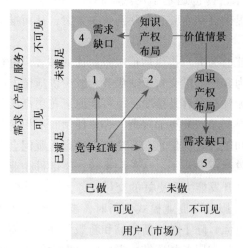

图 6-4　主控式创新模型

　　主控式创新模型中有传统的产品创新领域和"产品＋服务"创新领域两大部分。

　　产品创新领域：如图 6-4 中竞争红海和数字 1、2、3 所示的 4 个象限。当现有市场变成竞争红海后，通常有三个策略：①产品升级，设计更高性能的产品，如数字 1 所在的象限；②基于客户需求设计差异化的产品，如数字 3 所在的象限；③个性化产品策略，如数字 2 所在的象限。适当地采用这三种产品策略，可以在一定程度上帮助企业走出竞争红海。

　　"产品 + 服务"创新领域如图 6-4 中价值情景、知识产权布局、需求缺口共 5 个象限所示。从未做的不可见的市场出发，挖掘不可见的未被满足的需求，在主控式创新中将这类需求叫作"价值情景"。从价值情景出发，沿着市场路线，深度挖掘市场需求缺口；沿着产品路线，深度挖掘掩藏的未被满足的需求。依这两条路线都有机会开拓蓝海市场，下面引用李杰《工业大数据》一书中 John Deere 农机应用主控式创新模型，如图 6-5 所示。

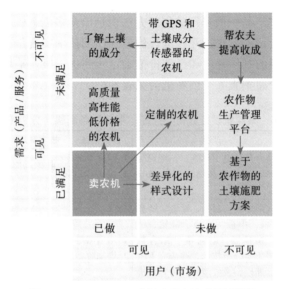

图 6-5　John Deere 农机应用主控式创新模型

　　John Deere 农机公司在升级转型前主要是卖农机的。随着农机产品竞争加剧，John Deere 农机公司开始设计高质量高性能低价格的农机，也设计差异化样式的农机，另外还帮助客户定制农机，但是这些举措并没有提升 John Deere 农机公司的经营业绩。为了改变这一现状，John Deere 农机公司开始思考客户买农机是用来干什么这个问题。经过仔细地分析和调研，John Deere 农机公司发现农夫（即客户）买农机并不是为了拥有农机，而是为了提高收成（主控式创新中的价值情景）。进一步分析发现，要提高农夫收成，准确了解土壤成分和基于种植的农作物制定施肥方案才是关键。于是 John Deere 农机公司就思考，农机能不能提供这些服务？为了让 John Deere 农机能够提供了解土壤成分和施肥方案的服务，John Deere 的研发人员在农机上装了土壤成分传感器，并配合 GPS 定位系统，当农机翻起土壤时，就能够准确地了解土壤成分，并将其记录下来，然后传回到后台数据管理中心；另一方面，John Deere 农机公司的研发人员也开发了农作物生产管理平台，为每种农作物制定科学的土壤施肥方案。通过传感器传回得土壤成分信息，可以建议农夫种植什么农作物；再结合农作物生产管理平台中的数据，可以告诉农夫如何施肥。这样就解决了农夫种植专业知识不足和不均衡的问题，让每个农夫都能够科学种植。这种智能农机一推向市场，立即受到了农夫的欢迎，这就是通过深刻洞察用户需求和进行"产品＋服务"创新而开拓出来的新业务机会。

当运用各种"产品＋服务"的创新方法识别出众多创新机会后，要将这些产品和服务创新机会记录下来，并且进行价值描述和技术实现路径讨论。讨论后依据各解决方案实现的难易程度和经济价值确定实施优先级。某煤机设备公司讨论后识别的部分"产品＋服务"创新机会见表 6-6。

表 6-6 某煤机设备公司"产品＋服务"创新机会分析（部分）

序号	服务	产品	价值描述	技术实现	优先级	备注
1	客户安装指导服务	结合产品电子标签、二维码等技术，制作产品电子安装指导手册	1. 敏捷服务 2. 提高客户满意	技术档案开发	1	
2	售后运维服务	故障诊断：漏油、断链、磨损（刮板、中板、底板、链轮、链条、减速器、电机等），结合数据采集与分析技术，逐步完善故障诊断模型及故障库，为客户提供预测性维护服务	1. 增值服务 2. 增加收益	物联网、大数据、服务云、VR	2	
3	配件销售服务	寿命预估：减速器、电机、中部槽、链轮、链条等，逐步完善各关键零部件寿命预估算法，为客户提供寿命预估服务及备件库管理服务	1. 增值服务 2. 增加收益	物联网、大数据、服务云	3	考量售后区域服务中心建设

针对这些"产品＋服务"的创新机会，该公司决定分如下三步实施：

第一步：编写"设备安装指导手册"。组织内部资深技术人员编写设备安装指导书，针对设备安装和维护等常见问题，配以文字、图片、视频等说明方式。用户通过扫描产品上的二维码，获取相关信息，减少人员到矿山现场进行设备安装技术指导工作，同时支持设备突发故障后远程处理。

第二步：将设备售后数据集成到公司数据共享平台。基于设备状态监测装置，获取设备运行数据，以设备服务云平台为依托，通过大数据分析，逐步完善链条、齿轮、轴承等关键零部件的故障诊断算法，丰富设备问题库，进而实现链条、齿轮、轴承等关键零部件的远程运维与预测性维护。

第三步：进行配件销售服务模式创新。基于设备健康管理数据，可以预判客户什么时间需要哪些配件，然后及时配送。在配送方式上也可以进行模式创新，如建立区域售后服务中心，形成"一对多"的配送模式；在客户现场建立供应商管理库存（Vender Management Inventory，VMI）备件仓，执行使用后下线结算；还可以将前两种模式结合起来。通过这些售后商业模式创新，可以有效减少配件销售成本，提升配件销售收入。

6.3.3 跨界创新模式

每个行业都有自身的特点和优势，如果将不同行业的优势整合起来，可能会产生新优势。以前制造业在人们心目中的形象是"傻大黑粗"，虽然人们每天都在用制造业生产出来的各种产品，但是这些产品是如何被生产出来的，却很少有人知道。随着不同行业之间的相互渗透，制造业和很多行业开始了跨界创新。

制造业跨界创新主要有两种形式：①在现有产品上加入跨界元素；②联合跨界创新。

在现有产品上加入跨界元素是较简单和常见的跨界创新方式，如当下流行的数字化产品和物联化产品，它们就是物联网技术和数字化技术与各行业产品结合起来的产物。比如可以显示水温的杯子，就是在杯子上加个温度传感器，再将温度传感器测量的水温用液晶屏显示出来。杯子、温度传感器、液晶显示屏都是非常成熟的产品，但是将这些成熟的产品融合起来，就能进行跨界创新。如果再在杯子里面加入液位传感器和物联通信模块，还能够将杯子主人一天喝了多少水的信息自动统计好并反馈给主人，以提示主人是否要补水，这样一个普通杯子就具备了健康属性。

联合跨界创新是指协同一家或者多家跨行业合作方进行资源整合。在联合跨界创新方面，上汽和阿里巴巴合作开发互联网汽车 RX5 是经典案例。上汽是传统的汽车制造商，优势是汽车设计和制造；阿里巴巴是新兴的互联网企业，优势是拥有庞大的消费者数据，能够 360° 洞察消费者的行为习惯。在上汽和阿里巴巴的强强联合下，基于对消费者在买车的四大阶段"体验、购买、用车和再购买"线上线下行为的深度分析，整个产品开发过程如下：在产品设计前，阿里巴巴通过庞大的消费者数据库，结合用户画像，邀请了数百名消费者进行产品定义，让这些消费者说出他们想拥有什么样的汽车；在产品设计时，汽车设计师结合消费者喜爱的元素迅速打造出概念车；然后再邀请这些消费者回来确认是不是他们想要的汽车。在经过消费者确认并提出修改建议后，一款以消费者为中心的汽车就设计出来了。在上汽和阿里巴巴的强强联合下，RX5横空出世，据上汽乘用车发布的数据，RX5上市首月便收获了超过2.5万辆订单，也荣获"2016中国国际工业博览会一工业设计金奖"。RX5消费者行为分析路线如图6-6所示。

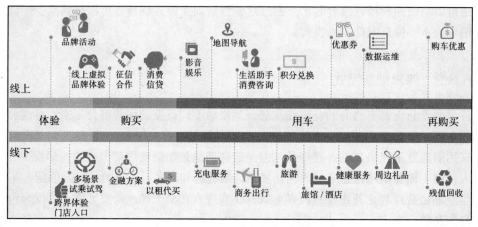

图6-6　RX5消费者行为分析路线

在上述跨界创新案例中，包含了如下的创新逻辑：一是以客户为中心；二是进行产品全生命周期客户行为分析；三是不同行业优势资源整合。

以客户为中心要求企业深入洞察客户需求，必要时邀请客户一起参与产品开发设计。这个环节比较困难的是若客户的需求企业没有能力满足，那么就需要和客户沟通折中方案，寻找替代方案，或者邀请第三方加入扩大合作范围。

进行产品全生命周期客户行为分析是以始为终，全面分析产品从设计到消亡整个过程中存在的服务机会，让客户在购买产品后就离不开。在RX5案例中，由于消费者在设计阶段一起参与设计，产品上市后消费者体验结果大概率会更好；在购买阶段，考虑到各类消费者的购买能力和消费习惯，上汽又提供了多样的购车金融服务；在用车阶段，洞察到驾驶者和乘车者的各种潜在需求，设计了智能导航、智能秘书助手等非常有特色的功能，将汽车变成了生活秘书，大幅度提升了客户的用车体验；在汽车报废和再次购买阶段，提供残值回收和优惠购车服务。通过这样详细的产品全生命周期客户行为分析，RX5上市后就受到了消费者喜欢。

资源能产生的连接越多，就越能提升资源的价值；资源不和外界产生连接，那么这种资源的价值就不能放大，在特定环境中，甚至没有价值。企业在实践跨界创新的商业模式时，可以将自身的产品和服务融入更大的平台中，和其他产品和服务产生连接，共同打造产业生态圈。例如在苹果 iOS 操作系统上的数以万计的创新者就是如此，基于 iOS 操作系统开发了成千上万款应用，大大提高了跨界创新的速度和效率。

6.3.4　供应链垂直整合模式

制造业处于微笑曲线价值链的底部，从底部向上游和向下游整合是经典的供应链垂直整合商业模式创新方法。供应链垂直整合主要是为了提升产品竞争力，公司可以分析供应链上下游存在的垂直整合机会，若通过垂直整合，能够实现业务互补、降低成本或提升效率，那么就存在一定的可行性。

供应链垂直整合有向上游垂直整合和向下游垂直整合两种常见方式：

向上游垂直整合主要是制定"外购转自制"策略。通过分析某类产品是外购经济还是自制经济：若外购经济就不要进行整合，若自制经济可以考虑进行整合。在整合实施前，公司先需要评估人才储备、还要认识到管理难度将会提升，整合后结果和前期评估是否一致还是个未知数，需要企业有较好的管理能力。

向下游垂直整合主要有"从零件到部件""从部件到成品""从成品到渠道"这三种模式，企业要分析自身处于产业链中的位置，以及向下整合多少层。"从零件到部件"一般是客户希望看到的，这种向下整合策略比较容易成功；"从部件到成品"相当于将客户变成竞争对手，需要慎重决策，比如汽车零部件巨头博世宣称"我们不做整车，但是没有我们，就没有整车"，这也明确了博世虽然做整车很容易，但是坚决不做整车的态度，从而让客户放心；"从成品到渠道"相当于掐竞争对手或客户脖子，也需要慎重决策，比如富士康轰轰烈烈的"万马奔腾"计划，想从 3C 产品代工厂延伸到 3C 产品销售渠道，最后以失败而告终。

通常来说，供应链向上游垂直整合比较容易成功，向下游垂直整合风险很高。为了提升供应链垂直整合的成功概率，在整合前要进行可行性分析，主要包含市场可行性、经济可行性、技术可行性、人才可行性。市场可行性是指企业能不能进行上下游整合，若整合利大于弊就可行，反之不可行；经济可行性是指企业整合后能不能给自身带来经济效益，若能产生经济效益就可行，反之不可行；技术可行性是指企业有没有行业上下游细分领域的技术储备或者短时间内能够具备相应的技术能力，若可以就可行，反之不可行；人才可行性是指企业有没有人才储备或者短期内能否招聘到整合上下游供应链所需要的人才，若可以就可行，反之不可行。

接下来举一个向供应链向上游整合的案例来加以说明：某装备制造公司，年销售额40亿元左右，在分析完上游供应端采购金额后发现，锻件采购金额占销售额的15%左右，铸件占销售额的20%左右。其中锻件是易损易耗件，除了整机生产需求外，还存在巨大的售后市场机会。目前公司锻件自制比例为30%，外购70%，铸件全部外购。

市场可行性分析：公司从事整机生产，部分锻件自制，全部铸件外购；锻造和铸造公司市场上众多，比较容易替代，并且和公司没有直接竞争关系；若公司扩大锻造和铸造规模，可以减少外购成本，也能提升供应链稳定性，对于公司来说利大于弊，完全可行。

经济可行性分析1：全部锻件自制。锻件采购金额4.2亿元，锻件毛利按20%左右预估，公司每年潜在收益8400万元左右；再加上售后市场需求，收益比较可观。

经济可行性分析2：全部铸件自制。铸件采购金额8亿元，铸件毛利按15%左右预估，公司每年潜在收益12000万元左右，收益也非常可观。

通过上述经济可行性分析，锻件铸件自制潜在收益超过2亿元。随着锻件铸件自制规模扩大，生产管理的复杂性将提升，管理成本会相应增加，但供应链的管理难度会降低，基于目前10%左右的管理成本，管理成本的增加基本不影响经济可行性。另外，公司现金流充沛，能够通过自有资金进行制造产能扩充。

技术可行性分析：结合该公司目前的技术情况，具备扩大锻件生产规模的条件，但是缺乏铸件相关资源，而且需要先进行铸造技术储备，短时间内不易实现；因此目前锻件自制技术可行，铸件自制技术不可行。

人才可行性分析：结合该公司目前的人才储备情况，有充足的管理人员储备，再加上公司在当地很有影响力以及薪资福利待遇都很好，锻件全部自制需要增加100人左右，短时间内人员到位不是问题。

可行性分析整体建议：尝试扩大锻件生产规模，提升自制比例；同时积累铸件自制资源，当时机成熟时再逐步转自制。

以上是向上游进行供应链垂直整合的具体案例。而当向下游整合时，主要区别是市场可行性，整合前要充分分析和现有客户群体是否产生利益冲突。以博世公司为例，博世要是向下游整合造整车的话，在经济可行性、技术可行性、人才可行性方面都没有问题，但是博世声明永远不会涉足整车业务，主要原因就是不愿意和现有整车厂客户形成直接竞争关系，进而影响汽车零部件业务的销售；另外，博世不造整车的另一个原因是其汽车零部件业务毛利很高，若零部件业务毛利比整车还高，从资源收益率角度来看，也没有造整车的必要。

6.3.5　降维打击模式

企业销售增长战略，通常有四个打法：新产品新市场、新产品老市场、老产品新市场、老产品老市场。在这四个打法里面，老产品新市场和新产品老市场是降维打击的主要应用场景。

老产品新市场降维打击是针对企业现有产品，深度分析产品的各种应用场景，再对比这些应用场景和其他新市场需求，如果发现现有产品能够满足新市场需求，甚至是降低现有产品技术标准或配置还能满足新市场需求，企业就可以迅速启动降维打击，用现有产品去占领新市场，从而扩大产品销路。针对企业有降维打击机会的新市场，若新市场的销售毛利比现有市场低或者低很多时，企业需要决定是否进入。遇到此种情况，若企业产能过剩，完全可以考虑进入；若企业产能不足，需要扩大再生产，则要慎重决策。过去十多年，中国手机进入中东和非洲市场，就是老产品新市场降维打击的典型例子。另外，针对现有市场，提升产品功能或者性能，或者简化产品功能，也存在降维打击机会。

新产品老市场降维打击是针对现有市场，若通过降低产品性能或者质量能够迅速满足部分潜在消费者需求，就能对竞争对手形成降维打击，迅速提升市场份额。以奔驰汽车为例，奔驰在消费者心目中一直是高端汽车的代名词，车价高昂，一般消费者都承受不起，但奔驰汽车的需求一直很旺盛。为了满足消费者对于拥有奔驰汽车的需求，奔驰汽车减少配置推出了系列中低端车型，如 1982 年推出 C 级车型、1997 年推出 A 级车型，2005 年又在 A 级和 C 级间推出了 B 级车型，这些系列的车售价不高，特别是 A 级和 B 级，一般消费者都能消费得起，这种降维打击策略满足了众多消费者成为奔驰车主的心愿。到目前为止，奔驰 C 级车成为奔驰的销量冠军，远高于高端的 S 级和 E 级车型。

6.3.6　升维打击模式

在新产品新市场、新产品老市场、老产品新市场、老产品老市场这四个打法里面，升维打击的主要应用场景是新产品老市场。

新产品老市场升维打击是指针对现有市场，借助新技术或者其他行业已经成熟的技术，升级现有产品获得比较优势，从而打击现有竞争对手提升市场占有率；或者将企业现有技术应用到全新市场，去抢占新市场份额，从而提升销售额的做法。在制造业数字化转型过程中，如果将制造业沉淀的新技术应用到非制造业领域，就能形成降维打击，也属于跨界打击，可以创造很多新业务机会。以目前比较流行的定制化产品和服务为例，人们比较熟知得有服装定制、鞋子定制等，以鞋子定制为例做个简单说明。人脚的大小、胖瘦、骨骼等差异很大，而且同一个人的两只脚大小也有一定差异，面对鞋子制造商提供的左右脚鞋码一致，而且鞋码范围也比较有限的选择，很多人买不到满意的鞋子。试想，如果有一台能够快速扫描人脚型和脚骨骼形状的智能终端设备，就能够迅速且精准地获取消费者的双脚数据；另外，若有了庞大的脚型数据库，里面有成百上千万的数据量，就能够为每种脚型匹配一个最优的推荐方案。这样当消费者扫描双脚后，一双最适合的推荐鞋就设计出来了。如果鞋子制造商按照推荐方案进行定制化生产，就能提升消费者满意度。在这个过程中有一项关键决策是一只鞋到底要选多少个关键参数，以及为每个关键参数设定多少个选项。当这项决策完成后，结合消费者需求量，就有形成大批量定制化的机会。从鞋子制造商角度看，大批量定制和大批量生产没有多大差别，但是消费者满意度完全不一样。这是典型地运用制造业成熟的 3D 扫描、物联网技术，再结合大数据分析对传统行业进行跨界升维打击的商业模式创新方式。

商业模式创新的底层逻辑是以客户为中心，为客户提供更有竞争力的产品和服务。进行商业模式创新的机会和方法还有很多，本书以上述五种比较典型模式进行说明，它们适合各行各业。

6.4　方向 4：制造升级

制造升级主要是为了降本增效、提升产品质量和提升企业盈利能力。制造升级主要是走精益智能制造之路：通过精益管理提升企业的四大核心竞争力"质量、成本、交付、安全"，同时帮助企业获取新客户；坚持创新是企业发展的核心动力，是价值创造的源泉；持续提升制造过程的自动化、数字化、智能化、互联化程度，帮助企业进一步提升"质量、成本、交付、安全"四大核心竞争力，在创造新价值的同时获取新客户，并且降低对于人员的依赖。

6.4.1　精益智能制造理论

精益智能制造理论共有三个阶段六个要素，每个阶段两个要素：第一阶段"精益化 + 创新化"；第二阶段"自动化 + 数字化"；第三阶段"智能化 + 互联化"。精益智能制造理论整体框架如图 6-7 所示。

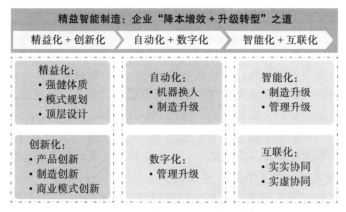

图 6-7　精益智能制造理论整体框架

1. 精益化

企业通过精益化主要实现强健体质的目标。强健体质是指帮助企业提质降本增效、提升盈利能力。企业要发展和提升市场竞争力，必须要有较强的盈利能力，具备自我们造血功能。中国制造业现状是盈利能力普遍偏弱，很多行业只有十几个点或者几个点的毛利。盈利能力偏弱主要有两个原因：一是中国制造业在价值链分工上普遍处于中间环节，分得利润少；二是中国制造业整体运营效率不高。中国制造业在价值链中的分工短时间内无法改变，必须要靠技术崛起后才能改变整个格局，但是企业的整体运营效率可以迅速提升。企业运营效率提升主要路径是精益管理，因此在《中国制造 2025》中将"强化工业基础能力""加强质量品牌建设"定为其中的两大战略，这其实就决定了精益管理必须当好排头兵，要打响《中国制造 2025》的第一枪。当企业有了较强的盈利能力后，企业才有动力和能力去全面实践智能制造。

在强身健体的过程中，模式规划非常重要，可以看成是强身健体的方向和目标。模式规划是以产品价值流为导向，确定制造向哪个方向走，常用的规划工具是 VSM/VSD（价值流程图和价值流程设计）。在企业价值流程设计完成后，要实现升级转型，顶层设计必不可少。那么如何进行顶层设计呢？首先要明确顶层设计要达成哪些目标；其次需要知道有哪些可用的解决方案；最后需要知道如何用可用的解决方案来实现目标（顶层设计的核心）。例如很多公司买了机器人（可用的解决方案），想来提高生产效率和减少人员数量（要达到的目标），结果机器人买回来后一直闲置在现场，成了摆设（不知道如何用可用的解决方案来达成目标），这就是在决定购买机器人前没有做好顶层设计的例子。如果这些公司在决定买机器人前完成了顶层设计，那么就会杜绝这种现象发生。

2. 创新化

中国制造业有两大短板：一是盈利能力低，需要精益管理；二是产品附加值不高，需要创新。中国制造业人均产值大多不超过 100 万，普遍在 30 万～50 万之间；而欧美制造业，大部分人均产值在 100 万～200 万间，高的可以达 500 万以上。造成中国和欧美制造业人均产值差异大的部分原因是自动化水平有差异，但是更主要的原因还是产品附加值不一样。中国制造业要提高产品附加值，必须要走自主创新之路。在《中国制造 2025》中，将"创新驱动"列为五大方针之首，九项战略里面第一项就是"提高国家制造业创新能力"，可见创新对于中国制造业的重要性。

三次元创新理论是指引制造业创新的主要理论。当前社会已经进入创新 4.0 时代，以前是大鱼吃小鱼，现在是快鱼吃慢鱼。企业的核心竞争力不仅来自于自身具备的核心能力，还来自于是否能够根据环境变化迅速做出调整，因此创新的着眼点需要从企业转移到整个产业。纵观各产业发展，基本都有三个阶段：成长期、爆发期和洗牌期。这三个阶段循环往复，行业洗牌后直到有新技术出现颠覆现有格局，将行业带入新一轮的成长期。基于以上规律，三次元创新理论定义如下：每个产业都有它的循环周期，产业处于成长期需要产品（技术）创新，产业爆发期需要制造创新，产业洗牌期需要商业模式创新，这三股创新驱动力推动着产业循环往复向前发展。

3. 自动化

自动化是中国制造业目前还没有走完、但又不得不走的道路。最直接的原因就是招工难，企业不得不安排机器人和自动化设备；另外一个原因是随着人工成本的不断提升，以及机器人和自动化设备的价格不断降低，自动化在成本上开始显现优势。以前自动化主要集中在高危岗位，例如喷涂、高负荷作业等对劳动者有严重职业危害的岗位；现在针对很多简单重复的作业进行机器换人，如设备上下料等，这些岗位用机器人效率更高，相对于人来说有成本优势；未来随着招工越来越难，很多企业也开始考虑全面进行机器换人，即使是使用人工有成本优势的岗位。

自动化有两个目标：一是机器换人；二是制造升级。机器换人不等于制造升级，二者有本质的区别，不能混淆这两个概念。在过去几年中，还是有很多政府、企业和一些机构将这两个概念混为一团。机器换人只是完成了自动化改造，减少了劳动力的使用数量；但是制造升级，还得看机器换人的效果怎么样。如果机器换人后，生产效率提升、制造成本下降、产品质量提升，这样的机器换人算是制造升级；如果机器换人后，这些指标没有变化或者还下滑，那么就不能叫作制造升级，只能叫机器换人。

4. 数字化

数字化是《中国制造 2025》的热点，有两方面的原因：一是大部分企业需要补数字化的课；二是数据是第四次工业革命的基本生产资料，没有数据就谈不上智能制造。因此企业在实践智能制造前，都需要进行全方位的数据采集，数据采集也是数字化建设的核心内容。

数字化能够促使企业管理升级。在计算机诞生前，各类工作资料主要以纸质文档形式存储；在没有 ERP 时，企业的各种数据基本用 Excel 文档存储。Excel 文档相对于纸质文档是非常大的进步，查询资料和汇总资料变得更容易了；ERP 系统相对于 Excel 文档又是巨大的进步，可以更为方便地进行数据输入、查询和输出，这些都大大提升了管理效率。

数字化的主要目标是构建两个端到端的数据网络：一个是横向物料流端到端；另一个是纵向信息流端到端。数字化纵横向端到端数据网络如图 6-8 所示。

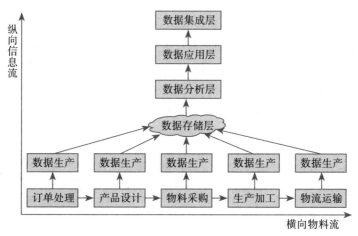

图 6-8　数字化纵横向端到端数据网络

在横向物料流和纵向信息流中，横向物料流是数据采集的基础，纵向信息流是深度数据服务。在建成了纵横向端到端的数据网络后，数字化工厂基本就建成了。

5. 智能化

智能化是第四次工业革命的主旋律。关于智能化，不同的人有不同的见解，例如德国对工业 4.0 的定义就达 140 多种，笔者在《精益智能制造》一书中对智能制造做了如下定义：智能制造是以数据为基础，在智能制造顶层构架设计的指引下，通过一系列软硬件产品的有机集成，获取产品整个价值流程端到端的原始数据，再通过智能化软件挖掘数据背后的价值，实现企业降本增效升级转型的目标，并为企业各类经营、运营活动提供管理决策支持，提升企业在市场中的竞争力。

不管见解的差异有多大，如果求同存异地去分析，有一点是明确的：那就是智能化是通过制造升级和管理升级来提升企业的核心竞争力，智能化的本质还是制造升级和管理升级。智能化阶段的制造升级需要引入大量的智能化设备，而不仅仅是自动化和数字化设备，智能化设备需要具备自感知、自适应、自调整的能力；智能化阶段的管理升级需要上线很多智能化应用，能够实现管理自动化。

企业升级到智能化阶段，基本就变成了智能工厂。现今世界是一个相互关联相互协作的世界，单个企业实现智能化不能算是智能化时代的到来，还需要将千千万万的智能工厂按照产业链协同起来，产生产业链协同效应，才算是走进智能化时代，这就需要互联化。

6. 互联化

互联化主要是建立工业互联网，分三个层面：一是企业层面，实现物理层和信息层互联互通；二是产业层面，建立产业大脑，实现产业链互联互通；三是社会层面，建立现实世界的 GPS 虚拟镜像，实现万物互联。从企业互联、产业互联到万物互联，工业互联网建设可以分为五个层次，如图 6-9 所示。

当图 6-9 工业互联网五层次模型全部实现后，再扩展到所有行业，就实现了全产业实实互联，实实互联可以产生实实协同效应；当将实实互联的物理世界镜像到云端，就构建了一个数字虚拟世界，在这个虚拟世界中，相当于有一双天眼，可以更好地了解和认识物理世界，以及更好地预测未来。当能够预测物理世界的未来时，就

图 6-9　工业互联网五层次模型

可以通过虚拟世界来指导物理世界，产生实虚协同效应，这也是互联化的终极目标，也可以说是第四次工业革命的终极目标。

生产制造是制造业企业的主体，也是价值创造的源泉。这就决定了制造业数字化转型，制造升级是主角。制造升级有内核和外表两个层次：内核是降本增效，是制造业数字化转型的目的；外表是升级转型，各类自动化、数字化、智能化软硬件产品的应用，它们是数字化转型的工具。目前在制造升级领域，制造业企业想要的是内核降本增效，而数字化智能化服务商更多的是关注外表，这样就产生了供给不能有效满足需求的矛盾，也让众多制造业企业步入了为智能制造而智能制造的歧途。

6.4.2 制造升级路径与实施步骤

精益智能制造是制造升级的方法论，任何不能降本增效的智能制造都是"耍流氓"。那么制造升级如何才能避免为了智能制造而智能制造、真正实现企业降本增效升级转型的目的呢？

首先企业要明确自身的制造水平，然后选择恰当的路径。中国制造业的基本国情是工业 1.0、工业 2.0 和工业 3.0 并存，工业 2.0 企业占比 65% 左右，工业 1.0 企业占比 30% 左右，工业 3.0 企业不足 5%。依据精益智能制造理论，不同水平的制造业企业降本增效升级转型路径如图 6-10 所示。

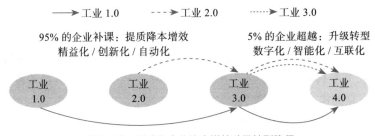

图 6-10　制造业企业降本增效升级转型路径

- 工业 1.0 水平企业制造升级路径：工业 1.0 企业先要升级到工业 3.0 水平，再向工业 4.0 水平迈进。
- 工业 2.0 水平企业制造升级路径：工业 2.0 企业先要升级到工业 3.0 水平，再向工业 4.0 水平迈进。
- 工业 3.0 水平企业制造升级路径：工业 3.0 企业要扮演好领头羊角色，积极探索如何实现工业 4.0。

工业 1.0 和工业 2.0 企业之所以要先升级到工业 3.0 水平，是因为他们不具备直接进行工业 4.0 升级的数据基础，工业 3.0 水平企业的核心标志就是全面建成数字化企业。

其次，制造业企业要基于自身水平、依照精益智能制造理论识别提质降本增效和升级转型的具体事项，形成落地项目。针对大多数工业 1.0 和工业 2.0 水平的企业，先需要"精益化、创新化、自动化"补课，夯实企业经营基础、提升盈利能力和自动化水平，然后开启数字化进程，最终实现智能制造升级转型；针对工业 3.0 水平的企业，需要积极进行智能化、互联化探索，成为行业标杆，引领行业发展。

目前中国制造业实践精益智能制造，大多具有后发优势，可以参照如下三个步骤来执行，以缩短制造升级周期：

（1）全面推进精益管理。通过精益管理消除浪费、夯实基础、全面提升产品质量和生产效率、降低制造成本、提高准时交付率，将企业打造成高利润企业，从而能够自我造血进行升级转型。如果企业正在或者已经全面实践精益管理，并且形成了系统改善和点改善相结合的、全员参与的持续改进文化，可以跳过这一步。

（2）制造升级试点。综合应用自动化、数字化、智能化、互联化等工具和手段，将精益管理成果固化，并在工业大数据的基础上进一步提质降本增效。试点工作通常选择有代表性的场景，这些场景需要满足连线、集面、合链的条件，为企业打造智能工厂和智能产业链奠定基础。

（3）试点经验总结和全面推广。在试点取得成功后，总结成功经验，制订复制推广计划；然后进行连线、集面、合链，准备打造智能工厂和智能产业链，推进企业全面升级转型。要特别注意，第三阶段很多事项，在试点阶段没有经历过，需要在全面推广过程中解决。

接下来将介绍如何具体实施这三大步骤。

6.4.3 全面推进精益管理

精益管理是制造业数字化的基础，也是制造业利润的源泉。通过精益管理，企业能够快速提质降本增效，变成高利润企业。任何水平的制造业企业，不论属于哪个行业，全面推行精益管理都可以按照如下三步来执行：

（1）精益文化建设。建立消除浪费、持续改进的精益文化，通过系统改进和点改进，全面识别公司内外部的浪费，并运用 ECRSAS（Elimination 消除、Combination 合并、Rearrangement 重组、Simplification 简化、Automation 自动化、Safety 安全六个词英文单词首字母简称）六大手法和持续改进体系进行改进。

（2）夯实管理基础。以企业管理体系为出发点，识别薄弱的业务职能管理体系和过程，并进行补强，强健企业体质。

（3）精益企业和精益供应链。将精益管理的两大意识、四大目标、八大原则和各种工具灵活应用到企业各职能部门，打造精益企业；以产品价值链为导向，在供应链上下游深入贯彻精益管理的意识、目标、原则和工具，打造精益供应链，为数字供应链建设做好准备。

1. 精益文化建设

精益管理有两大意识：一是消除浪费；二是持续改进。企业在推行精益管理时，建议从精益管理两大意识入手。精益管理两大意识也是精益文化的核心，当整个企业精益文化盛行后，精益管理就有了生存的土壤，然后就能种瓜得瓜，种豆得豆。

消除浪费主要是消除企业内部的九大浪费：过量生产、等待、运输、移动、过度加工、不良、库存、时间和人才。其中前七项是传统的七大浪费，笔者将后两项时间和人才浪费，结合传统七大浪费称为精益管理九大浪费，如图 6-11 所示。

基于中国制造业过去数十年的精益管理实践，推行精益管理成功的公司大概占 20%，失败的公司达 80%；进一步分析还会发现，这 20% 成功的公司在推行精益管理

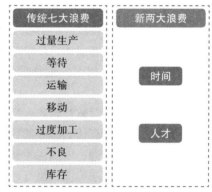

图 6-11　精益管理九大浪费

时有一个共同特点，就是花了 80% 的精力在消除时间和人才浪费上，将 20% 的精力用在了消除传统的七大浪费上；而那 80% 失败的企业做法恰好相反。因此，建议企业推行精益管理时，要将主要精力放在消除时间和人才浪费上面。

要消除时间和人才浪费，就需要结合精益管理持续改进意识，通过建立全员参与的持续改进机制，全面消除时间和人才浪费，然后再进一步消除传统的七大浪费。全员参与的持续改进机制主要思想是 PDCA（Plan-Do-Check-Act，即计划、执行、检查、处理）循环。PDCA 循环的字面意思很容易理解，但是众多企业执行 PDCA 循环却是原地踏步走，达不到持续改进的预期，这是为什么呢？

笔者带着这个疑问，结合帮助众多企业成功实施 PDCA 的经验，提出了 PDCA 循环的内核结构，如图 6-12 所示。

从图 6-12 可以看出，PDCA 循环四大步骤每个步骤都有两个关键点，把握住这些关键点，PDCA 持续改进循环才能显现威力。

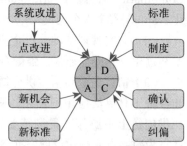

图 6-12　PDCA 循环的内核结构

（1）P：计划阶段。该阶段主要确定要做什么并将其编制成可行的行动计划。那么好的行动计划是如何制定出来的呢？单一的行动表面上看可能都有价值，但是放到整体里面就不一定。因此要想保证每项行动都产生价值，就需要从面到点来看问题。先从系统角度分析什么方向能够产生价值以及价值贡献的大小，再从各价值方向挖掘点改进机会。通过从系统改进到点改进挖掘出来的改进事项，一定能够对整体产生价值，这也是 PDCA 循环是否能够步步递进的关键所在。从系统层面分析问题的方法很多，比如战略规划、财务报表、价值分析等。

（2）D：执行阶段。该阶段主要是执行，执行的内核是标准和制度。很多人对于执行的理解不够深入，简单地认为执行就是强调执行力，将计划阶段制订的计划全部落实就可以了。这种理解也不算错，但是要想 PDCA 循环能够步步递进，则显得不足。之所以说执行阶段的内核是标准和制度，是因为要实现两个目标：一是严格定义要执行到什么程度；二是如何保证执行不走样。标准规定了执行的程度，对于没有达到标准的行动计划，即使完成了也不能算真正完成，这时就需要继续进行补强，以确保达到标准要求。只有借助标准和制度才能保证不管谁做、何时做都有法可依和执行不走样。

（3）C：检查阶段。该阶段的内核是确认和纠偏。当一件事情执行完后，要立即确认执行效果：如果执行效果达到标准要求，才算真正执行完毕；如果执行效果没有达到标准要求，就要进行反馈并且提出补强措施；如果执行效果超过了标准要求，就要建议执行人进行经验总结，将意外收获提炼出来。以上是对执行结果进行确认。另外，在执行过程中也需要确认，主要目的是纠偏：如果发现执行过程有进度偏差，就要及时补强执行力度；如果发现执行过程与结果有偏差，就要及时纠正执行方向，确保结果实现。通过检查阶段的确认和纠偏，能够保证执行目标的实现。

（4）A：处理阶段。该阶段的内核是新机会和新标准。通过检查阶段的确认和纠偏，可以进行经验总结。针对超标准完成的事情，需要更新执行阶段的标准和制度；针对有偏差的事情，需要识别里面的新机会，因为偏差就等于机会，有偏差就一定有新机会。在更新了标准和识别完新机会后，一个 PDCA 循环就完成了，但是持续改进并没有结束，针对新改进机会可以启动下一轮 PDCA 循环，这样 PDCA 就能循环往复、步步递进了。

当企业按照上述方法养成消除浪费和持续改进的精益意识后，就会慢慢形成精益文化。企业要形成坚不可摧的精益文化，还需要建立一套精益文化管理制度，比如全员参与的持续改进体系、系统改进的方法、积分制等。

因此本书建议精益管理第一步精益文化建设路线图如下：

1）扫盲：企业全员学习精益意识，深刻理解精益意识的内涵。

2）制度建设：全员参与共同制定企业的持续改进制度，并形成有效的管理体系，开发设计相应的管理工具。

3）拣地上的苹果：按照持续改进制度，全员参与"拣地上的苹果"。笔者将企业改进机会比如成苹果，提出了"苹果理论"。苹果理论将苹果树上的苹果分为三种类别：第一类是掉在地上的苹果，直接捡起来就好了，最省力；第二类是伸手可以摘到的苹果，伸伸手、踮踮脚就能够摘到；第三类是树尖上的苹果，需要爬树或者搬梯子才能摘到。苹果理论建议企业在持续改进时，先拣地上的苹果，先改进最简单的问题。通过拣地上的苹果，自然就能消除人才和时间浪费。

4）全面消除生产现场的七大浪费：从人、机、料、法、环五大方面开展无死角的消除七大浪费活动。执行全员参与的持续改进制度，发挥员工的主观能动性和创造性，改善生产环境、提升生产安全性、节约生产资源、提高劳动生产率、提升产品质量。

5）全面消除职能部门浪费：优化各业务工作流程，提高员工的主人翁意识，进一步消除人才和时间浪费，实现人尽其才，物尽其用。

6）解决各部门间协作问题：进行资源整合和加强协作，重点解决内部资源共享性低、各部门各自为政、流程不畅等问题。

在建立企业精益文化过程中，为了提升全员参与的积极性，可以开展各种各样的活动，比如持续改进周和改进月、金点子等，并对在全面消除浪费过程中表现优异的团队和个人进行表彰和激励。

2. 夯实管理基础

在建立了消除浪费、持续改进的精益文化之后，还需要夯实管理基础。夯实管理基础要重点围绕企业的七大核心体系：新产品开发体系、产供销系统、生产计划系统、生产管理体系、质量管理体系、物流管理体系、设备管理体系。

新产品开发体系以确定新产品开发方向，缩短新产品开发周期，提升新产品开发成功率为导向。常见问题有：盲目进行新产品开发，没有健全的新产品开发管理流程，产品标准化设计程度不高，新产品投产过程长，新产品投产后不良率高，新产品投产后生产效率低等。若企业新产品开发有上述问题，说明新产品开发体系有漏洞，需要进行完善，否则产品开发成本高、投产后制造成本也高。

产供销系统是制造业企业最复杂的系统。产供销系统的主要目标是缩短产品交付周期、提升准时交付率、提高物料计划准时率等。在我们提供咨询服务的数百家企业中，基本每家公司的产供销系统都有不同程度的问题，常见表现形式有：销售抱怨客户需求波动大，销售员抢生产资源虚报客户需求，紧急订单多、插单多，订单交期长和准时交付率不高，物料缺料率高，紧急物料采购频繁，需要的物料没有库存、不需要的物料占库存太多，产能不透明，产出不受控制，订单状态不清晰，生产与销售之间经常发生冲突等。若出现以上问题，说明产供销系统不够健全，需要进行完善，否则订单准时交付率很难提高。

生产计划系统属于产供销系统里面的一个子系统，也是产供销系统中最复杂和最核心的部分。生产计划系统主要目标是提升准时交付率和提升日生产计划完成率。生产计划系统常见问题有：标准工时不准确，产能不清晰，产能利用率不清晰，设备状态和设备效率不清晰，生产计划不准确，不需要交付的产品生产出来了、需要交付的产品没有生产出来，订单更换频繁，原材料库存高，半成品库存高，成品库存高，产品产出时间长，人员缺勤率不清晰等。若出现以上问题，说明生产计划系统不够健全，需要进行完善，否则生产计划完成率低、库存高。

生产管理体系的管理对象最多最杂，也属于产供销系统的一个子系统。生产管理体系主要目标是提高生产效率、降低制造成本和减少制造不良。生产效率包括人工效率、设备效率、人机协作效率；制造成本包括设备设施成本、人工成本、能源成本、辅材成本、库存成本、安全成本等。生产管理体系常见问题有：生产准备不充分，派工不合理，作业不规范，怠工，员工质量意识薄弱，现场管理杂乱，辅材过度消耗，能源浪费，设备待机等。若出现以上问题，说明生产管理体系不够健全，需要进行完善，否则生产效率低、制造成本高。

质量管理体系是制造业的核心管理体系之一，也是客户最关注的管理体系。质量管理体系主要目标是降低来料不良率、降低制造不良率、降低交付不良率、减少客诉等。质量管理体系常见问题有：质量方针是喊口号，以检测为主、缺乏质量设计和质量控制，来料检验方法不科学，来料检验发现问题时不拒收，实际 CPK & CMK 和放行时差异大，过程检验不按标准执行，首检和自检执行不到位，生产过程出现质量问题后继续生产，解决问题不及时，相同质量问题反复发生，员工质量意识淡薄，客诉处理不彻底不及时，没有形成解决问题的系统方法论等。若出现以上问题，说明质量管理体系不健全，需要进行完善，否则不良高、客诉多，严重时影响企业的声誉和发展。

物流管理体系包括出入库管理、仓库管理、现场物料管理、内部物流管理、外部物流管理、物流仓储设备设施管理等。物流管理体系主要目标是：降低库存、加速物料周转、减少呆滞、减少缺料和待料等。物流管理体系常见问题有：仓储没有储位管理，取料时间长，仓库利用率不高，同一产品生产过程中多次出入库，生产待料、物料错用、现场混料、库存过多，内部物料周转过慢，物料齐套性差，物流不遵循先进先出原则，物料状态不清晰等。若出现以上问题，说明物流管理体系不够健全，需要进行完善，否则物料周转率慢，并且还经常出现缺料待料现象。

设备是制造业最核心的固定资产，是制造业主要成本之一，管理好设备对于制造业的意义无比重要。设备管理体系主要目标是：开发高性价比设备、提升设备产能利用率、提升设备综合效率、降低制造成本等。设备管理体系常见问题有：设备选型不对，设备产能利用率低，产能不均衡，无设备综合效率管理，设备故障率高，设备维修时间长，设备换型时间长，备件品种多，备件短缺等。若出现以上问题，说明设备管理体系不够健全，需要进行完善，否则设备产能利用率低、制造成本高。

以上七大核心管理体系是制造业的基础，若发现有漏洞，一定要及时补上。要针对各管理体系短板成立专项精益改进小组，否则企业利润就会源源不断地流失掉。除以上七大核心管理体系外，其他业务职能管理体系若不健全，也需要及时补强。

3. 精益企业和精益供应链

在第一阶段全面消除浪费和第二阶段夯实管理基础短板后，需要将精益管理理念深入贯彻到企业各职能部门，朝精益企业方向迈进；还要将精益管理理念在供应链上下游推广，推进供应商、客户和平行合作伙伴进行精益化改造，打造精益供应链。

针对职能部门：在建设精益文化、全面消除浪费的基础上，再运用精益管理的各种工具和方法，优化和重组工作流程，提升管理效率。当企业发展成为集团后，要特别注意组织规划，通过管理体系明确总部与各分子公司相同职能的工作职责。

针对生产单位：按照产品大类，以产品价值流为导向，持续优化价值流，缩短产出时间，提高订单交付速度，实现敏捷交付服务。针对不同产品系列，要依据产品特点和客户需求数量，规划不同的生产模式。从生产组织方式上来分，常见的生产模式有单工位生产、多工位生产、U型线生产、流水线生产；从自动化水平上来分，常见的生产模式有手工生产、半自动生产、自动化生产。将自动化水平和生产组织方式结合起来，又能衍生出多种不同的生产模式。当生产模式确定后，也可以按照生产模式将不同产品分开生产，这样可以简化生产管理。

针对供应链上下游企业和平行合作伙伴：以建立双赢供应链为导向，持续优化交界面问题，打造简洁高效的服务模式。针对战略供应商，可以执行供应商发展项目，培养供应商和企业一起发展，提升供应链的稳定性；针对战略客户，以客户为中心，在产品质量、交付和价格方面持续超越客户期望；针对平行合作伙伴，进行联合创新，持续解决供应链上的各种问题，提升客户满意度。

以上是制造业企业在数字化转型前要率先完成的精益化内容，当一家企业变成精益企业和打通精益供应链后，就具备了数字化转型的坚实基础，也清楚了企业哪些地方需要数字化，以及数字化能够给企业带来什么价值。若企业推行精益化没有那么彻底，或者正在进行精益化建设，那么不宜过早全面实施数字化转型，要以数字化能够创造价值的场景为导向逐步推进。

6.4.4 制造升级试点

制造业提质降本增效的路径主要是精益管理和智能制造。在制造升级过程中，要优先执行精益管理，全面消除浪费、夯实管理基础，打造精益企业和精益供应链；然后进行自动化、数字、智能化、互联化试点，通过试点摸索经验，待解决方案成熟后再全面推广。在精益管理和智能制造的推进过程中，部分工作可以并行开展。

数字化制造试点，要包含图6-13所示四个层次的内容。

图6-13　制造升级试点路径

（1）选点。围绕核心产品制造流程，选择若干个示范点，包含主要工艺和有实现难度的点（指数字化和智能化相关应用还不成熟的场景），再加上试点供应商和客户，进行全面的积极探索，为连线、集面、合链做准备。

（2）连线。常见的有场内连线和场间连线，以打通核心产品数字化内部价值链。场内连线是指在一座车间内，将多个生产单元通过自动化物流连成一条线；场间连线是指将两个及以上车间内的不同生产单元通过自动化物流连成一条线。若企业内部制造流程有跨场连线机会，在选点时要包含不同场的点，为跨场连线做铺垫。

（3）集面。以打造数字化车间或者数字化工厂为导向，在选点和连线的基础上，持续提升车间或者工厂的数字化、智能化程度，建成涵盖研发设计、计划调度、生产管理、质量管理、物流管理、经营管理等功能的数字化样板车间或数字化样板工厂。

（4）合链。将企业内部价值链、试点供应商、试点客户互联互通，实现内外部全价值链数字化智能化生产。

因此在选点时，要非常有针对性和代表性。要考虑到这些点能连成几条线、还至少能集成一个面，再加上试点供应商和试点客户，能合成一条完整的数字化产业链。

1. 选点

选点是制造升级的第一步，如上文所述，选点要选择有代表性的点。点并不是仅指单台设备或单工位，一条流水线或者一个生产单元也是一个点。那么在选择了有代表性的点后，要做哪些验证工作呢？

要回答这个问题，需要以智能制造的定义为出发点，要先明白智能制造是干什么的，然后朝智能制造的方向迈进。智能制造的定义见 6.4.1 节精益智能制造理论中的智能化部分，此处不再赘述。

（1）智能制造的信息。从智能制造定义中可以获取关于智能制造的如下信息：

1）目的：降本增效、升级转型、提供管理决策建议、提升企业竞争力。

2）基础：价值链、数据。

3）技术：智能制造顶层构架设计、软硬件有机集成、经营和运营技术、大数据分析。

（2）验证工作。依据以上信息，不难得出在示范点要完成以下验证和准备工作：

1）智能制造顶层构架设计：智能制造顶层构架设计参见本书第五章，它是企业数字化转型的第一步，选点要在智能制造顶层构架设计的指导下进行。

2）数据采集：要能将智能制造顶层构架设计中涉及的、需要采集的各种数据类型都包含进来，通过试点解决部分场景下数据采集困难的问题。

3）硬件升级：要能将智能制造顶层构架设计中涉及的各类智能硬件、自动化升级方式，通过选点变成现实，攻克自动化和智能化技术瓶颈。

4）软件应用：要寻找和智能制造顶层构架设计中规划一致的或者高匹配度的软件产品。如果没有十分匹配的软件，要先开发简单的原型工具，进行模拟验证；然后基于原型工具再定制开发。

5）数据分析：以业务需求为导向，进行运营建模，寻找数据产生价值的方式与方法，为后续大数据平台建设做准备；另外，基于大数据分析技术，也可以不建立运营模型，在足够数据量的基础上，直接挖掘数据的潜在价值。

在清楚了全部示范点要干什么后，要为每个示范点安排相应的任务，明确每个示范点要实现的目标，并指定项目负责人。在示范点项目执行完毕后，要确认是否实现了预期目标。当各示范点目标都实现后，可以进入连线阶段。也存在部分示范点的解决方案不成熟，不能实现预期目标的现象，不过对于经验丰富的智能制造顶层构架设计服务商，出现这类情况的概率非常小。当这种情况出现后，要更新顶层构架设计方案，以免影响企业数字化转型的整体进度。

2. 连线

连线是数字化制造升级试点的第二步，连线分为场内连线和场间连线：场内连线要将场内分散的点连接起来，为实现车间内物流自动化做准备；场间连线要将不同车间内的点连接起来，为实现车间间物流自动配送、上下游生产计划协同和生产任务协调做准备。

（1）"连线"和"选点"的不同。"连线"与"选点"间的不同主要体现在如下几个方面：

1）精益化。单点精益化主要关注质量、效率、成本、安全等，若是生产单元还涉及产线规划；连线不仅要关注这些内容，还要考虑上下游工序如何进行整体布局、如何进行物流点和路径规划，才能实现整体物流路径最短、半成品最少，并解决上下游生产不同步的问题。

2）自动化。单点自动化实现方式较简单，主要通过自动化设备、铺设、关节机器人、桁架机器人等来实现；而多点连线自动化除了以上自动化设备设施外，还需要 AGV、辅助上下料设施、定位、导航、通信等设备设施和技术，实现难度要比单点大很多；另外，场间连线可能还会涉及提升机、悬挂链、自动化中间库等。

3）数字化。单点只要实现生产数字化即可，而多点连线间还有半成品，以及半成品转运路径都需要数字化解决方案，否则线就连不起来。要实现半成品的数字化，就需要进行线边库或中间库规划，规划完成后再将库位管理数字化；在库位管理数字化的基础上，再进行物流路径规划和物流转运设备设施设计与选型。

4）智能化。当上游有多个生产指令时，下游该如何选择，是按照先进先出的原则、还是按照订单交期紧急程度，或是按照生产成本最优原则执行等，就需要结合决策目标由应用软件做出判断。

（2）"连线"攻克的问题。通过以上差异分析，"连线"试点要攻克如下问题：

1）布局规划。要按照产品价值流进行车间整体布局规划（不能等到"集面"时），若需要布局调整的，要优先进行调整，为后续自动化、数字化、智能化和互联化做准备。布局规划以单元化布局为导向，尽量将整个车间划分为若干生产单元。当生产单元划分完毕后，通常会出现部分型号设备过剩或不足的问题，这是由于前期设备投资选型失误或生产模式变化导致的。针对过剩设备，若可以替代使用，优先保留使用；针对不足的设备，若生产订单充足，需要及时补足。

2）物流规划。连线试点的物流规划包含了车间内物流规划和车间间物流规划。车间内物流规划要确定物料存放点，详细计算在各种产量下各物料点的库存量，要进行储位规划和选择合适的存储设施，要进行物流路径规划，计算各物流路径的物流量和作业时间，设计恰当的物料转运工具；车间间物流规划要确定各车间的物料配送点、计算配送点的大小、选择存储设施，以及建立管理规则，还需要进行车间间配送路径规划，选择配送工具，建立配送规则。

3）物流自动化。在物流规划的基础上，要识别哪些车间内物料转运和车间物料配送路径能够被 AGV、RGV 等自动化物流设备取代；各车间的物料配送点是否可以建成自动化中间库。通过技术和经济可行性分析，选择相应的物流自动化设备设施，提升物流自动化程度，降低物流成本。

4）自动化仓库。物料在公司内的存放点主要有仓库和现场。物流规划解决了物料在现场的存放问题，仓库内物料存放还需要进行仓储规划。通过仓储规划，明确物料在仓库中的储存位置，以及最高、最低和安全库存数量，当生产有需求时，物流人员能够及时高效地完成配送。在仓储规划完成后，需要从技术和经济角度评估是否需要进行仓储自动化升级。目前仓储自动化在技术上比较成熟，主要是评估经济可行性。

5）WMS&TMS 系统。当物料在公司内部有了明确的位置以及清晰的物流路径后，何时需要将何种物料转运到何地，则需要通过仓储管理系统（WMS）和运输管理系统（TMS）来进行管理，也有一些软件产品将这两个系统合二为一。

6）目标决策。生产过程中异常非常多，如插单、质量问题、设备问题、物料问题等，都可能导致生产不能按照预期计划进行，这时需要生产现场按照决策目标（如制造成本最低、交期最短等）进行最优决策，然后进行生产作业调整。

以上六项内容是连线要完成的核心内容，在单点示范时不需要过多考虑。

3. 集面

集面是制造升级试点的第三步，主要有三个层次：一是数字化车间；二是数字化工厂；三是数字化企业。数字化车间主要包含日生产计划管理、工艺管理、设备预防性维护管理、设备效率管理、能源管理、模具刀具工装管理、备品备件管理、人员技能管理、人员出勤管理、现场物料管理、标准作业管理、安全生产管理、环境管理、质量管理、生产异常管理、生产绩效管理等；数字化工厂是在数字化车间的基础上，增加了生产计划系统管理、物流运输管理、仓储管理等；数字化企业是在数字化工厂的基础上，增加了经营管理、人事管理、产品生命周期管理（包含研发管理）、客户关系管理、供应商关系管理、外部利益相关者管理、园区安防管理、行政管理、后勤管理、EHS管理等。

这些内容共同构成了制造升级"集面"的核心内容，和"连线"相比，多了很多管理方面的内容。

（1）"集面"和"连线"的不同。"集面"与"连线"间的不同主要体现在如下几个方面：

1）经营管理。主要有战略管理、绩效管理、预算管理、经营分析、财务管理等。目前这些方面有的有成熟的数字化、智能化解决方案，有的还没有可用的解决方案。

2）研发管理。主要包含产品管理、项目管理、技术管理、工艺管理、外部研发资源管理等。数字化研发管理的主战场正在从产品数据管理（Product Data Management，PDM）逐步向产品生命周期管理（Product Lifetime Management，PLM）转移。

3）客户关系管理。客户关系管理要能覆盖客户信用管理、售前管理、销售订单管理、交期管理、价格管理、应收款管理、售后管理、客诉管理等。将零碎的客户管理信息整合起来，形成更有价值的客户信息资料库，能为企业进行销售预测、制定销售政策、开拓市场等提供决策支持。

4）供应商关系管理。供应商关系管理主要包括供应商信用管理、供应商开发管理、采购价格管理、采购订单管理、供应商绩效管理、供应商质量管理等。

通过供应商关系管理系统，为建设数字化供应链做准备。

5）生产计划管理。在"连线"试点时还不需要智能排程，但是针对数字化车间、工厂或企业，一定需要先期排程系统（Advanced Planning System，APS）。APS能够将最符合企业决策目标的生产计划排出来，下发到各工厂和各车间，并能及时响应生产计划异常。虽然通过 Excel 排程工具，也能够实现类似效果，但是操作过程复杂，且还容易出现错误，特别是在生产计划发生异常时，更新很不方便。

6）质量管理。质量问题解决通常需要进行系统分析，单点分析一般效果不佳，因此质量管理在"选点"和"连线"试点时不需要过多考虑。质量管理主要内容有质量设计、质量保证、质量改进、质量检验等工作。目前数字化质量管理系统主要聚焦在质量检验上，包括来料检验、首检、互检、抽检、巡检、在线检验、入库检验、出库检验等，还有些系统包括实验室管理相关功能。

7）设备预防性维护。一般在"单点"时就会考虑设备效率管理，但是对于设备预防性维护管理要到"集面"时才有考虑的必要性。传统的设备预防性维护是采用精益管理全面预防性维护（Total Preventive Maintenance，TPM）工具，制作预防性维护计划表进行的；在企业数字化转型过程中，可选用智能 TPM 或者设备健康管理的数字化解决方案。智能 TPM 适合各种设备，设备健康管理一般建议针对关键设备。

8）模具刀具工装管理和备品备件管理。通过管理模具、刀具、工装的寿命，能够预防一些质量风险发生，也能够为换模、换刀、换工装提供数据支持。备品备件管理一般包含在智能 TPM 系统中，若企业没有安装智能 TPM 系统，也可以选择刀具管理系统来进行备品备件管理。

9）能源管理。能源管理是企业减少碳排放的重要路径，通过数字化能源管理系统，能够及时识别各种能源浪费，并启动相应的纠正措施，从而达到节能减排的目标。

10）EHS 管理。环境健康安全（Environment Health Safety，EHS）管理主要包括危险源监控、排污点监控、消防通道监控、消防设施管理、劳保用品管理、受限空间管理、危险作业管理等。在物联网和人工智能赋能制造业后，EHS 管理变得越来越有效果。

11）人员管理。主要包含人事管理、人员技能管理和人员出勤管理。人事管理和人员技能管理在单点时就可以考虑，主要是通过 E-HR 系统；人员出勤管理以班组为单位，在"集面"时考虑，也是通过 E-HR 系统来实现。

（2）"集面"攻克的问题。通过以上差异分析，"集面"试点过程中要攻克如下问题：

1）管理流程化和工具化。由于"集面"需要安装大量的管理系统，而这些管理系统的背后逻辑是企业管理方法，主要包括管理流程、管理标准和管理工具。在企业上各种数字化管理系统前，一定要先明确相应的管理流程、管理标准和管理工具（管理标准通常体现在管理流程和管理工具中）。在上数字化系统时，要按照管理流程进行软件构架设计，以及和其他系统进行互联互通；按照管理标准进行参数设定；按照管理工具进行算法、数据库和界面开发。若企业在安装数字化管理系统前没有进行管理流程化和工具化的准备工作，那么软件服务商就会让企业去适应软件自带的管理流程和工具。但这样就会出现软件系统的管理方法和企业实际的管理方法不匹配问题，导致出现外行"绑架"内行的情况。

2）整体布局规划。整体布局规划要依据销售预测、不同产品类别、不同工艺流程、不同生产模式、整体功能需求进行蓝图设计，确定厂区生产规模和各建筑物的功能和位置，这是和连线阶段的布局规划的不同之处。在蓝图确定后，再进行各功能区的细节规划，这部分和连线阶段的布局规划雷同。一般建议企业在数字化转型前，先以整个厂区为对象进行整体布局规划，这样后续的布局调整会较少、运营成本也会降低。

3）生产计划系统。生产计划系统由主计划、月计划、周计划、日计划、生产日报、生产异常反馈与处理系统构成，是一个完整的闭环系统。企业通常还有年计划，年计划主要是用来确定生产规模，分析季节性波动，为投资决策和制定库存策略提供决策依据，但一般不把其纳入生产计划系统。企业在进行数字化"集面"试点时，生产计划系统是最复杂和最难的一项工作。目前数字化解决方案还不成熟，建议先开发完整的生产计划 Excel 工具；在此基础上再开发软件；软件开发后再不断优化，提升软件的智能化程度。

4）各类业务应用系统。在企业进行"集面"数字化转型时，需要以业务为导向，将尽可能多的业务活动都数字化。这个过程会引入很多业务应用系统，如智能 TPM 系统、刀具模具工装管理系统、考勤管理系统等，这些系统都可以开发成工业 App 的形式，给主要的数字化管理系统打补丁。

4.合链

"合链"是数字化制造升级试点的第四步，在"集面"的基础上和客户、供应商、外部合作伙伴互联互通，打造数字化产业链。

（1）"合链"与"集面"的不同。"合链"与"集面"的不同主要体现在如下几个方面：

1）客户端数据共享。和客户建立互联互通的数据共享平台，实时共享信息。

客户通过数据共享平台将合同、订单、售后需求、客诉、客户满意度等信息共享给企业，企业通过数据共享平台将订单状态、售后服务状态、客诉处理状态等信息共享给客户，提升客户端的工作效率。

2）供应端数据共享。和供应商建立互联互通的数据共享平台，实时共享信息。企业通过数据共享平台将供应商开发信息、采购合同、采购订单、售后需求、投诉、供应商绩效、供应商评级等信息共享给供应商；供应商通过数据共享平台将客户订单状态、售后服务状态、客诉处理状态等信息共享给企业，提升供应端的工作效率。

3）外部合作伙伴间数据共享。要将除客户和供应商外的其他利益相关者通过互联互通的数据共享平台连接起来，比如相关政府部门、行业协会、外部研发机构等，实现信息及时共享，提升服务效率。

（2）"合链"攻克的问题。通过以上差异分析，"合链"试点要攻克如下问题：

1）客户端互联互通。选择试点客户，将企业 CRM 系统和客户的 SRM 系统打通。过去常用的是电子数据交换（Electronic Data Interchange，EDI）方式，目前建议通过互联互通的大数据平台进行数据交换。

2）供应端互联互通。选择试点供应商，将企业 SRM 系统和供应商的 CRM 系统打通，通过互联互通的大数据平台进行数据交换。

3）利益相关者互联互通。根据企业的需要，安装一些独立的利益相关者管理系统，比如审计管理系统、消防安全管理系统、排污检测管理系统等；然后将这些管理系统通过大数据平台和外部利益相关者互联互通，实现数据实时共享。

4）大数据平台规划与建设。在数字化智能化企业，大数据平台是核心。大数据平台包含数据获取、数据存储、数据分发、数据可视化等内容。在建设大数据平台前，先需要依据业务需求进行大数据平台规划；然后再依据大数据平台规划蓝图逐步进行大数据平台建设。基于大数据平台，可以上线各种业务应用系统，实现种瓜得瓜、种豆得豆的目标。

5）新商业机会。在"合链"的基础上进一步挖掘新商业机会，开拓新商业模式，如售后远程运维服务、同步开发服务、资源共享服务等。

当完成了上述四层次数字化转型试点工作后，对于集团公司来说，基本就为数字化转型扫清了障碍，可以先总结试点经验，然后推广到内部所有的分子公司，以及外部的全部客户、供应商和其他利益相关者；对于规模较小的企业来说，到此基本全面完成了数字化转型。

6.4.5 试点经验总结和全面推广

制造升级主要总结如下经验教训：项目整体规划经验、项目实施基础经验、项目过程管理经验、数字化供应商甄别与管理经验、项目技术解决方案经验、项目风险管理经验、项目价值实现经验等。通过多维度总结，为后续全面推进蓄力，接下来分项进行简要说明。

项目整体规划经验主要总结两个方面内容：①智能制造顶层构架设计是否需要更新，试点项目成功后，再回过头来审视当初的顶层构架设计方案，看看是否有不足之处，若有的话进行更新和调整，用于指导推广阶段的全面推进计划；②项目整体进度计划，总结各项工作的实施时间、实施先后顺序，分析如何衔接能够做得更好。

项目实施基础经验主要总结实施前需要具备的基础，在试点过程中由于项目基础不具备而走的弯路有哪些，实施基础是如何补强起来的，如果要是再来一次该如何补强基础，才能更省时间、更省成本。

项目过程管理经验是指要总结试点项目实施过程中发生了哪些偏差，导致这些偏差出现的原因是什么，偏差是如何纠正的，如果要避免发生偏差要怎么做。

数字化供应商甄别与管理经验是指如何挑选能够满足企业业务需求的供应商，如何确认供应商的产品是否能够和企业需求相匹配，针对公司的具体需求供应商能满足什么不能满足什么，若需要多家供应商协作，该如何分工和管理。

项目技术解决方案经验总结是统计试点过程中克服了多少技术问题，有多少是在规划阶段没有识别的，哪些技术解决方案在推广时可能还会出现问题，需要什么类型的供应商进行配合解决。

项目风险管理经验总结是要回顾项目过程中出现了哪些风险，哪些风险是试点项目立项前识别出来的，哪些是没有识别出来的，没有识别出来的原因是什么，针对发生的各类风险是如何应对的，有没有更好的方法来应对风险，这些已经发生的风险在项目推广阶段有没有可能再次发生，若再次发生的话风险应对方案是什么。

项目价值实现经验总结是回顾试点项目成果，评估哪些方面达到了项目预期目标，哪些方面没有达到项目预期目标，针对达到项目目标的项目是由于哪些因素促使了项目目标的达成，针对没有达到项目预期目标的项目失败的原因是什么，可以有哪些改进机会。

需要注意的是：试点项目的经验总结工作，要边实施边总结，不是等试点项目全部结束后再开展。针对总结出来的经验，有些可以直接先在企业非试点范围内执行，比如补强数字化转型基础方面的工作。

在试点项目经验总结后，要在企业全面推广。全面推广有两个策略：一是推广与试点阶梯式推进策略；二是推广与试点顺序推进策略。

1. 推广与试点阶梯式推进策略

推广与试点阶梯式推进策略是在试点项目的四个阶段，每个子项目完成后立即进行项目经验总结，经验总结完成后立即挑选可以推广的部分，在企业其他非试点范围内推广；试点项目同时进行下一阶段摸索。

在"选点"成功后，总结项目经验，一方面将项目成功经验推广到可以立即复制的点，另一方面探索如何"连线"。"连线"需要解决不同点之间的协同问题，要实现上下游环节互联互通。

在"连线"成功后，总结项目经验，将经验再推广到另外一些可以复制的线，然后再进行"集面"探索。"集面"是以产品内部价值流为导向，当价值流打通后，产品的数字双胞胎就能够虚拟出来。

在"集面"成功后，总结项目经验，将经验推广到其他产品系列，并同步进行"合链"探索。"合链"要求联合上游供应商、下游客户，以及其他平行合作伙伴。有了示范供应商、客户和其他平行合作伙伴的成功经验，可以将其他有条件的客户、供应商和平行合作伙伴全部整合起来，形成一条完整的产业链。

推广与试点阶梯式推进策略的优点是可以缩短企业数字化转型周期；缺点是由于项目周期通常需要几年时间，整个数字化转型团队的工作量很大；另外在每个子项目经验总结的基础上进行推广，推广不会很彻底，而且还有失败的风险。

2. 推广与试点顺序推进策略

推广与试点顺序推进策略是指将试点按照"选点""连线""集面""合链"四个阶段全部完成，再全面总结经验后制订推广计划。整个计划的步骤如下：

1）数字化转型整体规划：明确数字化转型向哪里转。

2）智能制造顶层构架设计：确定数字化转型如何转。

3）项目试点："选点""连线""集面""合链"，部分落地智能制造顶层构架设计方案。

4）试点项目经验总结：反思与总结项目试点经验，为推广做准备。

5）智能制造顶层构架设计更新：丰富和完善顶层构架设计方案。

6）数字化转型推广计划制订：制订详细的项目推广计划，细化到项目管理工作包的程度。

7）数字化转型全面实施：按照各工作包的时间顺序有序实施，全面落地智能制造顶层构架设计方案。

8）项目经验总结：反思与总结项目经验，丰富企业知识库。

由于数字化制造升级项目十分复杂，建议按照推广与试点顺序推进策略执行，这样数字化制造升级成功的概率较高，整个转型花费的成本也较低，唯一缺点就是整个转型周期较长、机会成本较高。

6.5 方向5：管理升级

自从彼得·德鲁克先生较为系统地总结出管理学框架后，管理逐渐变成企业中最重要的业务活动，也是管理者的主要工作。过去中国经济呈粗放式发展，忽视了管理的重要性，导致企业管理变成了中国制造业的薄弱环节，真正建立了完整现代企业管理体系的企业寥寥无几。当前制造业数字化升级转型需要上线众多数字化管理系统，每一种数字化管理系统，都蕴含了一定的管理思想、管理方法和管理工具，通过数字化转型升级，中国制造业有机会补齐管理这个短板。

6.5.1 管理的六个层次

中国制造业的管理层次差别很大，从没有管理到有健全的管理体系都存在，因此需要先了解企业的管理层次才能对症下药。企业管理层次可分为六个层次，如图 6-14 所示。

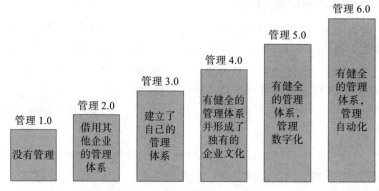

图 6-14 企业管理的六个层次

管理 1.0：没有管理。企业里面没有管理规范，管理活动主要靠人，主要以初创企业和中小企业为主。

管理 2.0：借用其他企业的管理体系。企业没有自己的管理体系，东拼西凑其他企业的管理体系，管理体系的内容和企业实际工作流程和方法不一致。中国大多数制造业都处于这一水平，表面上有管理，其实还是没有管理。东拼西凑的管理体系会导致业务流程效率低下，管理成本上升，从而越发展越没有竞争力。

管理 3.0：建立了自己的管理体系。管理体系建设是企业管理升级的基础，企业采用何种管理方式取决于自身的管理体系。当企业认识到管理体系的重要性时，就会着手建立自己的管理体系。建立一套属于自己的管理体系通常需要一到两年时间，完善管理体系通常需要三到五年时间，目前这样做的企业很少。一旦企业开始建立自己的管理体系，其管理水平会随着管理体系的完善而显著提高。

管理体系建设要以职能和业务流程为导向，先将企业全部业务分成主要业务过程和辅助业务过程，然后依据精益管理的原则和最佳实践经验将其规范化，并开发相应的管理工具和制定管理标准，这样就能建立最适合企业自身的管理体系。在这个过程中，企业往往会担心管理体系是否足够先进。其实这点管理者不用太过于担心，没有最好的管理体系，只有适合的管理体系，管理体系是开放的，也是持续改进的。

管理 4.0：有健全的管理体系并形成了独有的企业文化。当一家企业的管理体系健全和成熟后，企业的管理风格和管理思想就会逐渐凸显出来，随着时间积累，企业文化也会逐渐形成，将企业员工的行为和外部人员的行为明显地区分开来。记得 2010 年刚进博世时，时任主管的郝立夫对我们说，他们那些"老博世"的眉心都有一个博世火花塞 LOGO，问我们看见没有。我们说没有看见，接着他用手指在他的眉心上画了一个火花塞，然后说他能够看见每一名"老博世"头上的这个标记。这是因为长期沉浸在博世公司的文化氛围里，每个人都能自然展现出"老博世"独有的精神面貌。

管理 5.0：有健全的管理体系，管理数字化。在管理 3.0 或者管理 4.0 的基础上，再去寻找管理数字化的机会。通过数字化手段，将管理流程和管理工具软件化，能够简化管理过程、加快信息传递、提升管理效率。比如使用什么数字化系统，能够替代现有的管理方式，并且该数字化系统的管理思想和管理体系一致。当将所有的管理数字化机会都识别出来后，再将其融入企业智能制造顶层构架设计中去，从而保证所有管理数字化机会按照业务需求和业务逻辑的先后顺序有序落地。通常来说，要找到完全符合企业管理体系要求的管理系统并不容易。因此建议企业寻找匹配度较高的服务商，在此基础上结合自身管理流程和工具进行二次开发。

管理 6.0：有健全的管理体系，管理自动化。在管理数字化的基础上，还可以进一步实现管理自动化。管理自动化是指借助一定技术手段，自动获取管理工作所需要的全部数据；在数据可用的基础上，将管理业务模型化，依据模型开发管理软件，通过数据和管理软件进行自动分析，并产出相应结果和决策建议，整个过程不需要人工干预。当大多数管理工作都自动化后，管理人员可以大幅度减少，管理成本也能够大幅度降低。企业的全部管理工作都有自动化的机会，管理自动化是企业数字化转型要实现的核心目标之一。目前的主要障碍是企业数据还不足以支撑全部管理工作自动化，再加上各管理工作的模型化和软件化才刚刚开始，因此管理自动化还需要相当长的一段时间才能完全实现。

在管理自动化的基础上，将企业需要决策的工作集成起来，让其相互连通，就能够形成企业大脑。当一家企业建成企业大脑后，就变成了真正的智能化企业。企业内部大大小小的事情都可以由系统进行科学决策并给出决策建议；管理人员的工作将不再是进行日常管理，而是依据企业大脑的决策建议和个人判断做出决策，另外也需要管理人员持续优化企业大脑模型，然后让 IT 人员进行系统升级，以提升企业大脑的智能化程度。提升企业大脑智能化程度的另外一条路径是自我学习，通过自我学习，系统可以不断地优化决策结果。

6.5.2　管理升级的六条路径

基于中国制造业的实际管理水平，要进行管理升级就需要基于具体的管理水平来选择适合的路径和方法。从前文的管理水平划分来看，管理 2.0 是舶来品，在企业发展过程中不一定需要，但是借用他人知识的做法又最符合人性。所以处于管理 2.0 水平的企业未来还会大量存在。基于以上分析，制造业管理升级有如下六条路径，不同管理水平的企业可以选择相应的路径执行，如图 6-15 所示。

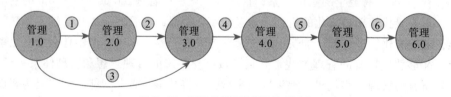

图 6-15　制造业管理升级的六条路径

路径 1：从管理 1.0 到管理 2.0。该路径的实践最容易，可以直接借用其他优秀企业的做法，套到自己企业上。过去很多中国民营企业就是在和优秀外资企业的业务往来过程中，借鉴外资企业的做法。比如博世在中国的供应商群体，很多都直接借用博世的管理方法，有些企业将博世的管理体系借用过去后，甚至LOGO都没有更换，在体系审核时才被审核人员发现。一旦企业选择了路径 1，将会给自己埋下一颗炸弹，这颗炸弹迟早会爆炸，当爆炸的时候，企业就需要实践路径 2。

路径 2：从管理 2.0 到管理 3.0。在企业借用他人管理体系的基础上，再建立自己的管理体系。这一步非常痛苦，因为要改变员工的行为，特别是老员工根深蒂固的行为。在这个过程中，很多老员工不能适应企业的新做法，会选择离开或者被企业淘汰。从管理 2.0 到管理 3.0，比直接从管理 1.0 到管理 3.0 还要困难。

路径 3：从管理 1.0 到管理 3.0。在企业发展过程中，当管理者认识到管理体系的重要性时，可以选择先去借鉴其他企业的体系，也可以选择直接建立自己的体系。根据我们过去帮助众多企业进行管理升级的实践经验，一般建议直接建立自己的体系，不要去借鉴别人的。企业依据实际业务活动，花 1 ~ 2 年时间可以建立和完善一套属于自己的管理体系，这需要企业掌舵者下定决心，否则很难成功。

路径 4：从管理 3.0 到管理 4.0。当企业建立了自己的管理体系后，还需要不断完善，并通过分层审核确保管理体系有效落实。在审核和纠偏过程中，新老员工的行为会慢慢改变，企业文化会逐渐形成。从管理 3.0 到管理 4.0，也是企业自有管理体系生根发芽的过程，到了这一阶段，企业就有了鲜明的特点。

路径 5：从管理 4.0 到管理 5.0。前面四条路径有无管理软件都能实现，强调的是建立健全的管理体系。路径 5 和路径 6 都需要在健全的管理体系的基础上进行管理升级。路径 5 主要是借助数字化管理软件，将管理过程和管理工具软件化，从而来提升管理效率。

路径 6：从管理 5.0 到管理 6.0。在健全的管理体系以及数字化管理软件的基础上，开发智能化分析与决策软件，实现管理自动化，消除因为管理者水平高低对于企业决策好坏的影响。管理自动化将会彻底重构传统的企业管理方式，企业组织架构和管理者的工作内容也会彻底改变，管理决策的科学性和时效性能够大幅度提升。

6.5.3　企业管理体系

企业要达到管理 3.0 及以上水平，需要建立健全的管理体系。企业管理体系是企业为了实现经营目标，将所有管理工作进行定义并且明确每项管理工作该如何运作的一套规则。因此企业管理体系有三要素：管理目标、管理工作（也称为业务活动)、管理规则。其中管理工作包括了管理流程、执行时间、责任人、所需要的输入要素、输出结果、执行工具六个要素。

从上述企业管理体系的定义和组成要素来看：管理工作是企业管理体系的核心，管理目标是管理工作要实现的结果，管理规则是各管理工作有效执行的保证。因此企业在建设管理体系的过程中，要以管理工作为中心，不断地完善管理规则，让各管理工作都有法可依、有法必依，促使企业从人治走向法治。

管理工作有两种划分方法：一种是按照核心管理过程来划分；另一种是按照职能来划分。按照职能来划分管理工作会导致部门本位主义，容易出现部门管理隔阂；按照核心管理过程来划分，可以提升管理工作的执行效率，需要建立扁平化组织和管理过程所有者制度。目前大多数企业都是按照职能来划分的，有一些企业为了避免产生管理隔阂，在按职能划分的基础上，又建立了核心管理过程所有者制度，将两种模式结合起来了。

本书在介绍企业管理升级时，采用按照职能划分的方式，将企业的全部管理工作归属到不同的职能部门，由职能部门定义管理规则。结合一般企业的组织架构，本书将企业管理体系分成如下13个常见的职能体系：

1）研发管理体系：包含技术研究、技术管理、新产品开发项目管理、标准化管理、价值工程、图文档管理、样品管理、外部开发资源方管理等。

2）实验室管理体系：包含实验设备管理、计量器具管理、检具管理、实验物料管理、实验样品管理、实验过程管理、实验结果与报告管理、实验室废弃物管理等。

3）营销管理体系：包含市场定位、市场情报管理、市场分析、市场活动管理、销售预测、销售渠道管理、客户开发、订单管理、客户服务等。

4）生产计划管理体系：包含产能分析、产供销协调、主计划管理、物料计划管理、月计划管理、周计划管理、日计划管理、生产计划异常管理等。

5）生产管理体系：包含投产准备管理、人机料法环管理、报工管理等。

6）供应链管理体系：包含采购管理和物流管理两大体系。

①采购管理体系：包含供应商开发管理、供应商管理、供应商绩效管理、物料采购管理、收货计划管理等。

②物流管理体系：包含仓库管理、内部物流管理、外部物流管理、包装管理、物流设备设施管理等。

7）质量管理体系：包含质量体系管理、质量保证管理、质量设计管理、质量过程控制管理、供应商质量管理、客户交付质量管理等。

8）设备管理体系：包含设备投资管理、设备开发管理、设备选型管理、设备验收管理、设备效率管理、设备维护管理、备品备件管理、设备处置管理等。

9）能源管理体系：包含能源设备设施管理、碳排放管理、节能管理等。

10）财务管理体系：包含经营分析、投融资管理、全面预算管理、成本管理、会计管理、税务管理、信用管理、风险管理等。

11）内控管理体系：包含合规管理、业务过程审计等。

12）人力资源管理体系：包含招聘管理、培训管理、薪酬福利管理、绩效管理、考勤管理、员工关系管理、企业文化管理等。

13）行政管理体系：包含门禁管理、食堂管理、宿舍管理、清洁管理、绿化管理、职业健康安全管理、消防管理、工伤管理等。

不同企业的组织结构会有差异，各职能的工作划分也会有差异，以上 13 个管理职能体系仅供参考。本书第 7 章到第 19 章将围绕着企业管理体系架构，详细说明如何进行相应的管理升级。接下来本节将介绍一套通用的管理体系文件模板，以及管理工作分析、管理标准该如何制定和管理工具该如何开发；另外介绍文件管理系统，以满足企业数字化转型对于文件管理的需求。

6.5.4　管理体系文件模板

编写企业管理体系文件需要有模板，才能保证各文件格式的一致性。本书将分享过去我们辅导企业建立管理体系时使用的一套模板，主要由两大部分构成：一是管理体系文件修订记录；二是管理体系文件正文。

1. 管理体系文件修订记录

管理体系文件修订记录样式见表 6-7，当管理体系文件变更时，将相应地变更信息以流水账的形式记录到表中。

表 6-7　管理体系文件修订记录

制（改）定日	实施日期	修改内容	版本号	编制 / 修改	审核	批准

2. 管理体系文件正文

管理体系文件正文一般包含九大内容，分别是：

1）目的：简要描述编写该体系文件的目的是什么。

2）适用范围：主要适用哪些企业、哪些业务过程。

3）原则：处理该业务的原则是什么，并描述原则的内涵。

4）概念术语：该体系文件中有哪些专业术语，并加以解释。

5）职责：该业务涉及哪些职能、哪些人，他们在该业务中的职责分别是什么。

6）工作流程：用标准的业务流程模板如图 6-16 所示，用于描述整个业务处理过程。

×××管理流程	相关文件 / 工具	输出	责任岗位	时间

图 6-16 管理体系文件业务流程模板

7）工作内容与说明：对业务流程中每一步内容进行详细说明，将企业管理的 Know-How 融入工作内容与说明中，并说明每一步的管理要点和管理标准，这样一份属于企业自己的管理体系文件基本就形成了。

8）附件：该业务过程中需要用到哪些管理工具，将这些管理工具开发成能够直接使用和打印的标准模板，通常是 Excel 表单，也有少部分 Word 和 PPT 模板。

9）参考文件：编写本管理体系文件参考了哪些内部和外部文件，将文件名称罗列出来。

有了管理体系模板后，企业编制管理体系文件的效率会大幅度提升。在编写管理体系文件时通常有三大难点：一是管理体系是针对什么管理工作的，要如何界定各工作范围；二是业务流程中包含了哪些管理标准，要如何确定各管理标准；三是为了标准化管理工作需要哪些管理工具，要如何开发管理工具。

6.5.5　管理工作分析

建立管理体系要以具体的管理工作为导向，在开始着手管理体系建设前，先要进行管理工作分析。管理工作分析通常有四个步骤：

步骤 1：列出企业全部职能部门。依据企业组织架构，不管组织架构是否合理，将各职能部门按照树状结构整理好。

步骤 2：列出各部门的职能。针对每个职能部门，进行职能汇总。对于很多企业来说，组织规划不完善、职能缺失或者职能不健全的情况比较普遍，这时要将职能补充完整，以便完善组织构架时使用。

步骤 3：列出各职能的工作事项。这一步骤的主要难点是如何界定工作事项的粗细，要细化到什么程度。一般来说，工作事项不宜过细，过细的话管理体系文件间的重叠性就会非常高。通常借助业务流程来判断工作事项的细化程度，业务流程不能过于复杂，太复杂就需要进行拆分，太细就要进行合并。

步骤 4：列出各工作事项的工作方法。针对每项工作，要明确工作方法，通过明确的工作方法才能让不同的人执行起来不走样。

下面以质量部质量体系管理职能为例进行简单说明，质量体系管理职能业务分析如图 6-17 所示。

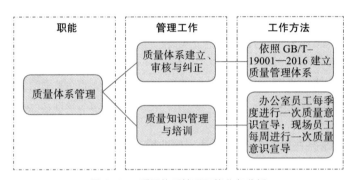

图 6-17　质量体系管理职能业务分析

在图 6-17 中，质量体系管理职能有两项核心业务：一是质量体系建立、审核与纠正；二是质量知识管理与培训。针对质量体系建立、审核与纠正，其工作方法是依照 GB/T–19001—2016 建立质量管理体系；针对质量知识管理与培训，其工作方法是对办公室员工每季度进行一次质量意识宣导，对现场员工每周进行一次质量意识宣导。

在该案例中，可能有人会问：为什么要依据 GB/T–19001—2016 建立质量管理体系呢？为什么办公室员工每季度进行一次质量宣导？而现场员工每周进行一次质量宣导呢？这就是工作方法中的管理标准。

6.5.6　管理标准制定

任何一项工作都需要有管理标准，若没有管理标准就言之无物。在图 6-17 中，若将管理标准除掉：质量体系建立、审核与纠正的工作方法就会描述成"由质量部建立质量管理体系"；质量知识管理与培训的工作方法就会描述成对办公室员工和现场员工进行质量意识宣导。这样的管理体系文件是没有执行力和生命力的，当执行者不知道该如何开展工作时，就会凭自己的经验执行，从而导致有管理体系和没有管理体系一个样。在上例中"依据 GB/T–19001—2016""办公室员工每季度一次""现场员工每周一次"就是管理标准，那么这些管理标准是如何制定的呢？

制定管理标准一般有三个过程：一是管理标准识别；二是管理标准决策；三是管理标准更新。

1. 管理标准识别

在管理工作的执行过程中，若存在以下情况，就说明需要管理标准：

1）做一项工作有很多种方法。

2）未明确执行频次。

3）未明确执行程度。

4）未明确工作工具。

5）未明确执行人员。

当识别出来某些管理工作需要管理标准后，就需要进行管理标准决策，选择具体的标准。

2. 管理标准决策

管理标准决策通常采用个人决策和团队决策相结合的方式。个人决策适合初创公司、小规模公司、团队创造力不足的公司，以及新标准建立时；团队决策适合大公司、高创造力团队公司，以及标准更新时。

团队决策通常采用科学决策的方法，一般有以下五个步骤：

1）收集可选方案：采用头脑风暴等形式让团队成员尽可能多地提出可选方案。

2）制定评价标准：团队一起制定评价方案需要从哪些维度进行评分。

3）评价标准权重分配：由团队共同决策排出每项评价标准的重要性，并赋予相应的权重。

4）方案打分：依据评价标准，为每个可选方案打分。

5）方案综合评分：结合权重和打分结果，计算每个可选方案的综合得分。

通常来说，综合得分最高的可选方案就是最终的团队决策结果。团队决策可以避免个人决策明显的过失，但是有时非常好的方案也会被扼杀。

3. 管理标准更新

管理标准制定完后，还要基于企业的实践结果，进行及时更新。通常来说，出现如下情况时要进行管理标准更新：

1）最佳业务实践：在管理过程中，若取得了超过预期的结果，这个时候需要总结是由什么原因导致的，并将这些新要素更新进管理标准。

2）执行结果波动大：波动就意味着机会，在业务执行过程中，若执行结果存在波动，要及时分析波动的原因，识别影响因子，并将其更新到管理标准中。

3）执行结果达不到预期：在管理过程中，若执行结果达不到预期，或者经常出现各种各样的问题，那就说明标准有问题，需要进行更新。

管理标准更新是一个持续改进的过程，没有最好的标准，只有持续改进的标准。

6.5.7 管理工具开发

当企业里面的每项工作都有具体的工作方法和明确的管理标准后，还需要将工作方法和管理标准与管理工具相结合，这样才能进一步提升工作效率。例如在质量管理体系职能业务分析中，当确定了管理标准"依据 GB/T-19001—2016""办公室员工每季度一次""现场员工每周一次"后，质量管理体系人员该如何开展相关工作呢？这就需要管理工具，质量管理体系落地所需管理工具如图 6-18 所示。

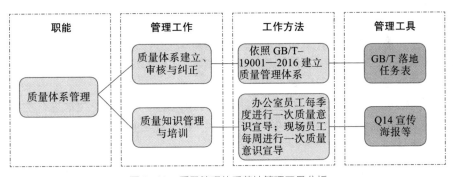

图 6-18　质量管理体系落地管理工具分析

从图 6-18 可以看出，质量管理体系的管理标准是"GB/T-19001—2016"，这是一个国标，要变成在公司里面能够用于实际工作的工具，还需要进行转化。比如依据 GB/T-19001—2016 开发"GB/T 落地任务表"，那么依据"GB/T 落地任务表"就可以逐项完善质量管理体系。另外，要在公司内部进行质量意识宣导，不能只空谈，还需要有宣传资料，比如 Q14（质量的 14 项基本原则）宣传海报。通过这些管理工具，才能够实现不同的人来执行同样的事情能够取得基本一致的结果。到这一步，企业就基本完成了从人治到法制的升级。

要特别注意，在编写管理体系文件时，不能闭门造车，要与各项管理工作相关的人员进行充分研讨，确定相应的管理方法、管理标准和管理工具。当企业将内部所有管理工作的管理体系文件都按照上述方法编写出来后，企业管理体系就建立起来了。

6.5.8　文件管理系统

当企业建立了完整的企业管理体系后，就会形成完整的管理体系文件、管理工具（常见的是各类表单、模板等）、参考文件，以及在日常工作过程中使用管理工具产生的各种文件等。

企业在持续经营过程中，会产生各种版本的管理体系文件和管理工具；企业在全球化扩张时，针对不同经营区域，管理体系需要本地化，也会产生适用范围不同的文件和工具。面对庞杂的文件群，过去一般是通过共享服务器来实现文件共享，再结合文件夹访问权限进行授权管理。当文件有更新时，文件管理人员通过群发邮件通知相关人员更新信息，以确保管理体系在企业内部有效运作。另外，为了监督管理体系文件是否在企业内部得到落实，企业通常还进行分层审核，定期对全部管理体系文件和管理工具的应用情况进行全面审核，针对发现的问题及时纠偏。通常随着企业规模和经营区域的扩大，文件管理的难度和复杂程度也相应上升。为了解决文件管理问题，出现了文件管理系统。文件管理系统相比共享服务器，具备以下优势：

1）文件共享与更新更方便：通过文件管理系统，可以更便捷地进行文件共享；当文件更新时，可以实时通知相关人员；另外系统也可以保证只使用最新的文件和工具。

2）文件评论与建议更方便：文件管理系统可以针对每份文件开放评论和建议区，任何有访问权限的人员都可以对文件进行相应的评论，并提出改进建议；通过这种方式可以更好更快地汇聚企业全体员工的智慧和经验，从而让各类文件更完善和更有实用性。

3）文件资产管理更有序更方便：在各类文档归档时，以元数据为核心连接文档与文档、文档与业务，并可结合各类管理策略、内容机器人等，落实内容模型，能够让企业的文件资产管理得更有序，在使用时也更方便。

4）文件管理更安全：文件管理系统能够从存储安全、数据安全、访问安全、终端安全、在线安全、离线安全等各个维度，提供更完整的安全保护方案，一些产品还支持与第三方安全产品集成，为企业文件资产保驾护航。

另外，随着知识图谱的广泛应用，文件的使用价值也会越来越高。

关于制造业企业管理升级，本书建议先完善管理体系，然后通过数字化软件将这些管理流程和方法固化，就能迅速完成管理升级。

本章介绍了制造业数字化转型的五大方向 22 个机会，如图 6-19 所示。

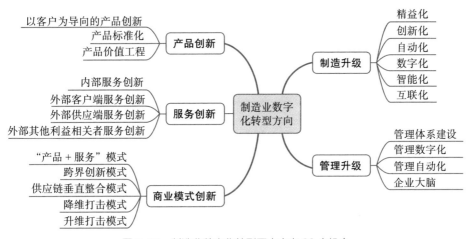

图 6-19　制造业数字化转型五大方向 22 个机会

每家制造业企业在这五大方向上都存在或多或少的机会，数字化转型前要进行系统的业务需求分析，然后设定相应的数字化转型目标，再将其融入智能制造顶层构架设计中。

实施篇

在智能制造顶层构架设计和数字化转型方向明确后，可以开始具体的实施。

不同企业数字化转型实施内容不同，本篇从企业管理体系包含的十三个常设职能体系的角度，分13章介绍如何实施数字化转型。每章先介绍职能部门管理体系所包含的主要内容，然后再分析每个职能部门存在的数字化转型机会，最后简单介绍与其相关的常见数字化产品或解决方案。

企业在数字化转型过程中，要基于自身需求，匹配相应的解决方案。

数字化研发管理

对制造业企业来说，需要先有自己的产品，然后才能从事营销、制造、售后等工作。因此研发管理是制造业的"皮"，其他都是"毛"，我们可以用"皮之不存、毛将焉附"来形容制造业研发和其他职能的关系。

7.1 建立研发管理体系

研发管理体系主要包括：技术研究、技术管理、新产品开发项目管理、标准化管理、价值工程、图文档管理、样品管理、外部研发资源方管理等。

一些技术领先型的企业通常有技术研究职能，这类企业通常都是行业的龙头企业。技术研究主要是开发新技术，进行技术创新和推进产品升级。通过建立技术研究管理体系，能够让很多普通人创造出来从前只有天才们才能创造出来的结果。

技术管理是比技术研究更大的概念，包含了技术研究、产品开发、技术改造、技术合作、工艺开发、工艺改进等工作。一家企业可以没有技术研究，但是不能没有技术管理。

研发管理体系最核心的职能是新产品开发项目管理。每家企业都需要明确定义新产品开发的类型，以及评价每类新产品开发的难度和需要的时间。一般企业都会有三种开发类型：全新产品开发、升级换代产品开发、改进类产品开发。全新产品开发是开发企业以前没有的产品，需要从无到有的创造；升级换代产品开发是在现有产品的基础上，加入新功能或者进行大变型；改进类产品开发是针对现有产品的不足之处进行优化。当完成了产品开发类型的归类和分析后，要填表进行记录。产品开发类型统计表见表 7-1。

表 7-1　产品开发类型统计表

序号	产品开发类型	难度等级	工作量 / 天	占比	备注
1					
2					
3					
4					
5					

依据表 7-1，将产品开发分成不同的类型，然后依照每种类型制定项目管理流程，并编制管理体系文件。

不同行业不同产品开发类型的开发流程都不一样，本书以批量生产型企业为例进行简单说明。一般来说，批量生产型企业的全新产品开发主要包含以下七个阶段：

1）项目准备阶段：准备阶段的主要工作有市场需求分析、产品概念设计、项目立项，项目立项是项目准备阶段完成的标志。

2）项目策划与可行性分析阶段：依据项目章程进行项目全面策划管理、项目可行性分析论证、项目先期产品质量策划管理等。

3）产品设计阶段：不同产品差异很大，基本都会有外观设计、结构设计、详细设计。此阶段要完成产品的 3D 和 2D 图纸，以及制作手工样件。

4）模具与零部件设计阶段：此阶段要完成模具设计与开发，外购零部件设计或选型。有些产品没有这个阶段。

5）试样阶段：要定义需要几轮试样，以及每轮试样的条件与数量。

6）量产与爬坡阶段：当产品试样合格后，就具备了量产条件；量产后要进行爬坡管理，进一步提升产品的生产效率和质量。

7）批量生产阶段：当爬坡到预定的生产目标时，就进入了批量生产阶段，新产品正式从研发交接给生产。

不同企业可以依据实际情况对以上七个阶段进行调整。另外，上述七个阶段基本覆盖了研发的大部分工作，因此新产品开发是研发管理体系的主线。

标准化管理和价值工程是研发管理体系的重要组成部分，也是产品优化升级的主要驱动力。图文档管理不仅包括产品开发阶段的图文档设计和归档，还包括批量生产后图文档借阅、更新等。样品和样品室也都需要一套明确的管理办法，来进行样品处置和样品室日常管理。有些企业还为研发配备了试样车间或者试样线，针对试样车间和试样线则需要单独制定管理办法。企业的外部研发资源是内部研发的有益补充，利用好外部研发资源，对于企业提高研发质量和速度，降低研发成本很有裨益。另外，对于研发管理涉及的实验室管理，本书将单独作为一个章节进行阐述。

7.2　数字化研发管理机会

结合前文描述的研发管理体系内容，可总结出企业有如下数字化研发管理机会。

1. 技术研究管理

企业技术研究要想取得理想的结果，方法、信息、资源三者缺一不可。通过数字化手段，可以将技术研究方法标准化；通过数据爬虫可以寻找行业相关的技术信息；运用知识图谱可以便捷地查找相关的研究成果。借助这些数字化技术，能够大幅度提升技术研究效率，缩短技术创新周期。

2. 工艺设计

产品开发的种类很多，但是具体到工艺类型上还比较有限，不同产品的工艺就是一些有限工艺的组合。通过数字化手段，建成标准的工艺库，能够提升工艺设计效率。目前比较常见的是计算机辅助工艺过程设计（Computer Aided Process Planning，CAPP），CAPP 可以解决手工工艺设计效率低、一致性差、质量不稳定等问题。另外随着 PDM/PLM 的发展，CAPP 有融入 PDM/PLM 的趋势。

3. 新产品开发管理

新产品开发是数字化研发管理的核心，也是企业研发部门的重中之重，目前主要是通过 PDM 和 PLM 来实现的。随着研发越来越关注产品生命周期，PDM 有向 PLM 升级的趋势。实施 PDM/PLM 的前提是企业要有完整的新产品开发项目管理体系，依据不同的新产品开发类型以及开发流程，进行有针对性的系统设计。

4. 图文档管理

目前有独立的图文档管理软件，能够实现企业内部图纸电子化，消除不同版本图纸造成的信息不一致，以及纸质图纸在企业内部流转效率低下的问题。当前正在进行数字化转型的企业，建议最好通过 PDM/PLM 来实现图文档管理系统的管理，图文档管理也是 PDM/PLM 的基本功能。

5. 3D 打印技术与工具

结合 3D 打印技术，3D 图纸可以直接打印成用于试装或设计体验的模型，可提前识别设计问题；通过基于模型的定义和基于模型的企业（Model Based Definition/Model Based Enterprise，MBD/MBE），在设计和制造的过程中都使用 3D 图纸代替 2D 图纸，以简化设计过程和提升数据的一致性。目前，中国制造业企业使用 3D 软件的比例还不是很高，在制造业数字化转型过程中，在 3D 软件的使用比例方面有比较大的提升空间。据 IDC 统计，2022 年中国 3D 软件市场复合增长率为 21.5%，高于整体 CAD 市场。

6. 系统仿真软件

通过系统仿真软件，可以在产品开发设计阶段提前识别产品在生产和使用过程中可能会出现的问题，从而提前进行设计方案优化，提高产品质量；另外在进行产品价值工程改进时，也可以通过系统仿真，模拟产品性能的变化，以确保价值工程方案的可行性。目前，系统仿真软件在我国制造业企业的使用比例较低，除了一些大型企业、高等院校和研究机构外，很少有企业有系统仿真实验室或系统仿真软件。随着企业数字化转型的逐步深入，系统仿真软件和各数字化系统的关联越来越紧密，需求量将会逐步上升。据 IDC 统计，预计 2022—2026 年，中国系统仿真软件市场复合增长率为 19% 左右。

7. 研发共享平台

3D 和系统仿真软件占比不高的一个原因是成本高，很多企业不愿意投入；另一个重要原因是缺乏技术人员。如果通过研发共享平台，企业不需要配备相应的技术人员、也不需要购置相应的软件资源，通过外部共享研发资源来完成相关工作，这或许是未来中国中小制造业企业解决研发资源匮乏的一个方向；另外，研发共享平台也能够将各研发主体集中起来，实现多方同步研发，提升研发效率。

针对其他一些研发管理工作，如标准化管理、工艺改进等，数字化的作用还比较有限。因此企业在数字化转型过程中，并不是要将全部业务都数字化，而是选择有较高数字化价值的业务场景，并将其数字化。

7.3 数字化研发管理实践

在数字化研发管理实践部分，本节主要分享需求管理系统、PLM、MBD/MBE，以及协同开发平台四个方面的实践。关于技术研究、工艺设计、图文档管理、其他 3D 和系统仿真软件不做具体介绍。

7.3.1 需求管理系统

需求管理是研发的第一步，也是判断研发项目是否立项的必要信息输入。若企业需求管理不足，就会出现"拍脑袋做决策"的现象。

研发需求主要来自市场需求和客户需求，这二者虽然有部分重叠，但还是要进行适当区分。市场需求主要来自市场调研和企业对于行业未来趋势的洞察和判断，有很强的不确定性；客户需求主要来自于客户当前和未来的需求，也有一定的不确定性。需求管理面临的困难是：很多企业不做市场调研，或者只是片面地或间接地获取一些市场信息；了解客户需求主要靠销售人员去和客户交流，十分零碎；针对有限的市场和客户信息不做汇总和分析，大多数信息都只保留在相关人员的脑子中。不对需求进行系统的管理，会导致研发需求欠缺。

为了解决研发需求不足的问题，需求管理系统应运而生。需求管理系统一般有需求录入、归类、分析、评价和决策五项功能。依据需求来源，设置不同的需求渠道和录入方式。需求录入后，由系统按照设定的类别自动进行需求归类。需求归类后，相关人员就获得了统一的信息，然后对需求进行分析。需求分析时通常采用结构化的方式，比如从价值、成本、技术等维度展开。目前需求分析主要是人工线下进行，随着系统智能化程度的提高，需求分析也有希望由系统自动完成。需求分析后要用评价模型对需求进行评价，依据评价模型人工对相关参数进行调整，得出需求评价结果。依据需求评价结果，管理者再进行科学决策，确定是否要进行产品开发或者产品升级。通过需求管理系统，可以规范企业的需求管理行为，能够将相关人员大脑中的需求数据汇总起来，大幅度丰富企业的需求数据来源。在企业数字化转型过程中，可以单独安装需求管理系统，也可以将其集成到 PLM 或者 CRM 中。

7.3.2 PLM

产品生命周期管理（Product Lifetime Management，PLM）是可以应用在单

一地点的企业内部、分散在多个地点的企业内部，以及在产品研发过程中具有协作关系的企业间的，支持产品全生命周期信息的创建、管理、分发和应用的一系列应用解决方案，它能够集成与产品相关的流程、人力资源、应用系统和信息。PLM 系统一般具有以下常见功能：

1. 项目管理

依据不同的项目类型，通过项目管理方式，一是精确编制项目计划，任务分配到具体责任人，由专人负责项目工作；二是进行人员负荷综合分析，项目实施进度实时显示，能够从整体上保证项目的人员、时间、实施过程合理可靠。

2. 数据管理

通过零组件分类管理、公共空间文件夹分类储存、知识库管理等，实现数据的分类储存管理功能，为业务过程中的查询、应用等奠定基础。以数据属性为基础，可以通过不同需要汇总出相应表单，满足业务活动中与用户交流、工作总结等多方面的工作需求。

3. 图文档管理

提供图纸、文档、实体模型安全存取、版本发布、自动迁移、归档，审批过程中的格式转换、浏览、圈阅和标注，以及全文检索、打印、邮戳管理、网络发布等一套完整的管理方案，并提供多语言和多媒体支持。

4. 配置管理

产品配置管理的核心思想在于预先设计或制造大量的产品零部件模块，然后根据用户需求选择其中一些模块并对其进行变形设计，以快速且准确地满足客户的个性化需求。配置管理需要建立在产品结构管理功能之上，它使产品配置信息可以被创建、记录和修改，允许产品按照客户个性化要求来建造。

5. 变更管理

变更管理是 PLM 的核心功能之一，包括变更请求、变更通知、变更策略，最后到变更执行和跟踪等一整套方案，它使数据的修订过程可以被跟踪和管理。

6. 权限管理

权限管理需要对不同层级进行权限划分，进行页面和功能差异化配置，聚焦岗位重点工作；也需要对人员进行不同组织架构的多角色设定，以满足不同办公环境和岗位需求。

7. 协同管理

基于互联网，产品价值链上不同环节的每位利益相关者，无论在任何时候、任何地点都能够协同地对产品进行开发、制造和管理。

8. 标准化模板定制

根据企业管理需求进行文档、流程、项目等标准模板定制，提高项目实施过程的准确性、标准化和效率，减少人为原因导致的错误。

9. 与其他系统集成

PLM 与企业内众多系统存在数据交换，需要进行以下集成：与绘图软件集成，保证设计数据准确；与 ERP 集成，保证成本数据准确；与 CRM 和 SRM 集成，及时进行物料需求计划制订和采购订单下发；与 MES 集成，保证工艺、图纸等信息实时可看；与 OA 系统集成，精简流程，即时推送系统消息等。

通过上线 PLM 系统，能够大幅度提升研发的产品设计、工艺设计、项目管理、变更管理、图文档管理等工作效率。企业需要根据自身实际需求选择 PLM 产品以及确定需要安装 PLM 系统的哪些功能模块。

7.3.3 MBD/MBE

MBD 是用集成的三维实体模型来完整表达产品定义信息的方法，它详细规定了三维实体模型中产品尺寸、公差的标注规则和工艺信息的表达方法。MBD 起源于波音公司，并在国外众多企业中得到应用，2003 年由美国机械工程师协会起草了第一份 MBD 标准。我国虽然在 2010 年发布了 MBD 的相关标准，但是一直以来并没有得到大面积的应用，主要原因是在 MBD 技术工程化应用过程中，涉及 MBD 模型在整个产品生命周期中多方面的内容，如果没有足够完整的产品全生命周期数据保障手段和对应的软硬件条件，在应用时会面临种种问题。

随着数字化技术的深入，美国国家标准与技术研究院又提出了从 MBD 到 MBE 的跃升，MBE 是企业将其在产品全生命周期中所需要的数据、信息和知识进行整理，结合相关信息系统，建立便于系统集成和应用的产品模型和过程模型，通过模型进行多学科、跨部门、跨企业的产品协同设计、制造和管理，提升生产效率和降低制造成本。MBE 的要义是模型驱动贯穿产品全生命周期的各个阶段，首次创建后能为后续设计、制造和服务等所有下游共用。

企业在向 MBD 转型时要关注以下四个方面内容：

1. 数据的完整性

由于三维实体模型在 MBD 技术中是作为唯一制造依据的标准载体，利用这个载体进行加工制造，首先要保证所负载信息的完整性，这些信息包括模型本身的属性信息和三维标注的相关信息。属性信息包括但不限于单位制、材料、公差标准、精度、参数完整性、三维标注完整性等内容。对于三维标注而言，传统的三维软件，如 Pro/E 和 Creo 系列产品，也只提供简单的标注工具，标注效率较低，同时也无法确保标注信息的完整性，容易导致后续加工制造环节的误差。

2. MBD 模型的共享

三维标注的实体模型作为唯一的设计数据指导生产制造，其模型需要在不同的部门之间实现共享和共用。

3. 面向制造的设计

MBD 技术关注的重点是设计和制造采用唯一的三维模型作为数据源。在传统的设计模式下，工程师关注三维模型的结构是否符合产品综合性能要求，一般情况下很少考虑三维模型的可制造性，即所设计的三维模型的结构能否满足加工工艺、加工设备、加工刀具等的要求。通常这些问题都是在图纸审核过程中，由制造部门人员反馈，然后再由设计工程师进行更改。这种工作方式无形中增加了整个产品的交付周期，降低了设计效率。所以在应用 MBD 时，必须进行三维模型的可制造性检查，让工程师能在设计阶段就得到相应的改进建议。

4. 设计与制造的协同

MBD 技术要求三维模型作为唯一的数据源下发到制造部门。这对于制造部门来说，需要有能力使用这些模型，包括浏览三维标注信息、查看模型结构特征等。这样就需要在生产现场的加工设备上配备相应的显示终端和软件，如现场计算机和 MBD 三维模型浏览软件。由于三维模型对计算机的要求较高，这无形中加大了制造部门的软硬件投入。MBD 的工程化应用需要有轻量化模型的解决方案来减少 MBD 技术的成本投入。

企业在具备了 MBD 基础后，在向 MBE 升级过程中要克服以下几个困难：

1. 模型格式的转换问题

由 CAD/CAM 以及其他制造软件造成的 3D 文件格式差异，成为实现 MBE 集成和协同的现实障碍。不同软件有各自独特的 3D 模型和 TDP 文件格式；同一种软件还有不同版本的数据兼容问题。对于一家企业而言，可能会用到多个应用软件系统，想将所有的应用软件都统一格式几乎不可能。因此，在企业 MBE 升级的过程中，面对 3D 文件的格式转换问题短期内是不可避免的。

2. 企业信息化进程的不同步问题

企业在向 MBE 升级过程中，会存在老产品和新产品共存的现象：新产品应用 MBE 模式，老产品应用 2D 电子图纸或者纸质图纸模式。这种现象会大大增加业务流程的复杂性，可能会出现同一台机床加工的零件，纸质图纸、2D 电子图纸、3D 图纸共存现象。多种系统的维护和运行会让车间管理更加复杂，甚至会造成混乱。这也是企业在升级过程中产生的阵痛，需要提前做好应急预案。

3. 统一的大数据平台

MBE 是以 3D 模型为基础，产品设计的下游数据需求者都连接到共同数据源上，这就需要一个平台进行数据统一管理，目前扮演这个角色的主要是 PLM 系统。MBE 需要的各种数据分散存储在设计研发平台、工艺开发与管理平台、制造平台、工具工装管理平台等数字化平台中，在企业向 MBE 升级过程时，要将信息规划的着眼点转移到统一的大数据平台上来。

4. 并行和协同开发

在 MBE 环境中，所有的开发活动是同步或并行的。内部创建作业指导书、质量控制计划、编写数控程序等工作都可以与创建设计模型并行开展；有条件的外部客户、供应商和开发资源方都可以通过 MBE 和企业进行协同开发，这就需要通过实时协同开发平台将相关开发方都接入进来。

7.3.4 协同开发平台

随着企业数字化转型的持续深入，资源的共享性将会大幅度提升。对于产品开发工作来说，如果能够实时协同客户、供应商、外部合作伙伴、各级分子公司等相关方进行产品开发，将能够缩短产品开发周期和提升产品开发质量。

实时协同开发需要建立协同开发平台，协同开发平台可以基于 PLM、MBD/MBE 和大数据平台进行建设：将专业开发工具和管理工具集成到平台中，通过账号和授权的方式共享开发任务、开发资源和相关方，实现开发过程拖拽式建模及代码生成，多人协同建模及操控，相关方之间的设计数据实时互联互通，建模模拟共同操作，最终实现设计流程的自动调用和执行，有效解决产品开发过程中不同角色间协作程度低、数据分散、仿真不及时和不可重复、产品研发周期长等问题。

数字化实验室管理

　　制造业企业实验室通常分为研发实验室和质量实验室：研发实验室主要用于新技术研究和新产品开发实验；质量实验室主要用于质量检验、不良判定以及产品出厂前所需要的各种实验。也正是因为实验室管理涉及研发和质量两大职能部门，所以本书把实验室管理单独作为一章，没有将其合并到研发管理或质量管理中。不论实验室归属于哪个职能部门，或者是一个独立的职能部门，本章不区分哪些内容属于研发实验室，哪些内容属于质量实验室，而哪些内容两类实验室均有。

8.1　建立实验室管理体系

　　由于不同企业实验室的实验内容差异巨大，因此本书不介绍实验室具体要管理什么，而是以实验室要管理的对象为切入点。通常来说，实验室管理有九项内容：实验室管理规范、实验室设备管理、计量器具管理、检具管理、实验物料管理、实验样品管理、实验过程管理、实验结果与报告管理、实验室废弃物管理。

　　（1）实验室管理规范。实验室管理规范主要包括关于实验室的行政管理规定和基础设施条件规定。比如实验室门禁管理、参观管理、5S管理、安全管理，实验室温湿度、噪声、光照度、洁净度、震动等基础条件要求。

（2）实验室设备管理。实验室设备管理是实验室管理的重点工作之一，要按照设备类型分别制作管理规范。例如对各类设备该如何放行、如何操作、如何保养、如何校验、责任人等，都需要有明确要求。

（3）计量器具管理。计量器具管理和实验室设备管理类似，是实验室的重点工作之一。要求每件计量仪器都要有使用记录、校准记录、责任人，以确保标准的准确性。

（4）检具管理。检具管理和计量器具管理类似，有时二者之间还有重叠，例如千分尺，既是计量器具，也是质量检验常用的检验工具。检具还有一种特殊类型——标准件。保证标准件准确、定期更换和制作标准件是标准件管理的核心内容。

（5）实验物料管理。实验物料也叫实验耗材，是实验室消耗最多的物资，实验室要像管理原材料一样管理实验物料，在控制实验成本的前提下确保实验物料不过期、不短缺。

（6）实验样品管理。样品是实验对象，也属于实验物料。对于实验样品取样规则、样品保存规则、样品处置规则要有明确规定。

（7）实验过程管理。每个实验项目对于实验过程都有一定要求，要确保实验人员按照实验要求进行操作，才能保证实验结果的科学性和客观性。

（8）实验结果与报告管理。当实验完成后，需要实验人员记录实验结果并且出具实验报告，实验报告通常还需要进行审批，不同实验的审批流程也不一样。

（9）实验室废弃物管理。实验室的废弃物主要有实验过程中产生的废水废物废气废渣等、过期的实验物料、废弃的标准件、到期的样品、报废的实验设备和计量器具检具等，针对这些废弃物的处理要合规合法。

8.2　数字化实验室管理机会

针对上述实验室管理的九项内容，有七项数字化管理机会：

1. 实验室管理规范数字化

通过人脸识别技术，对进入实验室人员进行授权管理；通过物联网和人工智能技术，对实验室的各类实验条件进行实时监控，确保实验室基础条件符合实验要求；还可以对实验室安全进行实时监控，预防事故的发生。

2. 实验室设备管理数字化

通过物联网技术将实验设备联网，可以实现设备操作和保养的透明化管理，提升实验结果的可靠性；再结合大数据技术，可以实现实验设备健康管理，避免由于实验设备故障导致的实验过程和结果不可控；在实验设备联网的基础上，方便对外共享实验服务信息，提升实验设备的共享性和利用率。

3. 计量器具管理数字化

通过物联网技术，精确管理计量器具的使用和校验记录，可以让计量器具的校验管理更加及时，确保不会因为人为疏忽导致校验不及时。

4. 检具管理数字化

通过物联网技术，可以对检具进行精准管理，确保不失效、不错用；还能将检验结果直接发送到相关业务系统，省去人工记录检测结果和进行结果录入计算机的工作，减少人为产生的检测结果误差。

5. 实验物料管理数字化

将实验物料和生产物料一样管理，进行实验物料库规划，在此基础上通过物联网储位管理和仓储管理系统对实验物料进行精准管控，确保物料不过期、不短缺。实验样品可以参照实验物料管理来实施，对于需要精确管理的实验样品，还可以加上 RFID 标签，当样品有异动时可以进行实时处理。

6. 实验过程管理数字化

对各类实验过程进行实时监控，按照实验要求获取过程中的相关参数信息，供实验完成后进行大数据分析，通过大数据分析可能会有意想不到的收获。在传统实验室管理模式下，这项机会几乎不可能捕捉得到，这也是数字化管理对于实验室管理的最大价值所在。

7. 实验结果与报告管理数字化

实验完成后，都需要制作实验报告并进行审批。通过实验室数字化管理系统，依据设定的模板、实际实验资源和数据，自动生成实验报告，减少人工作业并提升实验报告的及时性；将实验室数字化系统和公司 OA 互联互通，还可以进行无纸化签核，提升实验报告签核的效率。

实施数字化实验室管理能够提升实验的准确性和科学性，特别是针对实验项目过程的数据挖掘，可能会识别出一些对于产品开发或者提升产品性能很有价值的机会，帮助技术人员开发新产品和改进现有产品。

8.3 数字化实验室管理实践

关于数字化实验室管理实践，美国材料测试学会（ASTM）于 1987 年制定了化验室信息管理系统（Laboratory Information Management System，LIMS）标准，现已发布了三个标准和数十个计算机化的标准；我国也制定了相关的国家标准，如 GB/T 27025—2019。LIMS 以实验室为中心，将实验项目、环境、人员、仪器、设备、实验物料、实验方法、文件记录、项目管理、客户管理等影响因素有机地结合起来，采用计算机网络技术、数据库和标准化管理思想，形成了一个全面规范的管理体系，为实现实验数据自动采集、快速分发、信息共享、无纸化报告、质量保证体系实施、成本控制、人员量化考核、实验室管理水平整体提高等提供技术支持，是连接实验室、生产车间、研发和质量管理部门及客户的信息平台，同时引入先进的数理统计技术，如方差分析、相关和回归分析、显著性检验、柏拉图、控制图、抽样检验等，协助职能部门发现和控制影响产品质量的关键因素。

根据实验室业务的不同特点，通常将 LIMS 系统分为以下几类：

1）试验研究检测分析类 LIMS：如钢铁研究、矿业研究、药品研究等，为产品开发服务。

2）生产过程质量检测类 LIMS：如石油、石化、化工、制药等，为生产服务。

3）环境保护安全健康类 LIMS：如环境监测中心、核辐射监测中心、水文监测站、疾病预防控制中心、动物疫病预防控制中心等，为合规性和安全服务。

制造业企业安装 LIMS 系统主要有以下五项收益：

1. 改进质量管理手段

在传统模式下，大量实验数据以纸质状态存储，不方便进行数据汇总和分析，数据的价值没有完全释放出来。通过 LIMS 系统，将实验数据电子化，能够提高数据的综合利用率，提高数据分发和实验报告的时效性，还能够通过数据挖掘、识别数据的潜在价值。

2. 规范实验室内部管理

实验室也和生产现场一样，若管理不规范，会导致实验效率低下，实验结果偏差大等问题。通过 LIMS 系统，可以实现实验室全流程透明化管理，从样品登记、任务分配、实验数据的快速采集，实验结果自动生成、审核、查询，最后将实验结果传递给相关用户。通过透明化管理，可以提升实验室内部管理的规范性，从而提升实验效率和实验结果的可靠性。

3. 实现实验数据大范围共享

LIMS 系统的主要管理对象是实验室，它既是实验室的信息集成系统，又支持企业其他管理系统对实验数据的快速访问。通过建立统一的大数据平台，或者打通 LIMS 和其他管理系统间的接口，可以实现实验数据在公司内部的自由流通，提升实验数据共享的时效性。

4. 强化质量监测手段

通过物联网技术，可以对实验过程进行全面监控，实时观测实验异常并进行及时干预；也能够对实验条件的变化进行及时干预，确保实验在可控条件下进行。

5. 新业务机会

在数字化实验室建设后，随着实验室实验能力和实验资质的不断提升，企业可以持续挖掘对外服务的新业务机会。比如计量器具鉴定与校验、化学成分分析、物理性能测试等。企业可以将实验室新业务机会汇总到统计表中，具体见表 8-1。

表 8-1　实验室新业务机会统计表

序号	实验室外部服务机会	需要具备的条件	备注
1			
2			
3			
4			
5			

2022 年，埃森哲对生命科学行业的 128 位从业者进行了调查，整理了《实验室数字化改造：连接数字海洋中的模拟岛屿》，报告中提到：目前 10% 的企业已经广泛进行了数字化实验室改造，13% 的企业计划扩大数字化实验室范围，37% 的企业正在进行数字化实验室试点，40% 的企业还没有采取任何行动。相对于其他行业而言，生命科学行业对于实验室的数字化需求要更加强烈。

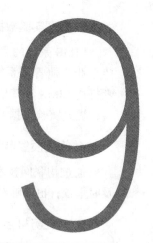

数字化营销管理

对于制造业企业而言，产品开发和制造是价值的创造过程，营销是价值的实现过程，因此营销管理对于制造业有非常重要的价值。在制造业数字化转型过程中，数字化营销管理一直是热点话题。

9.1 建立营销管理体系

营销管理通常包含两大职能部门：市场部和销售部。市场部的主要职能有收集市场情报、行业宏观环境分析、目标市场管理、市场宣传和推广等；销售部的主要职能有销售预测、销售渠道管理、产品价格管理、促销管理、目标客户管理、客户开发、客户管理、订单管理、客户服务、售后服务等。另外，有些公司还单独成立了产品部，该部门的主要工作是连接市场和研发，通过收集的市场信息完成产品规划，然后将规划交给研发进行产品开发。

依据市场部和销售部的主要工作职责，建立营销管理体系，主要包含如下内容：

1）收集市场情报：企业需要通过战略规划，识别需要什么样的市场情报，然后找到所需市场情报的来源，并将获取的市场情报固化下来变成一项日常工作，定期汇总分析并制作市场分析报告。

2）行业宏观环境分析：基于市场情报，分析相关市场的宏观环境、行业的竞争格局，以及企业的优势劣势和机会威胁。

3）目标市场管理：企业需要通过宏观环境分析确定目标市场，并针对目标市场确定产品市场矩阵，明确市场开拓和产品开发方向。

4）市场宣传和推广：针对目标市场，需要进行相应的宣传和推广。企业要明确宣传的路径和方法，也需要进行市场活动策划。

5）销售预测：企业需要依据市场分析结果制定目标市场的销售预测。销售预测要包含已有市场和已有客户，也要包含计划进入的新市场和计划开发的新客户。

6）销售渠道管理：企业需要明确销售渠道策略，是自建渠道还是通过代理商，或者采用混合渠道策略。

7）产品价格管理：针对不同产品、不同市场、不同客户可以制定不一样的价格，以确保产品在各市场的竞争力；还要确定产品的价格调整机制。

8）促销管理：为了获取客户，企业需要设计一系列的促销活动，如限时、限量、限价、捆绑等，通过促销来带动整体销售。

9）目标客户管理：针对识别的目标客户，企业要制定相应的管理策略，比如产品、渠道、价格、促销等。

10）客户开发：针对目标客户，要提前制定客户开发策略，打好组合拳，从而提升客户开发的成功率。

11）客户管理：在客户开发成功后，要对客户进行有效管理。企业需要建立客户档案，明确要管理客户哪些信息；明确客户档案信息发生变化时要如何处理；另外在商务活动中，企业还需要明确和客户交往的行为规范，如明确哪些行为可行，哪些行为不可行。

12）订单管理：在收到客户订单后，按照订单管理规则录入相关信息，并回复客户交期和反馈客户交付计划；针对定制化产品客户，信息不清不全的，还需要和客户确认订单的具体要求，以确保能在最短时间内备料生产。

13）客户服务：针对不同类别的客户，企业可以采取差异化的服务策略，如交期、物流和售后等方面。

14）售后服务：企业需要明确各市场、各客户、各类售后问题该如何处理，并将其整理成售后常见问题处理手册，以提升自身的售后服务水平、提升客户满意度、降低整体售后服务成本、扩大售后服务收益。

9.2 数字化营销管理机会

针对营销管理体系中的十四项主要业务，主要有以下五项数字化管理机会：

1.市场情报与行业环境分析

企业市场情报渠道有公开的，也有非公开的。针对公开渠道信息，当企业确定了市场情报来源后，可以采用数据爬虫自动获取相关信息；针对非公开渠道信息，企业可以采用调查、访谈、非正式交流等多种形式去获取。针对获取的市场情报，企业需要将其集中管理起来，以便捕捉更多商机。

关于市场情报的数字化解决方案主要有两种：一是通过市场管理软件进行集成；二是将其集成到 CRM 系统中。基于系统储存的市场情报和企业提炼的行业环境分析方法，系统可以自动完成行业环境分析（要将分析方法软件化），减少人工分析工作。

2.市场宣传和推广

在产品宣传和推广方面，企业可以结合虚拟现实技术，建立数字产品模型，让客户和潜在客户详细了解产品基本信息、工作原理，并切身体验产品的实际应用场景。针对很多结构复杂的产品，这种虚拟数字产品模型和场景比现实物理模型更有说服力。

3.销售预测

对于大多数企业来说，销售预测是一项十分重要又十分棘手的工作。由于外部不确定性因素非常多，很难预测准确，因此很多企业干脆就不进行销售预测，导致企业内部生产非常被动，有时还会错失发展良机。在数字化系统的帮助下，结合行业宏观信息、外部相关影响因素，以及过去客户商务往来信息，企业有可能精准地预测市场趋势和客户需求，并进行前瞻性的投资扩产，从而抢占市场先机。目前，市场上有一些专门的销售预测数字化产品，也有一些 CRM 系统具备销售预测功能。

4.客户关系管理

目前客户关系管理（Customer Relationship Management，CRM）系统非常流行，几乎变成了数字化工厂的标配。通过 CRM 系统，企业可以将分散的市场和客户信息集中起来，进行统一高效的管理，消除市场和销售人员间的信息不对称，降低企业对于销售人员的依赖。由于不同企业的销售渠道、客户群体、客

户管理、订单管理方式差异较大，因此企业需要选择适合自己营销模式的 CRM
系统。

5. 售后服务

对很多制造业企业来说，售后服务有很多可以挖掘的数字化机会。特别是当
企业的产品进行了数字化、智能化升级后，能够形成"产品＋服务"的新商业模
式，在"产品＋服务"的背后需要有数字化售后服务平台。通过售后服务平台，
企业能够监控产品的全生命周期状态，并可以基于预测及时提供售后服务，这比
按预定计划提供售后服务有质的飞跃。有些 CRM 系统有售后服务管理功能，可
以按照产品的售后服务计划及时提醒售后人员提供相关售后服务。

9.3　数字化营销管理实践

在数字化营销管理的五项机会里面，以销售预测、CRM 和售后服务最为重
要。接下来，本节将介绍这三项机会的具体实践。

9.3.1　销售预测

对于销售预测来说，影响因素越多、影响因素波动越大，销售预测工作就越
难做。在工业 3.0 时代，销售预测就很棘手；在工业 4.0 时代，消费者个性化需
求更加明显，不确定性更大，这件工作变得更有挑战性。正是因为销售预测很难
做，很多企业干脆不做，完全依赖客户订单信息，造成生产计划系统有效输入信
息不足。

在传统模式下，要想把销售预测做得尽可能准确，需要管理者依据客户需求
变化每个月都预测未来一段时间的需求（一般是 12 个月的需求。不同行业会有
较大差异，有的行业可以预测 18 个月，也有的行业只能预测 3 个月）。虽然预测
未来非常不准确，但是每个月还是要坚持预测和更新，这样临近月份的预测数据
就会趋向准确。一个传统预测管理案例如图 9-1 所示。

从图 9-1 可以看出，每次预测未来 12 个月的需求（图中折线所示，每个
月的预测曲线起点是相应的月份）：当月的前 3 个月的预测数据相对比较准确，
4 ～ 12 个月后的预测数据不太准确；但是若每个月进行预测迭代，这样就可以
永远获得比较准确的未来 3 个月的销售预测数据。依据比较准确的预测数据，企
业就可以从容地制订主生产计划和物料采购计划，并解决企业内部的一些核心问

题，如：生产波动大，物料采购不及时造成物料短缺，库存高且不可控造成物料呆滞，等等。

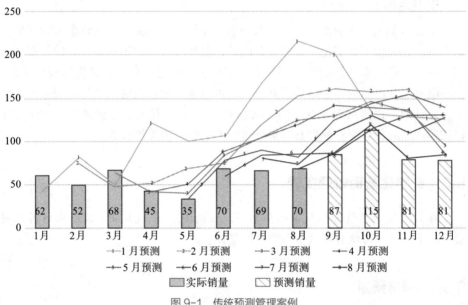

图 9-1　传统预测管理案例

在数字化时代，基于大数据和人工智能技术，销售预测有希望变得简单和精准。通过对销量影响因素进行分析，再通过数学建模，结合线上数据爬虫和线下人工收集相关数据，可以进行实时销售预测。针对 B2C 型企业，销售预测还可以结合对未来流行趋势的预判，帮助企业设计爆品，并预测爆品的销量。例如服装行业的一大痛点是库存过多，通常过半服装会变成尾货，尾货甩卖降低了企业的利润。通过在网上收集各地区服装销售数据，如款式、颜色、大小、材质等，再结合社会流行元素预测，设计相应款式的服装，然后预测设计款式的销量，这样就能为企业决策提供依据，例如是否要投产、生产多少、配送到哪里、配送多少等，基于这样的销售预测软件可以打造爆品并且能有效减少尾货数量。

9.3.2　CRM

CRM 的目的是通过和客户进行交互，寻找扩展业务所需的机会以及提高客户价值、客户满意度、客户忠实度，从而吸引新客户、保留老客户，以及将已有客户转化为忠实客户，并在此基础上降低销售成本和增加销售收入。

我们每年下半年在辅导企业进行中长期战略规划和年度战略规划时，都会从多角度进行客户分析：如按所在区域如大洲、国家、区域、省份、城市进行划分；按客户类型、客户行业、客户等级、客户来源进行划分；按销量看哪些客户销量增加、哪些客户销量减少进行划分。很少有企业能够按照要求提供相应的数据。当企业提供不出这些数据时，我们基本就很难针对不同市场、不同客户采取有针对性的行动措施。每次遇到这种情况时，都是通过设计标准的"客户分析表"，让被辅导企业销售人员从 ERP 中拉数据，当 ERP 数据不足时，再人为完善补充。当销售人员将"客户分析表"完成后，一般都会对结果感到很惊讶：一是一些市场被忽视了；二是部分客户还有进一步的销售机会。根据这些详细的客户分析结果，销售人员一般都能很快制定出相应的客户战略，并且自我设定超出企业销售预期的销售目标，这些销售目标在下一年度都能超额完成。

以上是进行客户分析给企业带来销售增长的例子，要简化和标准化这方面的管理，通过 CRM 系统更加方便。CRM 系统通常有如下三大功能：

1. 市场营销

CRM 系统在市场营销过程中，可有效帮助营销人员分析现有的目标客户群体，如主要客户群体集中在哪个行业、哪个地域等，从而进行精确的市场开拓。CRM 系统也能有效分析市场活动的投入产出比，根据与市场活动相关联的回款记录及举行市场活动的报销单据，统计出所有市场活动的效果，从而为企业制定市场营销方案提供决策依据。

2. 销售管理

销售管理是 CRM 系统的核心部分，主要包括客户基本信息、客户分类信息、客户联系人信息、商务往来记录、报价信息、销售订单、应收账款、销售费用、下单日期、累计销售额、销售毛利、平均采购周期、预计下次采购日期等。企业安装 CRM 系统时，应事先自行设定需要哪些客户信息，然后在系统中设计相应的表单。基于系统中的各种客户信息，可以实现：

（1）销售日常事务管理。通过在系统中设定的客户交互频次，系统可以自动提醒今天、明天、本周和本月应联系的客户，逾期未联系的客户等信息。当和客户互动后，销售人员要将获取的新信息录入系统。

（2）客户分类统计。客户分类统计是基于客户档案信息产生的一项分类汇总，如按客户所在大洲、国家、区域、省份、城市、客户类型、客户行业、客户等级、客户来源等进行属性统计，按累计销售额、累计订单数、累计销售毛利等进行多指标统计等，并配备相应的显示图表。

（3）客户风险管理。基于客户信用、客户需求、客户下单量、客户下单间隔时间等相关因素，提示客户风险，包含客户经营风险、客户违约风险、客户付款风险、客户流失风险等。通过客户风险管理，提示企业采取应对措施，如不接单、催款、及时进行客户拜访挽回客户订单等。

（4）销售绩效管理。以结果为导向，逐级制定绩效指标；关注过程，对过程影响结果进行定量分析，如制定工作量指标，并和经济利益挂钩等；详细记录客户拜访信息，如每次联系客户的内容和跟进策略，可了解每个客户的完整跟进过程，便于发现问题、防止销售中断；通过制定明确的工作量指标对销售人员工作量进行统计，如新拜访的客户数等，并和收入挂钩，可数倍提高销售团队工作效率；销售人员绩效分析，可评估个体和团队日常销售活动的绩效水平，及时发现问题，并制定提升策略。销售漏斗分析、业绩指标统计、业务阶段划分等功能又可以有效帮助管理人员提高整个企业的成单率、缩短销售周期，从而实现最大效益的业务增长。

3. 客户服务

客户服务功能主要用于及时获取客户反馈的问题及客户历史问题记录等，这样可以有针对性地、并且高效地为客户解决问题，提高客户满意度，提升企业形象。客户服务的主要功能包括客户反馈、解决方案、满意度调查等。通过客户反馈中的自动升级功能，可让管理者在第一时间了解到逾期未解决的客户问题，解决方案功能能让企业全体员工都参与问题解决，而满意度调查功能又可以使最高层管理者随时获知本企业客户服务的真实水平。

还有部分企业为客户提供有偿服务，如销售备品备件等。针对这类企业，CRM系统的客户服务模块还需要有售后增值服务功能。针对售后增值服务进行统计分析，企业可以更好地把握客户需求，为二次营销和争取后续订单提供信息支撑。有些CRM系统还会集成呼叫中心，缩短服务响应时间，对提高客户服务水平也能收到很好的效果。

从上可以看出：通过CRM系统的市场营销功能，企业可以有针对性地进行市场拓展和客户开发，提高市场开拓效率和降低市场开拓成本；通过CRM系统的销售管理功能，企业可以更好地进行客户关系维护、销售团队管理，让销售管理透明化，激发销售团队的活力；通过CRM系统的客户服务功能，可以提升客户满意度，并进一步挖掘售后服务增值机会。

9.3.3　售后服务

需要说明的是，并不是所有企业在销售产品和提供服务后都需要售后服务。针对需要提供售后服务的企业，若产品能够进行智能化升级，那么售后服务的方式和方法将会比较丰富，本节以智能化设备售后服务为例进行说明。

智能化要实现的一大目标就是无忧生产，而要实现无忧生产，其中一项要求就是设备不要出现突发故障。在工业 3.0 之前，制造业的一大困难就是设备故障不可预测和控制。为了应对设备突发故障，一般使用精益管理的 TPM 工具。TPM 执行到位的企业，可以有效预防设备突发故障，但是这样的企业凤毛麟角，原因是 TPM 对于执行力要求非常高。在工业 4.0 时代，高精尖的自动化设备以及各种自动化辅助设施大规模投入使用，让 TPM 的工作量倍增，也对维修人员的技能提出了更高和更全面的要求。面对这种状况，TPM 人员的数量和质量都不能有效满足企业智能化发展的需求，因此需要新的解决方案。另外，从设备供应商的角度来看，设备越来越复杂，越来越智能，对售后人员的要求也越来越高，当客户现场设备出现故障不能及时修复时，为了及时响应客户需求，不得不建立一支庞大的高水平售后服务团队。即便如此，设备供应商售后服务团队有时还是不能及时响应客户需求，因为出差需要占用一定时间，特别是距离远的客户，还要乘坐飞机奔赴现场，这就导致售后服务成本高而且服务质量低的问题。不只设备供应商售后服务成本高，客户设备故障停机成本更高，这种双输局面也需要新的解决方案。

试想，如果在设备上安装智能终端，可以自动识别设备发生了什么故障，设备供应商可以远程知晓设备出现的故障，并通过远程自动修复或者指导现场人员快速修复设备故障，将能大大提高设备售后服务效率和效果。随着工业互联网的发展，这一设想变成了现实。就如飞机有"黑匣子"，现在越来越多的设备也有了"黑匣子"，黑匣子里面封装了智能传感、CPU 和各种智能软件，具备终端信号处理和各种通信接口转换功能，能够实时获取各种设备实时数据，并能根据数据判断设备故障类型；再结合智能物联网关，将智能终端的数据发送到接收端（可以根据需要指定哪些数据可以发送，哪些数据不能发送），构建工业互联网。远程设备服务商可以实时获取设备故障信息，直接在远程修复设备软件故障，并提供硬件故障的解决方案，指导现场人员及时修复，这样就能及时响应设备突发故障。另外，对于非常复杂的设备故障，可以结合 AR 技术，比如现场人员戴上 AR 眼镜，将现场实况同步给远程的设备供应商，设备供应商实时指导如何修复，就像亲临现场一样。工业互联网技术应用到设备故障管理也会产生全新的商业模式。

这是用智能化技术来应对设备故障的解决方案，那能不能在设备出现故障前就能预知设备将要出现故障并提前预警呢？基于工业大数据的设备健康管理系统就是来解决这个问题的。通过智能终端收集设备实时数据信息，再运用工业大数据分析设备的健康状况，然后针对将要出现的故障提前预警，并通知相关人员在设备计划停机时间内采取预防性维护措施，就能够避免设备突发故障发生，让设备在计划工作时间内一直保持健康状态。当运用设备健康管理系统预防设备故障后，要及时更新 TPM 中的相关内容，以便更精确地设定各零部件的保养周期，以及更新保养方法。

没有进行产品智能化升级的企业，可以将客户售后服务纳入 CRM 系统。通过 CRM 系统能够及时提醒将要提供的售后服务，也能够对客户反馈的问题进行闭环管理，提升售后服务质量和客户满意度。

在企业内部，有上述三项比较典型的数字化营销管理机会；在企业外部，还可以和客户建立数据共享平台，打通供应链下游。打通供应链上下游，实现供应链协同是工业互联网和产业大脑要实现的主要目标，本书将在最后一章制造业数字化转型展望中加以说明。

数字化生产计划管理

对于制造业企业来说，生产计划是企业的中枢神经系统，它将销售需求转化成内部生产需求，进而指导生产。需要注意的是，生产计划的输入信息是销售需求，不是客户需求。一般情况下，销售需求不等于客户需求。销售需求是销售人员依据客户需求和内外部库存数据、客户需求波动、企业备货策略等因素，综合分析后提出的需求。一些企业的销售人员不制定销售需求，让生产计划员来制定。由于生产计划员并不和客户直接联系，因此由生产计划员制定销售需求的做法并不可取。

10.1 建立生产计划管理体系

生产计划部门一般有两大职能：生产控制和物料控制。生产控制的主要工作有产能分析、产供销协调、生产计划制订、日生产计划异常协调、外包管理等；物料控制主要工作有物料与库存管理、物料需求计划制订、缺料管理等。

产能分析是制造业的一项重要工作，主要包含年产能分析、月产能分析、周产能分析、日产能分析，企业需要建立完整的产能分析管理体系。年产能分析主要是为企业投资规划服务，月产能分析主要用于产供销协调和检验月生产计划可行性，周产能分析主要是检验周生产计划可行性，日产能分析主要是检验日生产计划可行性。

产供销协调是指当产能充足时该如何协调生产，要不要备库存；产能不足时，该采取哪些应对措施，优先满足哪些订单，是否要增加投资等。通过产供销协调，就正式完成了销售需求向生产需求的转化。

生产计划有年、主、月、周、日五级。年生产计划通常和企业战略规划一起制订，依据销售预测确定企业年度生产规模。生产计划部主要负责主、月、周、日四级生产计划。主生产计划一般用来确定未来几个月的生产需求，企业可以结合实际情况确定主生产计划要包含几个月时间，通常是 3 个月，一些生产周期长、物料采购周期长的企业会超过 3 个月。月生产计划是在主生产计划的基础上，结合均衡生产原则，确定未来 1 个月内每日的生产需求。周生产计划是在月生产计划的基础上，考虑各种实际约束因素，如物料、设备、工装模具、人员等的可用性，确保未来 1 周内每日生产任务都可以执行。日生产计划是依据周生产计划确认周生产需求，将生产任务分配给具体的人、设备和生产线。当前，众多企业都没有建立完整的生产计划系统，造成准时交付率低、库存高、生产波动大、产供销矛盾突出等问题。

虽然日生产计划在制订时预判完全可行，但是在实际执行过程中，还是会出现各种突发异常，导致日生产计划不能按时完成，需要生产计划部去协调解决，这项工作是生产计划部最主要的工作，通常占计划员一半以上的工作时间。日生产计划异常协调主要工作内容有协调处理突发异常、调换生产任务、重新安排生产计划、和销售协调交付计划和交付时间等。

外包管理是针对企业自身产能不足的部分，进行委外生产。而哪些产品需要外包、需要外包多少数量，这些问题都要生产计划部依据产能分析结果、自制工费率和外包价格进行综合决策。

物料与库存管理主要是进行物料分类、设定物料提前期和安全库存、制定库存策略、执行库存盘点等作业。物料分类常用 ABC 分类法：A 类物料是价值高、品种少的物料，种类占总物料种类的 10% 左右，采购金额占总物料采购金额的 70% 左右，需要重点管理控制；B 类物料是价值较高、品种较少的物料，种类占总物料种类的 20% 左右，采购金额也占总物料采购金额的 20% 左右，需要适当重点管理控制；C 类物料是价值低、品种多的物料，种类占总物料种类的 70% 左右，采购金额只占总物料采购金额的 10% 左右，常规管理控制即可。物料提前期包含原材料采购提前期和成品交付周期，要和供应商明确每种物料的采购提前期，并依据内部生产模式和生产能力，为每种成品制定交付周期。为了降低缺料率，还要为每种物料设定安全库存，安全库存可以为 0。库存策略是指要依据供应状况和客户需求状况，合理设定原材料和成品库存，以降低材料成本、制造成本和提高准时交付率。库存盘点是依据年、月、周、日盘点计划，确认账、卡、物是否一致，降低缺料率。

物料需求计划的制订要依据主生产计划，并结合不同物料制定不同的规则。比如长采购周期物料，当采购周期超过主生产计划覆盖的时间范围时，依据主生产计划就行不通了，需要基于销售预测备库存；短采购周期物料，一般依据月生产计划进行物料采购；卫星供应商的物料需求计划，还可以通过看板和超市进行拉动。

在将物料需求计划下达给采购部门后，供应链上还是会出现各种临时问题导致采购订单不能按时交付，出现缺料，进而可能影响生产计划的可行性；针对缺料问题，物料计划人员需要进行协调，如代料、调整生产任务等，以免生产停线，减轻缺料造成的影响。

生产计划管理体系的工作比较单纯，但是每项工作都很复杂，中国制造业的生产计划管理体系往往是企业最大的短板。由于生产计划系统不健全或者执行不到位，影响企业成长，也带来了很多无效投资，是企业低效率高成本的根源问题之一。

10.2　数字化生产计划管理机会

生产计划管理体系的八项主要工作主要存在以下数字化机会：

1. 实时动态产能分析

现有的 ERP 系统基本不具备产能分析功能，MES 的产能分析功能也不够强大，部分 APS 可以进行产能分析，但是属于静态产能分析，主要目的是验证生产计划的可行性，没有包含产能分析的其他功能，如产能配置建议，产能过剩或产能短期应对措施等，因此实时动态产能分析应用软件就很有必要。通过建立产能分析模型并将其软件化，再将产能分析各输入参数标准化，通过大数据平台获取各参数的实时数据进行动态产能分析，再考虑一定的现实约束，可以及时优化生产计划，提升整体产出；另外，将投资分析和产能分析结合起来，可以及时进行投资决策、剩余产能处置等工作。

2. 生产计划系统

目前生产计划系统是数字化生产计划的主战场，代表性产品是 APS。由于不同行业间生产计划制订方式差异非常大，因此需要基于企业实际情况开发

APS。目前的 APS 多数是基于预先设定的生产计划排程模式，和企业的实际需求往往会有一定差异。因此在安装 APS 时，一定不能完全套用 APS 服务商的排程逻辑，需要先完善企业的年、主、月、周、日五级生产计划系统，然后让 APS 服务商进行二次开发，以满足企业实际需求。

3. 日生产计划异常协调

生产过程中经常会出现很多异常，导致生产计划无法按时完成，目前也开始出现了一些生产现场管理软件，针对生产异常进行及时上报、跟踪和处理，让所有关心生产异常的人都可以及时了解异常的处理状况，大幅度提升日生产计划完成率。对于制造业企业来说，如果日生产计划完成率在 80% 以上，订单准时交付率就能达到 100%。

4. 物料和库存管理

物料和库存管理是 WMS 的核心功能，只有科学设定物料和库存管理参数，WMS 才能发挥最大效用。目前，一些企业安装完 WMS 后，系统里很多物料属性是空的，或者统一用 0、1 或无穷大来代替，这是没有科学地进行物料管理造成的。

另外，结合自动化仓库，或者对储位、载具或物料进行物联化改造，能够实时进行物料盘点，也能够实时监控物料状态。当物料实时盘点结果和 WMS 中的账面不一致时，可以及时进行异常处理，确保账物一致。

5. 物料需求计划

当前的 ERP 是在物料需求计划（Material Requirement Planning，MRP）的基础上不断发展起来的。物料需求计划本来是 ERP 的核心功能之一，但是现在的一些主流 ERP 软件，还是满足不了这一基本需求。当安装完 ERP 系统后，还是需要手工制作物料需求计划，然后再将其导入 ERP 系统中。因此，建议企业在安装 ERP 系统时，若物料需求计划功能不能满足需求，一定要进行二次开发，否则只能给系统打补丁，导致物料需求计划制作繁复还容易出错。

以上五个方面的数字化机会，基本覆盖了除产供销协调和外包管理外的全部生产计划工作。由于产供销协调主要是做决策，APS 可以基于预定的决策目标给出相应的决策建议，但是最终决策还是需要生产计划人员和销售、采购、生产一起线下完成。外包管理也是做决策，需要基于企业的产能数据、工费率数据、外部资源和外包价格进行综合决策，可以将其规划到 APS 中，也可以利用大数据平台，单独开发外包服务应用。

10.3　数字化生产计划管理实践

从上述生产计划的数字化机会上来看，生产计划职能的数字化水平可以提升到非常高的程度，只需要有人进行决策和异常处理即可。针对生产计划系统的五项主要数字化机会，本节主要介绍 APS 和 MRP。现场异常管理系统在数字化生产管理章节介绍，WMS 在数字化供应链管理章节介绍。

10.3.1　APS

APS 是在考虑物料、设备、人员、生产模式、运输、资金等约束因素的情况下，依据设定的决策目标、将客户需求转化为可行的生产计划，并能够随约束因素的变化持续优化生产计划。APS 主要有如下几大功能：

1. 决策目标设定

面对要完成的订单，可能存在众多可行的执行方案，要想挑出最优方案，就需要设定决策目标。决策目标是为生产计划排程结果设定的评价标准，常见的决策目标有交期最短、生产成本最低、惩罚成本最低、生产均衡等。

2. 生产计划排程与约束验证

由于生产系统中存在众多会影响生产计划可行性的因素，因此在生产计划排出来后，需要通过约束因素验证生产计划的可行性。常见的约束因素有交期，设备数量、位置和效率，出勤员工数量，物料状况，工装模具数量和可用性，切换时间，运输时间，资金等。若某些约束因素验证不可行，系统就需要调整生产计划直到可行为止。

3. 生产计划优化

可行的生产计划在执行过程中，约束因素还会发生变化。当约束因素变化时，需要确认是否要调整排程结果，若需要就进行更新，这个过程称为计划优化。

当约束因素变化时，APS 需要同时检查设备能力约束，物料约束，运输约束，资金约束等，从而保证生产计划在任何时候都有效。这个过程中也有一大不确定性因素，就是当生产计划优化结果出来后，生产是否需要响应。因为生产要响应最优计划，需要进行生产订单切换、物料切换、工装模具切换等，这会导致生产成本增加，如果 APS 的决策模型不是基于成本最优，可能还会导致最优计划不具备可执行性，因此 APS 的决策目标选择非常重要。

4. 决策确认

企业在做决策时，决策目标可以依据实际情况而变化，系统不知道具体订单的重要性，在将订单录入系统时，人工也不能精确区分每张订单的重要性，因此系统不能替代人做出最终决策。

在企业数字化体系架构中，一般模式是在 APS 上接 CRM 或者 ERP，下接 MES：对于安装了 CRM 的企业，APS 可以直接和 CRM 对接获取客户订单信息；对于没有安装 CRM 的企业，APS 要和 ERP 对接，从 ERP 中获取客户订单或者销售需求信息。当 APS 排出主、月、周生产计划，并将生产计划信息反馈给 ERP 后，由 ERP 依据相关生产计划计算物料需求计划；同时将周生产计划下达给 MES，由 MES 排日生产计划，这是企业信息化系统比较健全的状态。但在企业数字化转型实践中，结果往往不是这样的：由于 APS 的功能差异较大，APS 不一定能够排出合理的主、月、周生产计划；另外，MES 的日生产计划功能也不一定很健全，不一定能排出合理的日生产计划。

随着企业大数据平台的完善，APS 可以不上接 CRM 或者 ERP，下也不需要接 MES，而是作为大数据平台上的一款应用软件，进行产能分析、生产计划排程和制订物料需求计划等。

10.3.2 MRP

MRP 通常是依据主生产计划（Master Production Schedule，MPS）、物料清单、库存记录和未完工订单等信息，经计算得到各层级物料的需求计划，同时提出各物料补充建议，以及修正各种已开订单的一种实用技术。

随着 MRP 向 ERP 演变（MRP 变成了 ERP 的一个核心功能模块），大多数企业都用 ERP 替代了 MRP，但是有些企业上的 ERP 本质上还是 MRP，或者连 MRP 的基本功能都没有实现。MRP 的基本功能是依据主生产计划推导出各级物料需求计划，包含需要什么物料、需要多少、何时需要、何时订货这四大要素。在这四大要素里面，确认需要多少和何时需要最为关键。

MRP 计算物料需求量一般要考虑客户需求量、BOM 用量、物料损耗量（通常包括物料损耗和加工不良率）、库存量、经济采购批量、订货点、安全库存等要素。企业安装 MRP 时常见问题有：一是将物料损耗设定为一个固定值；二是没有科学设定安全库存；三是没有科学制定经济采购批量。前两个问题会导致物料需求计划不准确。

　　MRP 计算物料需求时间需考虑交期、计划开工时间、生产周期、BOM 层级、物料采购周期等要素，依据这些要素可以倒推也可以顺推每种物料的订货时间和入库时间。

　　由于 MRP 没有考虑组织内部的资源约束，因此当生产计划变化时，可能需要频繁地调整物料需求计划，导致频繁给供应商下紧急订单。如果要避免此种情况发生，在计算物料需求时要考虑波动，然后修正算法，从而不必频繁调整物料需求计划，但是这样操作会造成一定的原材料库存增加。

第 11 章 | C H A P T E R

数字化生产管理

生产是制造业企业的主体和价值创造的源泉。生产部是制造业企业最大的部门，管理最多的人员和资源，如厂房和设备等固定资产，生产管理的好坏直接决定着企业的制造成本和利润水平。因此，制造业企业进行数字化转型，要实现提质降本增效的目标，数字化生产管理是重中之重。随着智能制造的重心从产品逐步转向制造，数字化生产管理目前变成了企业数字化转型的主战场之一。

11.1 建立生产管理体系

生产管理的主要任务是接到生产计划部的周生产计划（为了降低生产部的生产自由度，一般下发周计划）后进行执行，整个过程分为日生产计划制订、投产准备和生产执行三个阶段。除此之外，生产还需要有明确的执行标准，如标准化作业，以及要做好生产绩效管理等。标准化作业由工艺部或工业工程部制定，生产部是执行部门。生产部在执行过程中需要对标准化作业进行完善和优化，因此本书将标准化作业放在生产管理体系中。生产管理体系主要有以下四大内容：

1. 标准化作业管理

针对每项生产作业任务，都需要有标准作业指导书。标准作业指导书规定每项作业有哪些作业内容、每项内容如何操作、由谁操作、需要多少工时、使用什么工具等。过去管理较好的企业，都是将纸质标准作业指导书挂在生产工位上；管理较差的企业还没有标准化作业管理或者标准化作业非常不标准。标准化作业是进行班组生产管理、生产绩效管理和生产效率提升的基础，对制造业企业有十分重要的意义。

2. 日生产计划管理

整个生产计划系统分为年、主、月、周、日五级计划，其中前四级由生产计划部主导，日生产计划由生产部主导，其原因是日生产计划要依据现场资源的实际状况将生产任务下达给具体的人和设备（或产线），生产计划部的人员没有生产部的人员熟悉和了解现场实际状况，因此生产部制订的日生产计划可执行性更强。日生产计划制订需要有完整的制造资源清单、产品和资源的匹配清单，以及产能信息和效率信息，这样才能制订出最优的日生产计划。

3. 生产执行管理

生产执行管理是生产部的核心工作，包括从接到生产任务到完成生产任务的全过程。生产执行管理的核心工作有四大方面：投产管理、生产过程管理、生产报工、现场异常管理。

投产管理是指在接到生产任务后，需要确认设备可用性、工装模具可用性、物料可用性、人员可用性等，依订单生产的企业还需要确认作业指导书的可用性。在确认这些生产资料都可用的情况下，在准备进行生产任务切换前，将部分能够事先准备的生产资料准备好，如物料、工装等；若有任何一项生产资料不足，原计划生产任务就不能执行，生产管理人员需要去和生产计划人员沟通调整日生产计划，将具备生产条件的计划先生产，以免产能损失（若没有客户需求，宁愿停产也不要过量生产）。

生产过程管理是指管理生产过程中的"人、机、料、法、环、测"是否按标准执行；针对生产过程中出现的异常进行及时纠正；针对不能及时纠正的问题，记录下来并进行反馈。人员管理主要是管理员工的出勤、加班、产出、临时调配、技能等。设备管理主要是进行设备点检、自主性维护保养、设备操作和设备参数确认等，以减少设备故障和提升设备效率。物料管理主要是进行物料需求申请、现场物料管理、退料换料作业、尾料管理、辅料管理等，以确保物料可用并降低在制品库存。作业方法管理主要是标准作业指导书，确认员工是否按照标准作业执行；另外，若在生产过程中发现有更好的方法，需要跟工艺部门沟通来修正作业标准。作业环境管理主要是进行5S管理、安全生产管理、人机工程管理等，确保环境安全、达标、舒适，有助于提高员工生产效率；检测管理主要是落实质量管理要求，在生产过程中进行首检、互检、抽检、巡检等作业，以确保不制造不良品、不传递不良品、不接受不良品。

生产报工是在生产任务完成后，反馈生产任务执行情况。如每项生产任务的计划生产数量、实际生产数量、超额或欠产数量、不良品数量、不良类型及其数量、计划投入工时、实际投入工时、生产效率等。精益管理一般通过"生产日报"将需要报工的信息定义清楚。

现场异常管理是针对生产过程中出现的不能及时解决的问题，先记录下来，然后召集相关部门人员一起分析解决。针对每个现场异常都要指定明确的责任人，并且要在规定的时间内解决问题和反馈执行结果。

4. 生产绩效管理

生产绩效主要包含质量、成本、效率、交付、安全五大方面。在质量方面，通常用不良率、一次直通率来表示；在成本方面，主要用工费率、材料利用率、制造成本占比、辅材成本占比、能源成本占比、人工成本占比、材料成本占比、在制品库存周转率等来表示；在效率方面，主要用人员效率、设备综合效率、单位时间产出、设备产能利用率等来表示；在交付方面，主要用准时交付率、日生产计划完成率、周生产计划完成率、月生产计划完成率等来表示；在安全方面，主要用工伤件数、潜在安全隐患项数、潜在安全隐患关闭率等来表示。

生产的首要目标是完成日生产计划，要确保生产交付达成；在生产交付达成的前提下，要持续提质降本增效；另外，工伤件数是安全生产的重要衡量指标，持续减少工伤事故、杜绝重大工伤事故是企业的基本社会责任。

制造业企业可以参照上述内容建立生产管理体系，明确标准化作业的制定和执行标准，对生产执行提出具体要求，制定现场管理的原则和方法，明确如何进行生产绩效管理，以及如何纠偏和补强等。

11.2 数字化生产管理机会

生产管理是制造业数字化转型的主战场，针对生产管理的四大部分内容，都存在数字化管理机会。

1. 标准化作业管理

标准化作业管理涉及两个部门：一是制定标准的工艺或工业工程部门；二是执行标准的生产部门。在标准化作业的制定过程中，可以采用智能工具和软件制定作业标准。如通过智能手套、人工智能视觉分析等，提炼出来标准作业，然后通过数字化管理软件将这些标准作业生成标准作业指导书。在标准作业执行过程中，可以用电子作业指导书代替传统纸质作业指导书，便于内容更新和员工学习；也可以通过在线监测，及时识别非标准作业行为，及时提醒和纠偏。

2. 日生产计划管理

日生产计划管理是依据均衡生产原则，将每天需要完成的生产任务分配给具体的人和设备（或产线）。日生产计划排完后，通过派工单将任务下达给班组或个人。传统模式下需要生产人员依据经验进行任务分配，整个过程不透明也不科学，特别是生产规模庞大的企业，靠人进行任务分配和下达工作量太大且无法面面俱到，会造成巨大的效率损失。借助数字化管理系统，建立生产任务和生产资源匹配数据库，再结合均衡生产原则，能实现精准的任务分配，并能实现同步派工。

3. 生产执行管理

针对生产执行管理的四大部分工作投产管理、生产过程管理、生产报工和现场异常管理，主要的数字化解决方案是 MES 和现场异常管理系统。MES 主要针对投产管理、生产过程管理和生产报工，部分 MES 也能进行现场异常管理但是不够深入，现场异常管理需要更专业的解决方案。

投产管理数字化要以产品为对象，将每件产品生产所需要的设备、物料、人员、工装模具、工艺等信息，录入 PLM 系统中。当现场建立了数字化班组或者上了 MES 后，和 PLM 系统相连，可以将 PLM 系统中的投产准备信息直接发送到现场（若 PLM 功能不够完善，没有投产准备信息，则需要完善 PLM 系统或者在 MES 中规划相关功能），现场人员依据投产准备信息执行相应作业。若企业的数字化系统比较完善，比如有 MES、WMS 和工装模具管理系统，还可以将这些系统和 PLM 系统互联互通，各系统依据投产准备信息下达相应的作业指令，从而实现全面数字化投产管理。

针对生产过程管理的六大对象"人、机、料、法、环、测"，是 MES 的核心功能。通常来说，六大对象的主数据分别由不同的系统进行管理：人员主数据主要在 E-HR 系统和能力管理系统中；设备主数据主要在 TPM 系统中；物料主数据主要是在 WMS 中；作业主数据主要在 PLM 系统中；安全与环境主数据主要在 EHS 中；检验和测量主数据主要在 QMS 和 LIMS 中（在数字化成熟度较高的企业，建立了统一的主数据管理平台，各应用系统统一调用主数据管理平台中的主数据）。因此 MES 需要和这些系统互联互通才能最轻量化和效用最大化。在企业安装 MES 时，若其他数字化系统还不健全，则需要在 MES 或者其他系统中维护相应的主数据，以防主数据缺失造成 MES 功能不健全。通过人机管理，可以给人机分配生产任务；通过物料管理，可以进行现场物料调度和向仓库下发物料需求；通过作业方法管理，可调用标准化作业指导书；通过安全和环境管理，可以确认生产环境和是否满足生产要求；通过检测和测量管理，确保企业现场质量管理措施得以落实。需要注意的是，在检测管理方面，MES 和 QMS 有功能重叠部分：建议生产计划人员负责质量首检、自检、互检，在 MES 中操作；其他检验作业由质量人员在 QMS 中操作；最后将 MES 的检验结果集成到 QMS 中。

生产报工也是 MES 的核心功能之一。传统模式下，当生产计划部将周生产计划下达给生产部后，由于生产反馈信息不足或不及时，生产计划员不知道生产任务的执行情况，这时就需要到现场去收集信息，执行了精益管理的企业会建立生产日报系统，隔班统计前一班的生产完成状况后反馈给生产计划部，这个过程比较烦琐而且效率较低。通过价值流程分析，可在需要生产信息反馈的工位设置报工点，通过生产人员录入或者自动报工方式反馈生产信息，这样能提升生产信息反馈的时效性和减少生产文员数量。

关于现场异常管理，部分 MES 也有此功能，但是一般深度不够，只能进行简单的异常记录。由于现场异常类型非常多，要通过系统全面管理现场异常信息，需要物联网、人工智能和大数据技术相结合，这方面的技术要求比 MES 要高很多。因此针对现场异常，建议上专门的管理系统：首先能很方便地收集各类异常信息；其次能对异常信息进行归类和跟踪；最后能基于经验知识库给出异常应对措施。

4. 生产绩效管理

生产绩效管理也是 MES 的基本功能，不同企业的生产绩效指标设定和计算公式可能存在差异。企业安装 MES 时，在明确了生产绩效指标和其计算公式后，要更新 MES 中的指标库和计算逻辑；然后针对各生产绩效指标，开发需要的目视化图表。

11.3 数字化生产管理实践

综合上述生产管理数字化机会，实际应用中主要有四种解决方案：一是标准化作业管理系统；二是数字化班组；三是 MES；四是现场异常管理系统。

11.3.1　标准化作业管理系统

标准化作业管理系统有三大内容：一是标准化作业标准制定；二是新员工培训；三是标准化作业执行。

在标准化作业标准制定方面，一些企业是由工艺部门制定的作业标准，由于工艺人员对于生产并不是十分熟悉，经常出现标准化作业不标准的情况。借助标准化作业管理系统，能够大幅度提升标准化作业制定的科学性。以人工作业为例，当技能最高的作业者戴上智能手套后，智能手套就会记录作业者的全部动作和动作要领，并将这些信息发送到后台的软件系统，软件会自动生成标准作业指导书，这样就能形成一份基于最佳实践的作业标准。若其他员工都能按照这个标准进行作业，那么就能提升全体员工的工作技能和工作质量。

针对新员工培训，传统方式是师徒制，由熟练员工带教新员工。由于熟练员工的作业技能和指导水平有差异，新员工的培训效果参差不齐。借助标准化作业管理系统，不熟练的员工戴上智能手套后，如果动作做得不到位或者动作要领有偏差，系统会自动提示员工哪些地方需要改进，以及如何改进，这样就能极大地提高新员工培训的效率和效果，也能减少对熟练员工的依赖。

在生产执行过程中，传统方式是将标准作业指导书打印出来挂在现场，员工在作业时参照执行；当发生工艺变更后，工艺人员需要重新签发新版本替代现场的旧版本。在生产现场，经常会出现工艺已经变更了好几版，但是作业标准一直没有更新的现象，也会出现作业人员不按照工艺标准执行、随意更改工艺参数的情况。为了解决这些问题，一是需要将标准作业指导书电子化，当工艺变更时，同步更新各方的标准作业指导书；二是在电子化标准作业指导书的基础上，将设备工艺参数和指导书参数进行对照，若系统识别到参数不一致时，自动纠正或者提示作业者重新设定。通过标准化作业管理系统，确保标准作业得以执行。

11.3.2　数字化班组

数字化班组也称生产无纸化，是和无纸化办公相对应的。当踏入传统制造业企业的生产现场时，会看见各类纸质文件，如图纸、标准作业指导书、检验作业指导书、派工单、生产日报、质量检验记录、设备自主性维护表、设备预防性维护表、换型记录表、异常停机记录表、质量不良统计表、安全事故记录表、紧急联系人清单、升级计划表、交接班记录等数十项文件和表单。随着企业管理升级，文件和表单的数量会越来越多，再加上员工的填写意愿低，以至于大多数表单都成了摆设。由于这些表单是一家企业最重要的生产数据来源，如果没有相关数据或者数据失真，很难识别持续改进机会和提高生产绩效。因此需要有新的解决方案，数字化班组就是为这个问题而生。

随着制造业数字化转型持续深入，数字化班组解决方案日趋成熟，主要聚焦在三个方面：一是电子文档；二是数据采集；三是数据汇总和报告。

通过在现场配置电脑或移动电脑，可以接收其他部门发过来的电子文档，如图纸、标准作业指导书、检验作业指导书等。诸如此类只需要作业者看的信息，都可以以电子文档的形式发送到现场，省去纸质文件打印、签字盖章、分发传递的过程。

数字化班组最重要的工作是数据采集，将生产过程中重要的基础数据收集起来，便于管理人员进行分析和改进。数据采集有三种常见方式：一是在系统里设计相关表格，由作业者手工录入数据；二是通过物联网和人工智能技术，自动获取数据，并汇聚到系统中；三是部分数据人工录入，部分数据自动获取。企业究竟采用何种数据采集方式，需要依据自身设备状况、数据采集成本，以及数据价值进行综合决策。

当系统里面有了数据，数据汇总和报告就水到渠成了。企业需要依据需求提出需要对哪些数据进行汇总和报告，然后在系统中开发相应的模板自动生成，消除人工进行数据汇总和报告的过程。

在企业数字化转型过程中，数字化班组可看成是企业安装 MES 前的一个阶段，数字化班组的全部内容都可以在 MES 中实现。若企业不想安装 MES，只想让现场更美观，可以只进行数字化班组建设。

11.3.3　MES

制造执行系统（Manufacturing Execution System，MES）是美国 AMR（Advanced Manufacturing Research）公司在 90 年代初提出的，旨在加强 MRP 的执行功能，把 MRP 和生产现场控制联系起来。MES 可以将周生产计划分配到每个人和每台设备（或产线），实时获取"人、机、料、法、环、测"等生产信息，同时记录生产过程中的各类信息，并生成相应的报告，供生产管理人员分析和决策使用。MES 让生产管理过程实现了数字化、透明化、同步化，摆脱了对人工收集生产信息的依赖，所有的信息来源也更加直接、更加准确、更加迅速，管理决策也更加高效，相对于传统生产管理模式有了非常大的进步。

一般 MES 有五大功能：日生产计划排程（含派工管理）、投产管理、生产过程管理、生产报工、生产绩效管理。也有一些 MES 具备成本分析功能，相关内容在本书 16.3.4 节实时成本分析系统有阐述。

1. 日生产计划排程

日生产计划排程是 MES 的核心功能之一。如前文所述，MES 需要调用"人、机、料、法、环、测"相关的主数据，因此需要和其他系统互联互通，或者基于大数据平台中的主数据子平台进行数据调用。只有 MES 将这些生产数据使用起来，才能依据周生产计划，按照资源匹配关系和优化算法进行日生产计划排程；并且当生产出现异常时，能进行灵活调配。MES 制订完日生产计划后，可以同步将日生产计划下发到现场，完成生产派工，现场作业人员通过现场电脑或移动终端可查看派工信息。

评价日生产计划质量高低的主要指标是日生产计划完成率和制造成本。日生产计划完成率越高，说明日生产计划和生产资源的匹配度越高，并且系统调整能力越强；制造成本越低，说明对资源的利用越合理。

2. 投产管理

通过 MES 与各"人、机、料、法、环、测"相关系统的互联互通，可以在系统中确认各生产要素的状态，从而能代替人工去现场确认。当确认了派工单中需要的生产资料都齐全后，系统通知相关方进行投产准备作业，如物料调度作业、工装模具准备作业、设备程序调用、人员排配、辅料准备等。

3. 生产过程管理

在生产过程中，需要按照作业标准控制生产过程，以便达成生产目标，这也是生产管理的核心工作。生产过程控制的主要对象有人、机、料、法、环、测。人员方面主要控制工作纪律、作业规范性、劳动技能和作业内容是否匹配等；设备（机）方面主要控制设备类型和设备参数是否和作业标准一致、设备状态是否适合生产等；物料方面主要控制来料是否准确、是否遵循先进先出原则、是否有混料风险等；法方面主要控制作业规范、作业工具、设备参数等是否和作业标准一致；环境和安全方面主要控制生产安全、人机工程、环境条件（如温湿度、洁净度、光照度等）是否满足生产要求等；测方面主要控制质量规范是否在现场得到落实，产品检测结果是否符合质量要求，不良品管理是否规范，检测器具是否合规，质量不良是否超标等。

传统的生产过程控制方法是管理者去现场巡查，发现异常时指出来并进行及时纠正，没有形成完整的数据记录。通过 MES 管理者可以方便地进行生产控制作业；另外通过对 MES 中的控制记录进行分析，可以识别一些系统性问题，比如人、机、产品的匹配性问题等。

4. 生产报工

传统模式下，在每班（或节）生产结束后，生产人员要统计并记录生产数量，含合格品数量和不合格品数量，生产主管再将这些生产统计结果汇总起来，发送给生产计划部和其他相关人员。整个过程费时而且信息滞后，管理者不能及时了解生产任务进度。通过 MES 可以在关键控制点安装计数装置，实现自动报工，实时将生产数据传到系统中，管理者可以实时了解生产进度状态。

5. 生产绩效管理

依据企业和生产部设定的生产绩效管理指标，在 MES 中设定相应的计算公式，然后调用各系统中或大数据平台中的相关数据，自动进行生产绩效指标值计算；再结合相应的目视化图表，能够很直观地将结果呈现出来，这是 MES 生产绩效管理的基础功能（当企业规划和建设大数据平台后，所有的指标类数据也可以基于大数据平台的商务智能子平台直接呈现）。另外，基于大量生产数据的相关性分析，还能够识别生产绩效的制约因素，并及时反馈给管理人员进行纠正，为提升生产绩效找到突破口。

基于以上的 MES 功能，一些 MES 企业的人员经常问我们：MES 到底能不能提高生产效率？如果能的话 MES 是怎么提高生产效率的？为了回答这两个问题，需要先了解 MES 实现了什么，以及工厂效率损失的根源。

首先，MES 实现了工厂管理的数字化和透明化；其次，工厂效率损失有设备故障损失、物料短缺损失、人员怠工损失、操作方法不当损失，以及其他因素导致的异常损失，在这几大损失里面，MES 没有解决具体的问题，但是 MES 让车间透明了，车间一旦透明起来，物料短缺会明显降低，员工怠工概率也会减小。依据我们过去的项目经验，一般企业员工怠工造成的效率损失在 15% 左右。因此，MES 对于提高生产效率有一定的帮助，一般带来的效率提升也在 15% 以内。

另外，通过 MES 系统，管理者能够实时了解现场生产状况；生产数据由手工录入变为扫描和自动采集；生产看板从纸质变成电子看板，不需要人工进行统计和更新；现场半成品变得清晰透明，物料先进先出规则得以执行；日生产计划下达由人工派工变为自动派工；生产责任追溯变得清晰、准确、及时；绩效统计变得更加准确，并且能够按不同时间、产品、生产线进行多角度分析对比等。

目前 MES 有向上发展、横向发展和向下发展的趋势，一些企业将"增肥"后的 MES 称为制造运营管理（Manufacturing Operation Management，MOM）：向上发展将 APS 的功能纳入其中；横向发展集成了 QMS、WMS、TPM、EMS 等系统的部分功能；向下发展进行设备联网、数据采集、具备 SCADA 的相关功能。针对 MES 的"增肥"趋势，在企业没有建立大数据平台前，有一定的现实意义，便于数据集成；若企业计划建立大数据平台进行统一的数据管理，MES 这种功能扩大化没有多大意义，还会造成企业数字化成本上升；针对集团型大企业，若各分子公司生产形态差异较大，针对分子公司建立 MOM 系统，能够减少应用软件的投入，也便于数据集成。

11.3.4　现场异常管理系统

虽然 MES 能对生产过程进行控制，但是"人、机、料、法、环、测"这些生产要素还是会出现各种问题，一般大问题会有人记录下来，小问题则容易被忽略掉。通常来说，生产现场效率损失的主要原因是小问题，而小问题被忽视的主要原因是人们不认为小问题是问题，或者小问题太多导致无法及时记录和管理。在数字化时代，结合物联网和人工智能技术，能够实时记录生产过程中的各种大小问题，给解决问题带来了新契机。

当合理的日生产计划排出来后，主要就是执行，生产计划执行与控制主要是指日生产计划的执行和控制。在没有数字化管理系统时，生产部门需要填写生产日报，通过生产日报系统来记录和反馈执行过程中出现的各种问题。生产日报系统的最大缺点是员工不愿意填写或者填写得很粗糙，这样原始数据就不能被有效地记录和汇总，生产管理人员如果不去现场就不知道真实的生产情况。

当企业安装了 MES 和 SCADA 系统后：MES 可以进行日生产计划排程，并且实时监控各生产单元的设备、人员、产出等信息，并制作生产日报；SCADA 系统可以实时统计各生产单元的基础数据。结合 MES 和 SCADA 系统，企业就有了真实可用的基础数据，但是针对日生产计划执行中的异常，并不能够及时有效地解决。

要及时解决日生产计划执行中的异常问题，需要通过现场异常管理系统。该系统可以和 MES 相连，或者在 MES 的基础上进行升级。现场异常管理系统是运用解决问题的方法进行问题建模，先将 MES 记录的异常问题导入，然后结合系统中的解决问题模型和经验数据库，实现问题的快速分析和解决。常见的解决问题方法有 5W1H、KT、8D、6σ 等，企业可以将这些方法软件化，然后持续积累解决问题的经验，就能逐步建立解决问题的经验库。另外，由于现场异常多且杂，要有方便异常录入的方法和工具，让任何角色人员可以随时随地便捷地录入异常信息。

通过现场异常管理系统，各级管理者都可以了解现场发生了哪些问题，以及各问题的处理状态。要特别注意的是，日生产计划异常是现场问题的一大类别，但并不是全部，企业在开发现场异常管理系统时，最好以现场问题为导向进行系统规划，不要为了单一目的去单独开发。

本节介绍了数字化生产管理实践中的四个常见管理系统，由于生产管理十分庞杂，还有很多小的数字化应用场景，企业在实践过程中可以基于大数据平台单独实施或者将其集成到其他数字化管理系统中去。

第12章 | CHAPTER

数字化供应链管理

一条完整的最小供应链由供应商、制造商和客户组成。供应链管理是指在保持一定的客户服务水平的条件下，为了使整个供应链成本最小、效率最高，而把供应商、制造商的内外部仓库、生产车间、制造商的外部配送中心和渠道商等有效地组织起来进行产品制造、转运、分销及销售的管理方法。

12.1 建立供应链管理体系

供应链管理在企业中通常包含采购和物流两大职能：采购管理主要有供应商开发管理、供应商管理、样品采购管理、采购价格管理、直接物料采购管理、间接物料采购管理等；物流管理主要有出入库管理、内部仓库管理、外部仓库管理、内部物流管理、外部物流管理、报关管理等。另外还有一些公司成立了供应链中心，将生产计划部门也纳入供应链中心，这也是可行的。

1. 供应商开发管理

在日常商务活动中，企业经常要开发新供应商。针对要开发的新供应商，企业要能通过有效的管理方式，迅速找到匹配的供应商资源，并完成供应商评估工作，然后通过送样验证，成为正式供应商。供应商开发管理比较健全的企业一般都建立有潜在供应商库，能够缩短供应商开发周期。

2. 供应商管理

在供应商开发完成后，要对供应商在供应商体系中的位置、供应商审核、供应商绩效、供应商信用等进行有效管理，以确定供应商采购配额。针对一些特殊供应商，要制定特殊管理办法，如独家供应商管理办法等。当供应商不能满足交付要求时，需要进行供应商替代管理。对于一些优秀供应商，若企业想和其建立战略合作伙伴关系，还需要进行供应商发展管理。

3. 样品采购管理

企业在开发新产品时，离不开供应商的支持和配合。针对企业新产品开发需要的样品，企业可以在现有供应商中寻找有能力的供应商，也可以开发新供应商。由于样品需求数量少，并且交付时效性要求高，和常规物料的采购有较大差别。

4. 采购价格管理

材料成本是制造业企业的重要成本之一，材料采购价格的变化对于产品成本影响很大。一般企业针对采购价格，会进行年度价格谈判，约定接下来一年或者几年关于价格的变动规则。另外关于新品，也需要制定询价比价管理办法。

5. 直接物料采购管理

直接物料采购一般指和生产相关的原材料和零部件采购工作，也是采购部门最高频和工作量最大的工作。主要有直接物料分类管理、直接物料交期管理、直接物料采购订单管理、直接物料收料管理、来料检验、来料入库、来料退货、特采管理、材料替代管理、开票付款、紧急物料采购、非常规物料采购等工作。

6. 间接物料采购管理

在企业内部，间接物料采购通常包含非生产类物料采购、生产辅料采购、设备设施采购、服务采购、软件采购等。间接物料采购也需要像直接物料采购一样，进行物料或服务分类管理、交期管理、订单管理、验收管理等。

7. 出入库管理

出入库管理是物流部的高频工作，主要有来料卸货、入库待检、检验入库，在库物料出库理货、出库作业，在库成品出货理货、出货检验、出货装车等工作。还有一些企业由于内部物流规划不合理，导致半成品也需要经过出入库作业。

8. 内部仓库管理

内部仓库包含原料库、成品库、辅料库，以及各种配件库等，本书将中间库和线边库归到内部物流管理中。内部仓库要进行仓库整体规划，对物料进行分区分类定置定位管理，日常要进行收料、发料、整理、盘点、记录等工作。

9. 外部仓库管理

外部仓库可以自运营，也可以委托给第三方运营。针对自运营的仓库，参照内部仓库管理；针对第三方运营的仓库，需要和第三方建立便捷的信息交互机制，以便能够及时准确地掌握仓库物料信息。

10. 内部物流管理

内部物流主要包含内部物流规划和日常物料转运作业。内部物流规划包含物料点规划、物流路径规划、物流工具规划、包装规划（部分企业放在研发部门）；日常物料转运是按照规划的物流路径，由物流人员将生产需要的物料从一个物料点转运到另一个物料点，最后完成成品入库。需要注意的是，生产车间内部的物料转运一般由车间人员完成。

11. 外部物流管理

外部物流主要包含供应商物流、客户物流、企业各生产据点间的物流，有外部物流规划和日常管理工作。外部物流规划主要包含外部仓库规划和外部物流线路规划；日常管理工作主要有外部物流服务商管理，外部运输需求管理，部分企业还有物流车辆调度管理。

12. 报关管理

针对有出口业务的企业，还需要报关管理。报关管理制度是报关单位及其报关员的报关行为准则，应遵守《中华人民共和国海关法》及相关法律、行政法规的规定。

12.2　数字化供应链管理机会

针对上述供应链管理内容，存在以下数字化供应链管理机会：

1. 供应商开发管理

在寻找潜在供应商时，可以通过数据爬虫精准找到潜在供应商，也可以在行业工业互联网平台上匹配相应供应商。在供应商评估时，目前主流做法是使用"供应商评估表"，边评估边制作，最后制作成评估报告；在此基础上，可以将"供应商评估表"二次开发到 SRM 系统中，评估和报告同步完成。

2. 供应商关系管理

供应商关系管理包括供应商管理、采购价格管理、直接采购管理、间接采购管理、样品采购管理等。随着企业对于供应商关系管理专业程度的提升，大多数企业会选择 SRM 系统；对于没有 SRM 系统的企业，供应商关系管理一般在 ERP 中进行。

3. 仓库管理

仓库管理主要包括出入库管理和物料存储管理，安装了 ERP 的企业，一般都有仓库管理功能。一般 ERP 的出入库管理只是进出数量管理，对其他信息（如储位等）没有特别要求，因此很不精准，经常出现 ERP 系统中显示有物料，但实际中就是找不到的情况。在安装 WMS 时，对物料、数量、储位有了更具体的要求。WMS 需要建立在企业有仓库规划的基础上。企业在安装 WMS 前，一定要先完成仓库规划和现场物料点规划，没有规划或者规划不专业、不合理，WMS 就会浪费很多资源。另外，WMS 也可以结合自动化仓库一起实施，企业建设自动化仓库也需要先完成仓库规划，否则也会浪费很多自动化仓库资源。

4. 内部物流管理

内部物流管理包含内部配送管理、中间库管理、线边库管理。内部配送管理一般通过运输管理系统（Transportation Management System，TMS）来实现，也有些 WMS 包含 TMS 功能。关于中间库管理，可以通过精益管理的方式来实现，也可以安装 WMS 和自动化中间库。线边库管理若涉及配送管理，需要纳入 TMS 中；若不涉及配送管理，就只需要通过精益管理来实现。需要注意的是，企业在进行内部物流管理数字化升级前，一定要先进行内部物流规划，设定合适的物料点和配送路径，然后选择经济高效的实现方式。

5. 外部物流管理

外部物流管理包含外部仓储管理和外部运输管理。外部仓储可以用 WMS 进行管理，外部运输可以用 TMS 进行管理。因此，当企业安装 WMS 和 TMS 时，要确定范围。另外，企业也可以通过协同供应链平台，将物流运输需求直接和物流供应商的系统对接，从而实现内外信息同步。

12.3　数字化供应链管理实践

依据上述数字化供应链管理机会，企业主要有五大应用：SRM 系统、WMS、自动化仓库、TMS 和协同供应链平台。这五个方面的数字化管理实践目前都很成熟，但是对某一具体企业而言，要不要安装这些系统，能不能给企业带来经济效益，则要依据企业实际情况进行分析。

12.3.1　SRM 系统

当前 SRM（供应商关系管理）系统主要围绕两大业务过程展开：一是供应商开发与管理；二是采购管理。

1. 供应商开发与管理

在供应商开发与管理方面，SRM 系统主要具备以下功能：

1）供应商开发：包含从开发、导入、合作，到评级、淘汰的全过程。

2）供应商管理：包含供应商基本信息、供应物料信息、价格信息、交期信息、绩效信息、信用信息等，作为采购配额、采购订单决策的依据。

关于供应商管理，SRM 系统的一大缺陷是不能够评估供应商的物料成本，而供应商的物料成本是企业最想了解的信息之一。由于物料成本和产品设计、工艺、管理水平、包装运输等都很相关，要精准评估供应商物料成本不是一件容易的事情。若 SRM 系统有丰富的物料基础数据库，能够基于所选行业和供应商的相关信息，如供应商的报价、工艺、设备、管理水平等，来提示企业该报价在整个行业中的竞争力，这对企业进行供应商管理无疑会非常有帮助。目前有些独立的成本核算软件可以处理这方面的工作。

2. 采购管理

在采购管理方面，SRM 系统主要包含以下功能：

1）企业内部采购需求的收集、审批，实现无纸化作业。

2）管理询价报价过程、招投标过程、合同签署过程；提升整个过程的透明度和规范性，降低合同风险。

3）采购订单从内部确认到下达给供应商、供应商发货、企业完成检验收货的全过程管理。SRM 系统在此处还有一个缺陷，就是当订单在供应商内部生产时，不能实时监控订单状态。若要弥补此缺陷，需要供应商的 MES 和企业的SRM 系统对接，将生产执行过程的信息实时同步到 SRM 系统中。

4）供应商的应收货款、企业应付款、对账单的管理。

基于以上实践现状，SRM 系统可以扩展供应商成本分析功能，通过建立丰富的物料成本模型和数据库，再结合供应商的基本信息，可以较为精确地分析供应商的物料成本及其竞争力。另外将 SRM 系统和供应商的 CRM 系统或者 MES 对接也是基本趋势。

12.3.2　WMS

仓库管理系统（Warehouse Management System，WMS）集成了信息技术、条码技术、无线射频技术、电子标签技术等，具有仓储管理、入库作业、出库作业、仓库调拨、库存调拨和虚拟仓管理等基本功能，并具备批次管理、储位管理、库存盘点、即时库存管理等功能。WMS 一般具备以下四项功能：

1. 物料基本信息管理

WMS 不仅支持对品名、规格、生产厂家、产品批号、生产日期、有效期和包装等物料基本信息进行设置，而且其储位管理功能对所有储位进行统一编码并存储在系统的数据库中，使系统能有效地追踪物料位置，也便于操作人员根据储位编码迅速定位物料。要实现此功能，企业先要进行储位规划，然后给每个储位固定一个标签，可以是条码、二维码或者 RFID 标签等。

2. 上架管理

WMS 可自动计算最佳上架储位，提供已存放同品种物料的储位信息、剩余空间，并根据减少存储空间浪费的原则给出建议的上架储位，操作人员可以直接点击确认，也可以通过人工指定储位。

3. 理货管理

根据仓库规划的储位图和建议的拣选指导顺序，WMS 自动根据理货任务所涉及的储位给出指导路径，避免无效走动和减少查找物料时间，提高单位时间内的理货量。

4. 动态库存管理

WMS 能够对储位进行逻辑细分和动态设置，实现自动补货，有效地提高储位利用率。另外，WMS 还可以实时汇总仓储信息，实现实时自动盘点。若储位上的物料能够和料架进行通信，还可以避免系统信息和实物存储信息不一致；一旦物料发生异动，系统就会及时预警。

基于以上功能，WMS 能给企业带来如下收益：

1）物料数据采集及时、过程精准管理、全自动智能导向，提高工作效率；

2）精确库位定位管理、状态全面监控，充分利用有限仓库空间；

3）按先进先出原则自动分配上下架库位，避免人为错误；

4）实时掌控库存情况，合理保持和控制库存，避免账物不一致的情况；

5）通过对批次信息的自动采集，能对产品生产和销售过程进行追溯。

WMS 也可以应用到车间中间库和线边库。车间中间库和线边库是否需要安装 WMS，主要考虑实施成本和效益。若车间精益管理执行得十分到位，不需要安装 WMS，只需要在系统里面增加相应的虚拟库位即可。需要特别注意的是，企业在安装 WMS 前，一定要先进行系统的仓库规划，否则 WMS 实施成本会上升，实施效果也会打折扣。

12.3.3 自动化仓库

自动化仓库是指在不直接进行人工干预的情况下，能自动地存储和取出物料的系统。自动化仓库主要由货架系统、堆垛机、输送设备和控制装置四大部分组成。

1. 货架系统

货架系统是自动化仓库的主体，是存储物料的装置。从结构上看有两种不同的货架系统：一种是货架与建筑物没有联系，独立地建在建筑物内部，这种货架可拆除，灵活方便，适用于高度不高的自动化仓库；另一种是货架与建筑物紧密相连，除了储存货物以外，还支撑建筑物的墙体或屋顶，是建筑物的一部分，通常称为整体结构，这种货架建造周期短、费用低，适用于高型的自动化仓库。

2. 堆垛机

每两个货架之间的空隙称为巷道，巷道内设有堆垛机。它可在轨道水平方向上移动，也可以在本身的立柱上沿垂直方向移动，来完成货物的存取操作。为了适应立体存取，要求堆垛机操作安全、准确并可进行遥控；为了适应各种货物的装载特点和不同的储存量，要求堆垛机具有灵活的尺寸和结构；另外由于不同仓库单位时间内的货物吞吐量不同，堆垛机需要有一定的调速范围，以提升其适用性。

3. 输送设备

输送设备的作用是将堆垛机与其他长距离的运输装置联系起来。输送设备类型很多，主要根据作业量多少、货物类型和作业之间的配合情况来选定。常用的输送设备有铲车、引导车、地面有轨流动车、穿梭车和辊筒链条输送机等。

在一些自动化程度较高的工厂，还可以通过输送设备将生产车间和自动化仓库连接起来，实现产品从生产线到仓库的自动化转移。

4. 控制装置

控制装置把自动化仓库的所有设备有机地联系在一起，使其按照预定的程序和要求作业，形成一个自动控制系统。常见的控制装置一般由几台小型计算机构成，采取分级控制模式。这种计算机分级控制系统能快速地对信息进行实时处理，当一台计算机有故障时操作仍不中断。整个系统便于测试、检查和维修。计算机还能对仓库的订货与发送、仓库物料库存、仓库作业定额管理提供信息支持。

在企业的数字化转型实践中，自动化仓库在部分行业应用得非常普遍，在部分行业很难有用武之地，这主要和产品特点相关。企业要依据自身产品特点进行自动化仓库收益分析，只对有经济效益的仓库或者中间库，进行自动化改造。

12.3.4　TMS

运输管理系统（Transportation Management System，TMS）是基于数据分析，对运输需求进行规划和调度，实现提升装载率和运输效率、节省物流成本的目标。TMS 可以包含企业内外部物流运输，主要由四大部分构成：运输基本信息、运输任务信息、调度管理、报表信息。

1. 运输基本信息

外部运输的基本信息主要有承运商信息、车辆信息、司机信息、物流路线信息等；内部运输的基本信息主要有叉车信息、物流配送人员信息、配送路径、配送点、配送规则信息等。在 TMS 中，要将这些基本信息录入进去，然后再结合相应的运输任务进行调度管理。很多运输管理薄弱的企业没有完整的运输基本信息，上系统前先需要进行运输规划。

2. 运输任务信息

运输任务信息是指具体的运输需求，主要有三种类型：将供应商处的货物运送到企业或第三方仓库；将企业的货物运输给客户或者第三方仓库；将企业内部的货物从一个物料点转运到另一个物料点。通常一条运输任务信息包含物料名称、数量、重量、体积、物流路径（起点和终点）、时间要求、运输特别要求等信息。在企业的日常经营过程中，这些运输任务会不定时产生，当 TMS 收到具体运输任务需求后，要统一进行调度管理，然后分配和下达运输任务。

3. 调度管理

调度管理是指针对收到的运输任务，在满足运输任务需求的前提下，按照运输成本最低、路径最短的原则进行任务重组，选择合适的运输工具和规划最优的运输路径，并下达相应的运输任务给相应的运输资源。调度管理是 TMS 的核心，也是企业降低物流成本的关键所在。

4. 报表信息

运输任务完成后，结合运输资源，及时分析每单任务的运输绩效，如运输成本分析、资源利用率分析、线路优化建议等，并生成绩效报表。

结合到 TMS 处理的三大业务：供应端物流运输、厂内物流运输、客户端物流运输。企业安装 TMS 时，要根据实际情况选择实施范围。比如有些企业供应端物流由供应商承运，此时若企业和供应商的采购合同没有变更，TMS 则不适合包含供应端物流；若企业和客户间的合同是由客户取货，这样 TMS 则不适合包含客户端物流；企业内部物流是 TMS 的主战场，一定要包含，这部分往往也是降低物流成本最有潜力之处。

12.3.5　协同供应链平台

供应链协同是将分散在各地的、处于价值链不同环节上的、具有特定优势的独立企业联合起来，以协同机制为前提，以协同技术为支撑，以信息共享为基础，从系统全局出发，促进供应链上下游企业内部和外部协调发展，在提高供应链整体竞争力的同时，实现供应链节点企业效益最大化的目标，打造多赢供应链。通常来讲，协同供应链有以下三个层次：

1. 战略层协同

从战略的高度，明确和强化供应链协同管理思想，并进一步改进供应链协同管理的策略和方法，增强整条供应链的整体竞争能力，以最优化原则指导解决供应链上的各类问题。战略层协同主要包括文化价值融合、发展目标统一、风险分担、收益共享、协同决策与标准统一等内容。实现战略层协同主要依靠供应链上各方对于供应链协同的认同，愿意加入，并且保持开放合作共赢的态度，不需要数字化技术的加持。

2. 策略层协同

策略层协同是供应链协同管理的核心，包括以下内容：具有直接供需关系的上下游企业间的需求预测协同、生产计划协同、采购协同、制造协同、物流协同、库存协同、销售与服务协同等。策略层协同需要供应链上各方企业进行信息共享，建立协同供应链平台。

3. 技术层协同

技术层协同主要是指通过协同技术，为供应链节点企业提供实时交互的数据共享与沟通平台，其主要目的是通过统一的技术底座实现供应链节点企业的同步运作，同时增加端到端的透明度，提高决策的速度和效果。技术层协同是供应链协同的基础和关键，它为战略层协同和策略层协同提供有力的支持。技术层协同的内容包括：信息采集、存储与传输的标准化，数据共享平台构建，智能服务和保密制度等。

目前协同供应链平台的实践主要有四方面内容：一是和客户间的协同；二是和供应商间的协同；三是和平行合作伙伴间的协同；四是和分子公司间的协同。随着协同供应链平台的逐步完善，将会建成基于行业的工业互联网平台；当行业工业互联网平台成熟后，最终能够建成产业大脑。

第13章│C H A P T E R

数字化质量管理

质量是制造业企业的四大核心竞争力（质量、成本、交付、服务）之一，也是企业的生命线。提升产品质量，减少客户投诉，降低质量成本，是企业质量管理追求的方向。本章总结过去百年质量史，将质量管理划分成如下五个阶段：

1）质量管理1.0：无质量管理阶段。产品质量由生产者自己控制。

2）质量管理2.0：质量检验阶段。泰勒提出科学管理后，质量检验作为一个工种从生产活动中分离出来，出现了专门的质量检验员和检验部门。

3）质量管理3.0：统计过程控制阶段。以休哈特提出统计过程控制（Statistical Process Control，SPC）为标志，应用统计技术对生产过程进行监控和质量预防，以减少对检验的依赖。

4）质量管理4.0：全面质量管理阶段。20世纪60年代初，朱兰、费根堡姆提出全面质量管理（Total Quality Management，TQM）概念。TQM的核心理念是：为了生产具有合理成本和较高质量的产品，以适应市场要求，只注意个别部门的活动是不够的，需要对覆盖所有职能部门的质量活动进行策划。在此阶段出现了大量的质量管理工具，如质量七大工具、质量功能展开、防错、品管圈、先期产品质量策划、6σ、Q-VSM等。

5）质量管理5.0：数字化质量管理阶段。21世纪初，随着数字化技术发展，以 Q-VSM 为基础，将质量管理工具软件化，并通过物联网和人工智能技术进行实时质量数据采集，及时统计和分析产品在设计、生产，以及使用过程中的全生命周期质量信息，从而及时识别产品生命周期各阶段的潜在质量问题并进行预防和及时改进。

目前，尽管一些质量管理落后的企业或许还处于质量管理 1.0、质量管理 2.0 或质量管理 3.0 阶段，但是质量管理从 TQM 向数字化质量管理过渡的趋势已经到来，将会引领质量管理发展到全新高度。

13.1 建立质量管理体系

当前中国制造业质量管理整体水平不高，质量管理体系普遍不太健全，主要有两方面的原因：一是企业将重心放在了质量检验上，忽视了质量管理的其他更为核心的内容；二是由于企业通过国际标准化组织（International Organization for Standardization，ISO）相关的质量认证是质量管理的硬性要求，部分企业为了拿证而拿证，实际情况根本达不到 ISO 的相关要求，一些 ISO 认证机构为了盈利，也违背职业道德颁发认证证书。这些现象严重降低了中国制造业整体的竞争力。

健全的质量管理体系主要包括以下内容：质量体系管理、质量保证管理、质量设计管理、生产过程质量管理、供应商质量管理（也有些企业将其划分到供应链管理中）、客户质量管理、质量持续改进。

质量体系管理主要包含制定企业的质量方针和质量目标，进行质量体系内审和外审，建立质量体系的维护和更新机制，在企业内部宣传和培训质量体系、提升全体员工的质量意识。

质量保证管理要从产品设计开始，到售后服务的质量信息反馈为止，建立一个以保证产品质量为目标的管理体系。质量保证分为供应商质量保证和客户质量保证。供应商质量保证主要是要求供应商如何保证来料质量，针对供应商的来料质量保证要和供应商签订质量保证协议；客户质量保证是指企业向客户保证交付的产品质量，针对企业从产品设计到产品售后的保证措施，要和客户签订质量保证协议（通常来说，若客户没有主动要求，企业一般不会主动和客户签订质量保证协议）；另外，若企业的产品直接销售到终端消费市场，还需要相关的强制性认证，如安规认证、3C 认证等。

"产品质量是设计出来的"，这句话在制造业行业非常流行，但是有质量设计职能的企业却寥寥无几。质量设计要求在产品开发阶段进行先期产品质量策划，然后完成设计阶段的质量失效模式分析（Design Failure Mode and Effects Analysis，DFMEA）、质量功能展开（QFD）和生产阶段的质量失效模式分析（Process Failure Mode and Effects Analysis，PFMEA），基于这些分析制定质量的具体预防措施的检验措施。

生产过程质量管理是基于质量设计阶段设定的质量控制点和控制方法，再结合企业具体的质量控制原则，如首检、自检、互检制度，形成针对具体产品制造过程的质量控制措施。

供应商质量管理在供应链管理体系里面也提到了，采购部要进行供应商质量管理，质量部也要进行供应商质量管理。关于供应商质量管理到底是采购部负责还是质量部负责，各企业的做法不尽相同。我们建议由质量部负责或者单独成立供应商质量管理部，对供应商的产品制造过程和来料进行全面质量管理，确保提升来料质量和来料的质量稳定性。

很多企业忽视了客户质量管理，只设置了出厂检验这个职能。出厂检验是客户质量管理的组成部分；另外产品在出厂后、运输过程中，以及在客户现场上线前和客户使用产品时，产品也会有质量风险，企业也需要采取具体的质量管理措施。

质量持续改进是企业的基本质量方针。针对企业内部和供应链上的质量问题，企业要建立质量持续改进机制，寻找质量问题的根本原因，从而进行预防和消除。最常见的质量持续改进方法是 PDCA 循环，可参考本书的图 6-12。

13.2 数字化质量管理机会

针对质量管理体系的七大部分内容，存在着以下数字化质量管理机会：

1. 质量体系管理

质量体系的完善一般是通过质量体系审核来实现的。质量体系审核一般分为内审和外审：针对质量内审，可以开发内审软件进行审核和审核后的问题跟踪解决；针对质量外审，由外部审核机构主导，外审机构或者质量行业协会可以开发质量外审软件，以标准化外审工作，并且方便执行。

2. 质量保证管理

供应商质量保证可以作为 SRM 系统的一项功能集成到 SRM 系统中；客户质量保证可以作为 CRM 系统的一项功能集成到 CRM 系统中；产品的安规认证、3C 认证等可以作为 QMS 的一项功能集成到 QMS 中。

3. 质量设计管理

质量设计数字化比较常见的有 DFMEA 和 PFMEA 软件，通过 FMEA 软件可以更加规范地引导企业进行 FMEA 工作，也能够便捷地生成 FMEA 报告和积累潜在失效模式的应对策略。另外，数字化系统仿真软件也对质量设计有重要帮助，通过对设计方案进行仿真模拟，可以识别设计方案的潜在问题，并进行及时更新。

4. 生产过程质量管理

生产过程中的质量管理主要有首检、自检、互检、巡检、抽检、在线检验、过程实验、出厂检等。目前这也是 QMS 的主战场，通过采集各质量控制点实时数据，进行质量问题判断和预防，检测人员也可以实时将检测结果上传到系统进行质量数据汇总，从而实现检验无纸化。

5. 供应商质量管理

供应商质量管理主要有来料检验和供应商质量改进。一般 QMS 有来料检验模块，检验人员只需将检验结果录入系统，就可以自动生成来料检验报告；将 QMS 和 SRM 系统互通，可以自动评价各供应商交付质量绩效，以便企业进行供应商质量改进工作。

6. 客户质量管理

一般 QMS 有出厂检验模块，但是 QMS 一般没有在途运输质量监控和客户端质量监控功能。在途运输质量监控一般由 TMS 实现，主要依赖物流服务商是否能对运输车辆进行质量监控；若可以的话，企业可以和物流服务商进行数据共享，获取在途运输实时信息，从而判断是否有质量风险。客户端质量管理（CRM）一般由客户进行反馈，可以在 CRM 系统中加入售后质量管理功能，然后和 QMS 互通；另外，若企业的产品智能化程度高，当产品出现售后质量问题时，可以将问题自动发送到企业的 QMS 或者 CRM 系统中，从而使企业对产品质量问题进行及时响应。

7. 质量持续改进

质量持续改进是质量管理的核心工作，也是提升产品质量的重要方法。在传统管理模式下，由于很多质量问题错综复杂，很难识别其根本原因，因此不能彻底解决；在数字化质量管理模式下，基于质量大数据分析技术，通过相关性分析代替根本原因分析，很多质量问题都能迎刃而解，也降低了对人员解决问题技能的要求。因此，质量大数据分析对质量持续改进比较有应用价值。质量大数据分析可以基于 QMS 中的质量数据，也可以基于企业的大数据平台，通过对更大范围内的数据进行相关性分析，从而识别出更多的质量改进机会。

13.3　数字化质量管理实践

从上述数字化质量管理机会可以看出，目前企业主要还是应用 QMS 和质量大数据分析，质量大数据分析可以独立成应用软件，也可以集成到 QMS 中。由于质量审核对象的多变性，需要具体问题具体分析，所以外审机构和企业对于开发质量审核软件的动力不足。市场上针对质量设计的 FMEA 系统比较成熟，企业选择使用就可以了。

QMS 一般是基于国际标准化组织对于质量管理体系的要求进行设计和开发的质量管理系统，其核心价值是为固化企业质量管理的持续改进机制。QMS 主要有以下七项功能：

1. 质量管理标准

要进行质量管理，先需要有质量管理标准。对于制造业来说，质量管理标准主要来自于国标、行标、企标，这些数据有的存储在 PLM 系统中。因此，QMS需要和 PLM 系统互联互通，以便能够获取相关标准数据。有了质量管理标准，QMS 才能够进行来料质量管理、生产过程质量管理和售后质量管理。

2. 来料质量管理

来料质量管理需要 QMS 与 ERP 或 WMS 集成，自动获取检验任务通知，并针对检验员的任务进行管理；维护和更新来料检验标准；自动获取检验项目、方法、检验数量等信息；手工录入或由检测设备自动录入检验记录，并生成检验报告；实时监控和统计供应商来料不良率等。

3. 供应商质量管理

供应商质量管理需要 QMS 和 SRM 系统互联互通，获取供应商基本信息，并将供应商质量信息反馈给 SRM 系统；若企业没有 SRM 系统，则需要在 QMS中完善供应商质量管理相关信息。

4. 生产过程质量管理

生产过程质量管理子系统主要功能有：支持制造过程中各质量控制点的检验

结果录入，包含首检、自检、互检、抽检、巡检等；自动统计各工位的一次合格率；关键工序质量信息实时采集，基于系统集成、条码、离线 PDA 等技术实现现场检验信息的高效采集；实现检验不良项目的返工控制；记录不良原因、返工措施等信息，并形成返修经验库。

5. 售后质量管理

售后质量管理子系统主要功能有：客户质量投诉记录与处理，企业处理客诉的标准流程和工具，如 8D 等；统计企业外部质量损失，如客户索赔，各种异常质量费用等；质量追溯和外部 PPM 统计，按批次进行质量追溯管理，按客户统计退货、抱怨等数据，并实时监控外部 PPM。

6. 质量持续改进

质量持续改进子系统主要功能有：来料检验，制造过程、售后过程等业务过程的质量监控，并基于质量控制标准进行及时预警；依据内部质量问题升级流程，当触发升级条件时及时通知相关人员并启动响应机制；融入企业质量问题改进方法，如 8D、DMAIC、QCC 等，进行质量问题跟踪解决；支持质量改进经验总结，建立解决质量问题的知识库，对典型质量问题的原因、纠正措施、预防措施进行标准化，并能在相同问题再次发生时自动诊断。

7. 质量大数据分析

提质降本增效是制造业数字化转型的核心目标，也是制造业实践数字化的动力。针对质量管理，特别是制造过程复杂的制造业，有很多质量问题靠小数据很难分析和解决，需要借助质量大数据分析。质量大数据分析可以独立成应用软件，也可以集成到 QMS 中。当 QMS 或大数据平台获取了大量的质量数据后，若不将其用于分析和解决质量问题，只进行合格与不合格的判断、质量预警和各种质量图表目视化，就有些暴殄天物了。

质量大数据分析共有四个阶段：信号数据处理、数据统计分析、数据建模和评估、方案与对策，如图 13-1 所示。

信号数据处理	数据统计分析	数据建模和评估	方案与对策
• ETL：抽取，转换，加载 • 数据切片记录	• 数据统计模型：趋势图，失效模式分别，参数间的关系……	• 特征建模 • 仿真分析	• 解决方案 • 测试验证方案 • 优化方案 • 提前预警

图 13-1　质量大数据分析过程

（1）第一阶段：信号数据处理。在数据生产的过程中，通过传感器、智能终端或者从 PLC 读取的数据形式千奇百怪。由于传统的数据分析是通过关系型数据库管理系统 (RDBMS) 进行的，因此数据形式需要转换成为 RDBMS 能够使用的结构类型，例如行或者列的形式，并且需要和其他数据相连接，这个数据处理过程被称为 ETL。随着数据处理技术的发展，数据结构类型的影响会越来越小，未来的数据分析工具将能处理各类非结构化数据，数据的 ETL 过程并不是必需的，不过本节还是围绕 ETL 进行说明。

ETL 是 Extract（抽取）、Transform（转换）、Load（加载）的缩写，用来描述将数据从来源端经过抽取、转换、加载到目的端的过程。首先将数据从源系统中抽取出来，再将数据标准化且将数据发往相应的数据仓储等待进一步分析。在传统数据库环境中，这种 ETL 步骤相对直接，因为分析的对象往往是人们熟知的商业数据，如金融报告、销售或者市场报表、企业资源规划等。然而在工业大数据环境下，ETL 可能会变得相对复杂，因为转换过程对于不同类型数据源之间的处理方式不同。

（2）第二阶段：数据统计分析。结合相应的数据统计模型和分析方法，可以识别异常和发现数据背后的秘密。例如从趋势图可以看出数据的变化趋势，从分布图可以看出数据的分布规律，从关联图可以识别不同因子之间的关系，从散点图可以识别异常数据等。当数据分析进行到这一步时，就已经具备了实用价值。例如把趋势图和 SPC 统计控制图结合起来，就可以通过管理数据来提供异常预警服务。我们曾经运用这个方法为一家智能制造示范企业提供产品质量预警解决方案，把这种方式称为"基于信号数据的精益建模"：从企业实际需求出发，将生产经营中需要的数据，映射到设备信号数据中去，再通过分析信号数据，来指导生产经营。在这个过程中有一个难点，需要两类人才相互协作：一类是懂数据分析的技术人才，一类是懂企业经营的管理人才。这两类人往往是懂技术的不懂经营，不能够按照企业需求来发现数据的价值；懂经营的不懂技术，面对需要解决的问题无从下手。如果这两类人才能够深度协作，可以将很多企业经营管理模型数据化，就能为数据提供广阔的应用场景。传统精益管理的一大痛点和难点就是数据获取，通过智能制造技术手段解决精益管理数据来源的问题，这也是精益管理和智能制造相互融合的一个典范。

常用的数据分析方法还有在线分析处理（On-Line Analytic Processing，OLAP）。OLAP 是一种为多维分析查询提供快速性能的方法。常见的 OLAP 操作包括切片、切块、向下钻取、向上钻取、向上卷积和透视。

（3）第三阶段：数据建模和评估。要将此处数据建模和安装业务应用系统时的数据建模区分开来。在企业安装业务应用系统时，数据建模通常分概念建模、逻辑建模和物理建模。概念建模主要是基于需求，将需求转化成各种数据表；逻辑建模是对数据表进行细化，同时丰富表结构；物理建模是将各种表生成为相应的 SQL 代码，来创建相应具体的数据库对象。部分数据建模偏向业务应用，这种数据建模也可以被称为业务运营模型。企业内部常见的业务运营模型有战略绩效模型、预测模型、预算模型、成本分析模型、质量分析模型等，此类业务运营模型是数字化阶段的核心，需要运营技术、信息技术和数字技术相结合。

针对一些复杂的问题，以及难以建立模型的需求，可以辅以系统仿真。系统仿真是根据系统分析的目的，在分析系统各要素性质及其相互关系的基础上，建立能描述系统结构或行为的过程，且具有一定逻辑关系或数量关系的仿真模型，据此进行模拟验证，以获得正确决策所需的各种信息。

（4）第四阶段：方案与对策。通过数据建模及评估，针对具体问题提出解决方案，解决方案还需要回到现实环境中去验证。如果方案验证确实有效，那么就是有效的解决方案；如果验证效果不好，就需要继续调整数据模型，不断优化解决方案。

制造业场景中充满了众多未知因素，不管是数据建模还是系统仿真，基本上只能反映已知情况，针对未知和从未出现过的突发情况，需要保持开放的心态，根据实际情况不断调整和完善数据模型。

数字化设备管理

对于制造业企业来说，设备是最重要的固定资产，也是投资重点。制造业企业经常会面临几项关于设备的决策：当业务增长时，是否要进行设备投资？若要进行设备投资，要投资多少设备？以及投资哪些设备？表面上看，这些决策不难做出。企业要发展，理所当然要进行设备投资。当企业规模小时比较容易决策，但是当企业规模大了，就变成一件不简单的事情。我们曾经辅导过一家民营企业，当业务增长产能不足时，董事长一次性购买了 70 多台数控设备。当新设备投产后，企业产能却没有增加，依然无法满足业务增长的需求。这是怎么回事呢？当我们分析完后，发现这家企业的新设备投资后，导致企业整体设备效率下降，新设备增加的产能和现有设备损失的产能基本持平，因此整体产能没有增加。从这个案例可以看出，管理好设备、建立健全的设备管理体系、提高设备产能利用率、提高设备效率对于制造业的意义十分重大。

过去提升设备效率和产能利用率的方法主要是精益管理，由于精益管理需要详细的数据，收集数据主要靠人，从而导致数据不准，因此精益设备管理有很多不足之处。随着数字化时代的到来，通过设备数字化改进，再结合精益管理思想，设备的使用价值有希望进一步提升。

14.1　建立设备管理体系

当企业规模较小时，可以将设备管理和能源管理放在一个部门；当企业规模较大时，一般会单独成立基础设施管理部或者能源管理部。本书将设备管理和能源管理分成两章阐述。设备管理通常有如下工作内容：设备投资管理、设备选型与采购管理、设备验收管理、设备效率管理、设备维护管理、备品备件管理、设备处置管理。

企业要发展，就需要进行设备投资以扩大生产规模或者扩大委外加工规模。当企业选择扩大生产规模时，需要依据企业销售预测和发展目标，结合企业实际产能、设备产能利用率、设备综合效率进行综合评估，以便做出精准的设备投资决策。设备投资一般来自于年生产计划需求和新项目对于设备制造能力的需求，在进行产能分析和制造可行性分析后做出。

当企业做出设备投资决策后，需要由工艺技术人员、生产人员和设备人员共同进行设备选型，以确保设备型号和生产需求相匹配，避免无效投资。一些企业买进新设备后闲置在现场或者产能利用率极低，就是设备选型有偏差导致的，这种现象在国内的制造业企业中十分普遍。

设备选型完成后由采购部进行设备采购，采购过程中设备人员要提供技术支持，比如关于设备结构设计、设备附属设施选择、颜色要求、通信配置等。这些技术要求对于设备投产后的生产效率有较大影响：比如设备出料口方向、维修门位置等对现场布局和生产节拍影响很大；设备颜色影响现场美观；设备通信配置影响设备联网和数据采集等。

当设备采购回来后，一般由设备供应商现场安装调试，调试结束后由设备管理人员组织验收。设备验收需要工艺、质量、生产、安全、设备等部门共同参与：工艺部要进行样品制作，确认设备能够满足工艺加工需求；质量部要确认设备能力和过程能力，以确保生产过程的稳定性；生产部要确认设备操作的便利性和生产节拍能够满足生产需求；安全部要确认设备有无安全隐患，以提升生产过程的安全性，避免工伤事故的发生；设备部要确认设备满足设备采购技术协议的全部要求。设备在通过各部门验收后，才能正式转交给生产部。

设备交给生产部使用后，经常会发生各种各样的问题，导致设备效率降低。依据我们过去的企业辅导经验，不同企业同样的设备，设备效率相差能达 3 倍以上，设备产能利用率相差能达 10 倍以上，差异的主要原因是设备维护管理导致的。根据笔者在实际工作中总结出的经验数据，中国制造业的设备维护管理水平整体不高，导致中国制造业的设备效率比制造强国一般要低 20% 左右，设备产能利用率大概是制造强国的 50% 左右。

设备维护管理主要是执行全面预防性维护（Total Preventive Maintenance，TPM）。TPM 主要有自主性维护（Autonomous Maintenance，AM）和预防性维护（Preventive Maintenance，PM）两大内容。AM 由生产人员按照设备人员制定的规则执行；PM 由设备管理人员制定规则，在和生产人员约定时间后，由设备管理人员执行。当设备需要大修时，若企业不具备设备大修能力，需要联系设备厂家委外维修。

备品备件管理也是 TPM 的重要内容，由于大多数企业有单独的备品备件仓库，而且有管理员，因此将其单独列出。备品备件和原材料、成品、半成品并称为企业的四大库存，一般建议按照物料管理的方式来管理备品备件。要对备品备件仓进行储位规划，要对备品备件进行 ABC 分类，要设定安全库存、最低最高库存、经济采购批量、订货点，还要进行消耗分析等。

设备管理的核心目标是提升设备绩效，设备绩效管理主要包括效率和成本两大方面。设备效率主要有两大衡量指标：一是设备产能利用率，二是设备综合效率。设备产能利用率衡量的是在现有生产效率水平下，设备产能释放了多少，还有多少剩余产能；设备综合效率衡量的是在现有生产技术和生产模式下，设备实际产出和理论产出的比值。在生产过程中通过收集相应的生产数据，对设备效率进行管理，能够提升制造业的生产效率，降低制造成本。设备成本主要通过设备综合工费率来体现。设备综合工费率要结合设备采购价格、设备生产节拍、设备效率、设备维护成本、设备维修成本、设备能耗成本、设备场地成本、设备耗材成本等综合考虑。当企业有了完整的设备综合工费率后，就能知道生产什么产品、选择什么设备最为经济，从而降低制造成本。

设备处置管理包括设备转移、报废、出售、捐赠等活动。当设备转移后，需要更新设备档案，不同地理位置的设备不能视作同一设备；设备报废、出售和捐赠后，财务要进行固定资产更新。

14.2　数字化设备管理机会

针对设备管理的七大方面内容，都存在着数字化管理机会：

1. 设备投资管理

设备投资管理的基础是销售预测和产能分析，产能分析有两个重要参数：产能利用率和设备综合效率。在传统管理模式下，要取得准确的产能利用率和设备综合效率数据并不是一件容易的事情，导致企业的设备投资决策的准确性并不是很高。在数字化程度较高的企业，通过 SCADA 系统，能够准确获取计算产能利用率和设备综合效率的相关数据，再结合 CRM 系统中的销售预测数据（或者来自独立的销售预测软件），在这些实时数据的基础上，可以开发投资管理应用软件，为决策者提供实时投资决策建议。从目前企业数字化的发展趋势来看，基于大数据平台的投资管理软件将会成为企业大脑的一部分。

2. 设备选型与采购管理

传统企业是通过设备台账进行设备数量和类型管理的，当企业安装完 ERP 后，一般会将设备台账录入 ERP，但是 ERP 里面的设备台账管理功能比较有限，主要是为财务服务的，不能够满足设备管理的全部需求。在数字化不断深入的情况下，企业可以开发数字化设备管理系统，将设备基本信息、备件信息、附属设施信息、维修记录、设备故障等信息及时录入系统，再结合产能分析和设备绩效数据，当决定要进行设备投资后，及时提供设备选型建议。

3. 设备验收管理

设备验收管理整个过程十分规范，可以将其固化到数字化设备管理系统中，明确输入和输出，并和 OA 系统打通，当各部门完成相应的验收工作后，将验收结果录入系统，进行无纸化审批。

4. 设备维护管理

针对设备维护管理，基于 TPM 理论，有一些数字化 TPM 产品，能够依据年度 PM 计划，实时提醒设备人员该保养哪些设备，该执行哪些保养项目，以及如何进行保养，还能够实时统计 PM 绩效。企业安装数字化设备管理系统时，TPM 是必要功能。但是 TPM 是基于过去的经验，并不十分科学，只能做到适当预防。随着物联网和大数据技术的发展，在设备联网和工业大数据的基础上，设备健康管理系统出现了。设备健康管理系统通过采集设备实时数据并进行分析，能够对设备故障进行精确预判，从而提醒设备人员进行事前维护，实现科学保养，相对于 TPM 更加科学和精准。

5. 备品备件管理

备品备件是设备的重要组成部分，在 Excel 版的或 ERP 的设备台账中通常没有记录，或者备品备件和设备间没有建立联系，导致很多企业的备品备件管理工作比较难做。备品备件是设备耗材，不仅在制造成本中占有一定比例，而且还影响设备效率，因此要精细化管理。备品备件管理是 TPM 的重要内容之一，要包含在数字化 TPM 应用软件中；如果企业安装数字化设备管理系统，也要包含在其中。

6. 设备效率管理

一般来说，设备效率管理是 MES 的重要功能之一，通过对设备关键参数的监控，可以实时了解设备运行状态，并且计算设备产能利用率和设备综合效率。一般 MES 对设备效率损失并没有深入分析并提供解决方案，只是做到了数据统计和目视化；另外，针对设备综合工费率的计算和分析也不够全面。基于大数据平台，数字化设备管理系统可以对设备效率损失和设备综合工费率进行深度分析，并为提升设备综合效率和进行设备选型提供有针对性的建议。

7. 设备处置管理

由于设备处置管理牵扯到合规性，也是财务管理工作关于固定资产管理的一项重要内容。安装了 ERP 的企业，其 ERP 中基本都会有固定资产管理功能，其中包括设备处置管理。

14.3　数字化设备管理实践

基于以上数字化设备管理机会分析，目前设备管理数字化实践主要集中在四个方面：一是设备联网（也称为机联网），二是数字化 TPM 系统，三是数字化设备管理系统，四是设备健康管理系统。其中，设备联网是数字化设备管理系统和设备健康管理系统的前提条件；数字化 TPM 系统是数字化设备管理系统的有机组成部分。

14.3.1　设备联网

随着物联网技术的发展，将设备联网起来，能够实时监控设备的运行状态；基于设备的运行状态和日生产计划，也能够分析设备综合效率、设备产能利用率、生产效率、日计划完成率等重要指标，于是设备联网解决方案开始出现。

设备联网是通过物联网技术和通信技术将企业的设备和远程控制端连接起来，实现设备和远程控制端的数据交换。另外一些追求机器对机器（Machine to Machine，M2M）信息交互的企业，还需要建立设备间的连接，让设备像人一样可以自主交流，这是实现设备自我学习的前提条件。由于同一企业内部有不同品牌的设备，其规格、通信标准、通信状态各异，大大增加了设备联网的复杂性；再加上不同企业设备联网后，对数据采集的深度要求不同，也加大了设备联网的复杂性。

设备联网是数字化制造或者智能制造的基础，是企业在数字化转型过程中必须要经历的阶段。当前一些对于数字化程度要求不高的企业，只实施设备联网即可；另外一些对于数据采集要求较高的企业，不建议单独实施设备联网，要进行系统的工业互联网方案规划（因为工业互联网要连接的不只是设备，还有其他众多对象），这样能够降低整个工业互联网的建设成本。

14.3.2 数字化 TPM 系统

很多安装了 TPM 系统的企业，一般都会碰到两个问题：一是 PM 计划的合理性；二是如何监督 PM 计划执行。

设备人员每年年末规划企业所有设备的 PM 计划，规划结果是一张很大的 Excel 表。规划完成后，这些 PM 计划到底合不合理，基本没有人知道，包括制订 PM 计划的人员。要想分析其合理性，需要逐项核对，企业中基本没有人去做这件事情。另外，在 PM 计划的执行过程中，每天到底要执行哪些保养任务，如果设备人员不去看 PM 计划表，基本也没有人知道，从而让 PM 计划的执行效果大打折扣。

随着数字化的发展，各种应用软件开始丰富起来，针对 TPM 系统的这些问题，开始出现了数字化 TPM 系统。将 PM 计划录入 TPM 系统，系统会进行每日 PM 保养工作量的统计分析，以及监控每台设备的保养周期是否合理，当发现问题时，设备管理人员可以进行及时调整；另外，系统还会自动提示每日的保养任务，以及是否完成了该项保养任务，也能够实时统计各设备保养人员的绩效。通过 TPM 系统，让设备保养工作完全透明化了，企业相关人员都能够实时了解设备保养状态。

14.3.3 数字化设备管理系统

制造业设备种类、数量和品牌繁多，还有众多的附属设施和备品备件，因此设备管理是一件很繁杂的事情。正是由于这些原因，再加上 ERP 在设备管理上的深度远远不够，开始出现了专业的数字化设备管理系统，主要拥有以下功能：

1. 设备台账管理

以设备说明书、备品备件清单、设备维修履历、固定资产管理为基础建立设备台账，完整记录设备相关信息，覆盖从设备验收入库、转固定资产，到固定资产折旧、盘点、转移、封存、启封、闲置、租赁、转让、报废等整个过程。每当设备基本信息发生变化时，及时维护和更新系统中的相关信息。

2. 设备投资管理

设备投资管理主要是进行设备综合工费率分析，以工费率模型为基础，从大数据平台获取相关数据，及时分析各设备生产各产品的实际工费率数据并形成数据库。当企业产能分析识别出瓶颈设备后，结合各设备的工费率数据以及销售预测，推荐最佳的设备投资方案。

3. PM 管理

PM 管理包含 PM 计划制订和 PM 计划实施跟踪：PM 计划制订根据工作日历和维修人员工作记录，编制年度 PM 计划，根据任务的优先级和维修人员工种来确定具体的维修负责人；PM 计划实施跟踪是依据编制的年度 PM 计划，系统自动生成预防性维修工单，并将工单自动分发给具体的维修负责人，实时提醒工单的完成状况，并统计 PM 绩效数据。

4. 设备维修管理

针对每次发生的设备故障，详细记录故障维修时间、故障间隔时间、维修成本等信息。故障维修时间是指每次故障维修所花费的时间，从停机到设备正常运行的时间间隔；故障间隔时间是指每两次故障间的间隙时间，用以说明设备故障的变化趋势；维修成本要包括维修人员和生产人员的人工成本、维修耗材和维修工具成本、设备停机损失等。

5. 设备故障管理

在进行精益设备管理时，通常建立设备故障代码体系和设备故障信息库，记录每次故障发生的具体情况以及解决方法，并进行缺陷报告、跟踪、统计；另外，在实际生产过程中，若出现了新故障类型，及时更新设备故障代码体系，并对故障进行详细描述，不断丰富和完善设备故障信息库。这种做法也是数字化设备管理的基础。如今数字化设备管理故障数据录入方式更加丰富，比如将故障代码加上二维码或条码，实现扫码录入等。

6. 备品备件管理

依据设备台账建立备品备件台账，制定备品备件管理标准，如采购频次、最低库存、最高库存、经济采购批量、采购周期等，并依据备品备件的消耗和到货情况更新系统信息。另外，备品备件的请购也可以和 SRM 系统的间接物料采购功能打通，自动生成采购订单。

7. 设备绩效管理

基于设备绩效管理模型，通过设备联网采集的数据、来自其他信息系统的数据，以及企业大数据平台上的相关数据，来实时监控设备绩效。当设备绩效低于预期时，及时分析原因，以便提升设备绩效，降低制造成本。

数字化设备管理系统是一个典型的"OT+IT"系统，OT 是灵魂，如果不按照设备管理的 OT 知识来开发系统，那么本系统将会是一个低价值的系统。

14.3.4 设备健康管理系统

在制造业企业没有进行数字化转型前，如果能够将 TPM 执行到位，就已经非常不错了。如今随着物联网和大数据技术的发展，基于设备实时状态的设备健康管理也开始盛行。

设备健康管理是通过智能终端收集设备的实时数据，再运用工业大数据技术进行数据建模，依据获取的数据对设备健康状况进行实时评估。通过数据模型评估，若判断设备在某个时间点要发生什么故障，针对要出现的故障发出提前预警，并通知相关人员在设备将要发生故障前采取预防性措施，从而避免设备突发故障发生，让设备在计划工作时间内一直保持健康状态，从而减少停机损失。

由于设备健康管理无规律可循，可能会出现设备维护工作量分布不均，维修人员闲的时候闲、忙的时候忙的现象。因此设备健康管理可以结合数字化 TPM 系统一起实施，当设备健康管理系统预警设备故障后，及时更新 TPM 系统中的相关维护项目的维护周期，以更精确地设定各零部件的保养周期，以及更新保养方法。

目前，制造业企业的设备种类一般都比较复杂，而设备健康管理模型都是针对具体设备的，再加上单一设备健康管理成本较高，这样就降低了设备健康管理的实用性。过去一些行业的龙头企业进行了重点设备健康管理尝试，但是还没有全面普及。未来随着企业对设备健康管理需求的增加，设备制造商进行设备健康管理系统开发并将其变成设备出厂前的可选增值服务，将会大幅度降低各行各业的设备健康管理成本，这将是设备制造商提升自身竞争力的一大机遇。

另外，随着设备健康管理系统的发展，设备制造商基于设备健康管理系统向客户提供设备远程运维服务也会衍生出新的商业模式，将会变成设备制造商的一项重要业务收入来源。

第15章 CHAPTER

数字化能源管理

2010 年，我国单位国内生产总值能耗是世界平均水平的 2.2 倍。由于我国制造业能耗过高，现有经济增长方式的可持续性不容乐观。虽然我国的矿产资源总量居世界第 3 位，但是人均矿产资源占有量居世界第 53 位，仅为世界人均占有量的 58%，因此我国更需要关注能耗问题。[⊖]

近年来，随着节能环保政策的不断发布，力争在 2030 年前实现"碳达峰"，2060 年前实现"碳中和"。虽然我国在进行全方位节能减排管理，单位生产总值能耗有了明显降低，和世界平均水平相比从 2010 年的 2.2 倍降到 2021 年的 1.5 倍，但还属于较高水平。因此继续加强能源管理，是我国制造业数字化转型要实现的重要目标之一。

结合我们过去制造业能源管理的实践，能源管理可以分为如下四个阶段：

（1）能源管理 1.0：消除浪费。在消除浪费阶段主要是识别企业内部明显的能源浪费，然后进行归类，再针对各类浪费进行消除和制定相应的管理制度进行预防。例如富士康曾经要求下班后要关闭插排按钮，以切断插排的能源消耗和

⊖ 资料来源：发展改革委 . 我国资源的基本状况 [EB/OL]. （2005-12-29）[2023-06-23]. https://www.gov.cn/ztzl/2005-12/29/content_141069.htm.

电脑显示屏的待机能源消耗，这样一项小小的节能措施让富士康每年减少电费3000余万元。

（2）能源管理2.0：全面能源管理。在第一阶段的基础上，系统分析企业各区域的能源消耗状况，制定相应的节能减排措施。这一阶段需要加装电表，分区域进行能耗统计，然后分析各区域能源消耗状况，识别改进机会。例如通过标准化作业或者工艺改进，缩短设备加工时间，从而降低单位产值能耗；通过收集余热进行循环能源利用等。

（3）能源管理3.0：节能技术改造。消除浪费和全面能源管理不需要企业进行多大投资，节能技术改造实现节能减排则需要一定的投入。节能技术改造主要包括选择低能耗设备、开发绿色工艺和新材料、引入新能源等。例如在企业厂房顶部加装太阳能面板发电、用LED灯代替荧光灯、用低能耗设备替换高能耗设备等。

（4）能源管理4.0：数字化能源管理。当企业节能减排执行到第三阶段后，就需要形成相应的规章制度，并由专人进行负责，但是通过人还是不能及时识别相关的能源浪费。在物联网技术的推动下，通过对设备设施进行智能物联改造，能够实时监控各对象的能耗状况，再结合数字化能源管理系统，能够全面管理企业的能源消耗，及时发现能源异常并进行预警和纠正。例如在酒店，经常会出现房间没有客人但是空调一直开着的状况，原因是服务员有时忘记检查空调是否关闭，这样造成了很大的能源浪费；当将房间空调开关升级成物联网开关后，就能通过能源管理系统实时识别房间空调的开关状态，再结合房间入住信息，可以及时提示服务员去关闭空闲房间开着的空调。

我国的制造业企业，可以依据自身的实际状况，有针对性地实施上述四个阶段的节能减排措施，从而降低单位产值能耗，走可持续发展的绿色制造之路。

15.1 建立能源管理体系

当前我国制造业企业能源管理层次不齐，很多企业连能源管理1.0消除浪费都没有执行，部分行业头部企业在实践数字化能源管理。从企业节能减排的效果来看，全面能源管理和节能技术改造对于节能减排的贡献更大，因此今后相当长一段时间内，我国制造业能源管理的重点仍集中在第二阶段全面能源管理和第三阶段节能技术改造。中国要力争在2030年前实现碳达峰、2060年前实现碳中和，我国制造业企业建立完整的能源管理体系迫在眉睫。能源管理体系可以从能源设备设施管理、能源监控、节能技术管理和综合能源管理四个维度开展。

1. 能源设备设施管理

能源设备设施是企业重要的固定资产，企业要像管理生产设备一样管理能源设备设施。能源设备设施管理有三项主要内容：一是能源设备设施日常管理；二是能源设备设施 TPM 制度；三是能源设备设施问题管理。

能源设备设施日常管理主要包括台账管理、投资管理、维修管理、盘点、转移、报废、处置等。针对企业所有的能源设备设施，还要建立完整的 TPM 管理制度，包含自主性维护、预防性维护和备品备件管理。日常的自主性维护由能源管理部人员进行；预防性维护部分工作由企业自主完成，部分工作可以由设备服务商来执行；备品备件管理包含备件库管理、台账管理和采购管理。能源设备设施问题管理是针对发生的问题，运用解决问题的技术，如 8D 等，解决问题后建立问题和处理措施库，并确认 TPM 措施是否完备和到位。

2. 能源监控

能源监控是指要全面监控能源消耗状况，做到及时发现能源浪费、及时消除能源浪费。能源监控不是能源管理部一个部门的事情，需要企业全员参与，要建立能源使用部门是能源监控第一责任人的制度，针对公共区域的能源消耗，要指定区域负责人。监控能源消耗的传统方式是靠人员巡查，企业还要积极引入能源监控的新技术，以节省成本。

在日常运行过程中，各部门发现能源设备设施出现问题后，要及时反馈给能源管理部，由能源管理部迅速处理问题。企业要针对如何反馈能源问题、如何解决能源问题，以及如何预防同类问题再次发生制定完整的管理制度。

3. 节能技术管理

节能减排一方面靠消除能源浪费，另一方面靠节能技术管理。企业首先要制定节能技术管理框架，明确企业节能技术改造方向；其次要进行全面节能技术改造机会评估，识别在现有技术条件下可以做哪些具体工作；最后要建立节能技术改造项目管理制度，通过项目立项、项目执行与跟踪、项目评价来全面落地各节能技术改造机会。

4. 综合能源管理

综合能源管理有两项主要工作：一是进行系统的能源管理规划；二是基于实际能源监控结果和现有节能减排措施进行分析和纠偏。

能源管理规划是指将能源管理作为企业管理的一个重要分支，通过制定企业中长期能源战略目标、年度能源战略目标以及年度能源战略落地行动计划，来系统地执行能源管理工作。并结合年度能源战略目标，对能源管理工作进行全面绩效考核。

能源管理的分析和纠偏是指依据能源监控取得的实际数据，分析能源绩效目标的达成状况，并依据数据反馈的问题，分析企业节能减排的潜力和机会，对能源战略落地行动计划进行适当的修正和补强。

15.2　数字化能源管理机会

针对能源管理的四方面工作，均存在数字化能源管理机会。

1. 能源设备设施管理方面

由于制造业内部设备主体是生产设备，若要进行数字化设备设施管理，一般会引入 TPM 系统，因此能源设备设施管理可以纳入 TPM 系统。在企业安装 TPM 系统时，应全面统计企业内部所有需要纳入 TPM 系统的设备设施，集中上线。

2. 能源监控方面

制造业能源监控对象有水、电、压缩空气、天然气、新风、暖风、安全等方面。针对这些对象，要监控是否有明显的浪费、泄露，以及安全隐患等。过去的手段主要是靠专人巡查，费时费力，效果也不理想。随着物联网和人工智能技术的发展，对能源设备设施进行智能物联改造，可以省去人工巡逻环节，还能对监控对象进行实时管理。比如用物联电表代替传统电表，能省去人工读表的工作；将普通压力表换成物联压力表，可以实时读取相应的压力值；对一些重点区域加装传感器，如配电室、变电站、天然气站等，能够实时监控环境状况，提升重点区域安全性。目前针对能源监控，基本都有可行的数字化解决方案。

3. 节能技术管理方面

节能技术管理是企业节能改造的一系列活动，这些活动以企业的能源管理战略目标为导向，因此节能技术管理和综合能源管理密不可分，是企业能源管理系统的重要组成部分。

节能技术管理的几大方向主要是材料、工艺、设备、新能源、循环能源等，虽然这些和企业的产品密切相关，不同的企业差异很大，但是一旦企业的产品确定，节能技术管理框架就比较明确了，因此比较容易形成标准化的管理规范。基于这种特点，在能源管理系统中可以设计节能技术管理模板，以规范企业的节能技术改造工作。

4. 综合能源管理方面

综合能源管理和节能技术管理一样，可以形成标准化的管理规范。综合能源管理主要由战略目标、落地行动计划、效果追踪三大部分构成，可以借鉴企业方针管理模式。节能技术管理可以看作综合能源管理落地行动计划的一部分，通过建立标准的节能技术管理信息库，能够简化综合能源管理落地行动计划工作。

另外，能源监控采集的实时数据，需要和综合能源管理目标进行实时对比，这部分需要开发相应的管理图表，进行基本的数据汇总和分析。

15.3　数字化能源管理实践

结合上述数字化能源管理机会，主要有两方面的解决方案：一是对能源设备设施进行 TPM 管理，包含在数字化 TPM 系统中（见本书 14.3.2 节数字化 TPM 系统）；二是能源管理系统（Energy Management System，EMS），接下来本节简单介绍该系统。

能源管理系统是以帮助企业在扩大生产规模的同时，合理计划和利用能源，降低单位产品能源消耗，提高经济效益，降低 CO_2 排放量为目标的信息化管控系统。通过能源计划、能源监控、能源统计、能源消耗分析、能耗设备管理、能源计量设备管理等多种手段，使企业管理者准确掌握能源成本比例和变化趋势，并将企业的能源消耗计划任务分解到各部门，使节能工作责任明确，促进企业健康稳定发展。能源管理系统通常有如下四项功能：

1. 节能减排措施库

在扫荡式评估节能减排机会和措施的基础上，将企业全部的节能减排措施形成标准化库，在制定年度能源战略落地行动计划时调用。

2. 能源方针管理

能源方针管理包含企业的中长期能源战略目标、年度能源战略目标、年度能源战略落地行动计划。按照企业方针管理的模式，将目标和行动挂钩，并按照项目管理的方式指定责任人和计划执行时间。然后定期回顾目标达成状况，针对有偏差的目标制定纠正措施。

3. 能源数据采集

通过对能源设备设施进行智能物联改造，对需要的能源基础数据进行采集和管理。能源数据采集属于企业工业互联网的一部分，在工业互联网规划时一起考虑。

4. 能源数据分析

针对能源实时数据，要进行相应的分析。比如分析各类能耗的异常状况、波动和成本占比，能源消耗实际数据和目标数据的差异，单位产值能耗的变化趋势等。通过这些数据分析，进一步识别节能减排的机会，然后将这些机会补充到能源方针管理中。

通过能源管理系统，企业一般能有如下五项收益：

（1）完善能源信息的采集、存储、管理以减少损失。能源管理系统对能源数据进行分析、处理和加工，能源管理人员能实时了解能源消耗状态，能够及时识别和处理异常状况，从而减少能耗损失。

（2）实现能源系统分散控制和集中管理。企业的能源设施一般是分布设置的，能源管理部门的管理活动范围一般是最大的。能源管理系统从企业全局的角度审视能源的基本管理需求，满足能源系统分散的特点和能源集中管理的客观要求。

（3）减少能源系统运行成本。通过实时监控获取能源数据，不再需要人工巡查，可以简化能源运行管理，减少日常管理的人力投入，节约人力资源成本。

（4）加快系统的故障处理，提高企业的能源事故反应能力。能源管理系统能迅速从全局角度呈现能源设施的状况、故障影响程度等，及时采取控制措施，限制故障范围进一步扩大，并快速恢复系统正常运行。

（5）为进一步对能源数据进行挖掘、分析、加工和处理提供条件。能源管理系统的建设，不仅可以满足能源实时监控管理的需求，还可以通过对大量历史数据的归档和分析，为识别新节能减排措施创造条件。

企业在安装能源管理系统前，建议将能源管理需求纳入工业互联网规划，进行统一规划、统一网络基础设施建设。

|第16章| C H A P T E R

数字化财务管理

　　财务是制造业的服务部门，主要为企业经营提供现金流保障，降低企业的经营风险，通过经营分析为企业发展决策提供建议，因此财务部对于企业高层管理者而言十分重要。

　　由于财务是服务部门，部门内部事务比较繁杂，不同企业对于财务的定位也不完全一样，财务在企业里大概分为如下五个层次和类型：

　　1）记账型财务：这是财务管理最初级的层次，工作内容主要是填制凭证、记账、结账和编制报表，因此财务人员也经常被称为"账房先生"。

　　2）核算型财务：在记账型财务的基础上，加强了对财务报表结果的完整性、准确性、及时性和可比性的要求，因此在本质上和记账型财务差别不大。

　　3）管理型财务：管理型财务的特点是在企业内部打造出了一套财务控制体系，用以规范企业行为、降低经营风险、提高企业整体竞争力。管理型财务要实现企业资金流、信息流、物流的完整统一，全面预算管理是常用工具。很多企业经常喊出口号要从"记账型财务"向"管理型财务"转变，其关键点在于记账和核算的基础是否扎实，对国家政策的解读是否及时准确，对税务相关政策理解是否透彻。

　　4）经营型财务：经营型财务要求核算不断细化，要能够随时拿出经营层需要的数据为经营决策提供支持，主要工具是经营分析。例如依据产品品种进行成本核算，分析产品的实际成本，哪些产品对企业有价值贡献，哪些产品没有价值贡献；依据市场区域进行核算，为市场拓展提供决策方向；依据客户进行核算，识别客户价值；对销售员进行核算，了解每名销售为企业创造的效益等。经营分析的粗细和完整性取决于企业内部数据的完整性，因此数据对于经营型财务至关重要。

5）决策型财务：决策型财务需要在经营型财务的基础上进行科学分析与决策，要对企业的经营活动进行计划、决策、控制和考核，保证企业经营目标的实现。决策型财务工作内容取决于企业管理层的需求，主要为企业各级管理者提供科学的决策支持。

16.1 建立财务管理体系

本书关于财务管理的概念，都是在决策型财务管理的基础上进行的。决策型财务管理体系通常包括：会计管理、税务管理、投融资管理、现金流管理、资产管理、全面预算管理、实时成本分析、实时经营分析与决策（指科学决策）。

会计管理体系主要有会计科目解析、应收账款管理、应付账款管理、现金出纳、预支管理、报销管理、存货管理、财务档案管理等职能，主要确保公司各数据的准确性和及时性。

税务管理主要包括税务登记、账簿和凭证管理、纳税申报等方面的管理制度。主要是保证公司合理纳税，做守法社会公民。

为了公司的发展和有充沛的现金流，财务需要建立投融资管理制度，要合理控制公司投资规模，也要充分利用现金流，还要保证有可用的融资渠道和能够迅速获得公司需要的现金流。

现金流管理是指以现金流量作为管理的重心、兼顾收益，围绕企业经营活动、投资活动和筹资活动而构筑的管理体系，是对当前或未来一定时期内现金在数量和时间安排方面所做的预测、计划、执行、控制、信息传递、报告、分析与评价。

资产按流动性质一般可以分为流动资产、长期投资、固定资产、无形资产、递延资产和其他资产。财务管理需要对各种资产进行有效管理，以提升资产周转率，最大化资产价值。

当公司财务管理上升到管理型财务后，财务部最重要的工作之一就是制定公司预算和进行预算控制。这需要公司建立全面预算管理体系，规定公司的预算编制流程、方法和工具；也要明确预算评审和预算控制的原则。

成本分析是财务的核心职能之一，但很多公司没有成本分析，或者不知道如何做成本分析，或者成本分析仅停留在财务分析层面，和公司实际运营没有多大联系。

本书建议成本分析要和公司运营保持一致，以运营为导向建立成本分析体系，开发成本分析模型，精确分析每款产品的实际成本，为公司经营决策提供有力支撑。

　　经营分析是经营型财务的核心工作，经营决策是决策型财务的核心工作。企业要想全面开展经营分析和经营决策工作，首先要有健全的数据基础，要明确经营分析需要哪些数据并确定数据来源；然后完善经营分析的方法和工具，并针对经营分析的结果进行报告和纠偏；在经营分析的基础上，通过科学的决策方法和工具，提出科学的决策建议，为公司经营管理保驾护航。

16.2　数字化财务管理机会

　　针对财务管理的八项主要工作，主要存在如下数字化管理机会：

1. 会计和税务管理

　　用传统方式进行会计记账的票据非常多，工作非常琐碎和繁复。在数字化管理时代，电子发票、智能化软件的应用，以及财税机器人的出现，将会代替传统专业财会人员进行凭证判断和录入的工作，并自动生成各种财务报表，而且还可以进行多种自动化成本结转，自动进行折旧等财务处理工作，还可以自动完成税务申报等工作。

2. 固定资产管理

　　针对资产管理中的固定资产管理，现在的普遍做法是一年执行 1 ～ 2 次的全面固定资产盘点工作，财务从系统中拉出固定资产清单，然后交由各部门固定资产管理员进行实物盘点，整个过程比较低效还容易出错，并且还不能及时监控固定资产状况和动向。随着物联网技术的发展和普及，可以在固定资产上加贴智能标签，通过智能物联网关进行精确位置和信息管理，这样就能够实时掌控固定资产信息，当发生异动时，能够实时知晓，也能够实时完成固定资产盘点工作。

3. 全面预算管理

　　由于预算管理既需要基于历史的经营数据，也要结合销售预测以及相关的预算假设和参数，整个预算过程比较复杂，但是有规律可循，这就存在开发智能化全面预算管理系统的机会。只需要改变预算假设和参数，系统就能自动制定出企业最合理的预算，也能简化目前企业长达几个月的预算制定过程，大幅度减轻预算管理工作的压力。另外，基于全面预算管理系统，也能够进行现金流的预测和控制，以及为投融资活动提供决策支持。

4. 实时成本分析

过去常见的成本分析方法是财务从 ERP 系统中导出成本数据，或者基于线上和线下数据、通过成本分析模型进行简单的成本分析。不论那一种方式，分析结果都不太精准，不能反映实际成本变化状况，也不能为企业经营分析和决策活动提供强力支撑。随着企业数字化程度的提升，基于大数据平台开发实时成本分析模型，能够从大数据平台抓取影响成本的各种实时数据，实现实时成本分析，也能够实时监控各种成本的变化情况，针对异常的成本波动进行及时干预和控制，实现降低企业运营成本的目标。

5. 实时经营分析与决策

过去的经营分析与决策都是建立在公司历史数据基础上的，虽然能够反应经营状况，但是不能为经营活动进行及时调整和控制提供支撑。这对于决策时效性要求不高的经营活动影响不大，但是对于要及时决策的场景影响很大。随着企业数字化程度的提升，基于大数据平台，将经营分析模型软件化，并基于科学决策模型，将决策过程也软件化，这样的企业管理需要的各种经营分析与决策工作都能够实时自动完成，也能够为各层级管理者提供更加精准和及时的决策建议。

6. 企业资源计划

企业的经营管理和运营管理都需要大量数据。传统企业的大部分数据都是纸质储存或者分散储存在各电脑和服务器中，不能满足企业对于数据的基本需求。企业财务管理发展到管理型财务阶段，需要对物流、资金流、信息流进行统一管理，于是 ERP 应运而生。ERP 系统是对企业物流、人流、资金流和信息流进行集成一体化管理的企业信息管理系统。ERP 系统的功能在传统产供销管理和财务管理的基础上，增加了生产管理、质量管理、实验室管理、设备维修管理、仓库管理、运输管理、过程控制接口、数据采集接口、电子通信、电子邮件、法规与标准、项目管理、投资管理、市场信息管理等功能。过去 ERP 系统的发展过程是企业信息化系统基于 MRP 系统不断"增肥"的过程，随着企业数字化程度的提升，ERP 系统"减肥"，功能回归到财务管理的趋势不可避免。

16.3　数字化财务管理实践

从上述数字化财务管理机会来看，几乎财务管理的全部工作都存在着数字化机会。本节主要介绍财务机器人、物联网固定资产管理系统、ERP（企业资源计划）和实时成本分析系统。

16.3.1　财务机器人

财务机器人是基于机器人流程自动化（Robotic Process Automation，RPA）技术和人工智能技术，代替人工进行简单重复操作，处理工作量大且容易出错的财务业务，如银企对账、报表合并、费用审核、财务处理等，能大大提高工作效率，让财务人员有更多的时间和精力投入更具创造性的工作中，促进财务转型。相对于传统人工作业，财务机器人具有如下四大优势：

1）可替代财务流程中的高重复性的手工操作，从而解放财务人力资源。

2）通过 RPA 技术和人工智能技术，实现各类信息自动录入，数据合并，汇总统计，判断识别，使财务人员在进行数据分析时可以获得更加全面的数据。

3）机器人精准度高于人工，几乎零失误，还可以一年 365 天、每天 24 小时不间断工作，只需要定期对其检查即可。

4）实现业务流程可视化，并进行全程监控和记录，可作为审计证据，满足合规要求。

财务机器人的普遍应用，会导致企业内部大量会计和税务人员下岗，也会加速大型企业财务共享中心的建设，将基础财务工作集中起来处理。

16.3.2　物联网固定资产管理系统

企业固定资产一般分为生产类固定资产、非生产类固定资产、出租固定资产、未使用固定资产、融资租赁固定资产、接受捐赠固定资产等。固定资产管理一般包括购置、录入、折旧、转移、盘点、处理、报废、报表统计等工作。

企业在发展过程中，每年都会投入大量资金购置各种固定资产，但是随着时间的推移，会出现如下问题：

1）很难及时、清楚地知道拥有多少资产，它们分布在那些单位或部门，以及具体存放在何处、谁在使用、状况如何等。

2）存在部分固定资产利用率低、重复购置现象。

3）员工离职或工作变动时资产交接不完整，无法快速确认员工手中保管的资产，从而可能造成固定资产流失。

4）责任人不明确，核查和盘点工作量大，出错率较高，给资产管理人员带来了很多工作难题和错误，如账实不符、账面价值与实际价值有很大出入等问题。

随着物联网技术在制造业的应用，物联网固定资产管理系统问世，该系统可有效解决固定资产管理的各类问题。当固定资产请购回来后，贴上物联网标签

（或智能终端），将固定资产相关属性信息录入其中，然后交由使用部门；在固定资产的日常管理过程中，通过企业内部工业物联网络，物联网标签（或智能终端）能够实时管理固定资产相关信息，如位置、状态等，并将其发送给后台管理系统，可以实现固定资产实时盘点，确保账物一致；当固定资产发生异动时，系统能够及时通知管理人员；若发生不正常异动，将及时通知管理人员采取措施，从而降低固定资产流失风险；针对外部固定资产，还可以实现远程管理；结合管理需要，系统可以实时生成各类管理报表，如固定资产总值、变更记录、资产折旧明细、逾龄资产统计、资产增长趋势图等。另外，物联网固定资产管理系统作为非侵入式第三方管理系统，可以和企业内部其他系统实现无缝对接，如设备管理系统、ERP 系统等。

16.3.3 ERP

在过去两化融合的发展过程中，财务扮演了信息化排头兵的角色。如果一家企业只安装了一套信息化系统，那么大多数都是 ERP 系统。

ERP 共经历了订货点法、MRP、闭环 MRP、制造资源计划（Manufacturing Resource Planning，MRPⅡ）和 ERP 五个阶段。

1. 订货点法

订货点法又称订购点法，始于 20 世纪 30 年代。订货点法是指针对某种物料，若由于生产或销售的原因逐渐减少，当库存量降低到某一预先设定的点时，立即发出订货单来补充库存。直至库存量降低到安全库存时，发出的订单所订购的物料刚好到达仓库，补充前一时期的消耗，这个"预先设定的点"即称为订货点。订货点法诞生时计算机还没有出现，所有作业都是手工完成，因此订货点法也是物料采购的逻辑基础，目前很多 ERP 系统和 MRP 系统的功能还是基于订货点法的逻辑进行物料采购的。

2. MRP

MRP 是依据主生产计划（Master Production Schedule，MPS）、物料清单（Bill of Material，BOM）、库存记录和未完工订单等信息，经计算得到 BOM 各层级物料的需求计划，同时提出新订单物料补充建议，以及修正各种已开订单的一种实用技术，主要包含需要什么、需要多少、何时需要、何时订货这四大要素。

由于 MRP 没有考虑组织内部的资源约束，因此当生产计划变化时，可能需要频繁调整物料需求计划，导致供应商处产生紧急订单。如果要避免此种情况发生，在计算物料需求时要考虑波动，然后修正系统算法，从而不必频繁调整物料需求计划，但是这种操作会造成企业原材料库存增加。

3. 闭环 MRP

在 MRP 的基础上，考虑组织的资源约束如人、设备、物料等，将企业的制造能力和需求结合起来，除了物料需求计划外，还将制造能力需求计划、生产计划和采购作业计划也全部纳入 MRP，这样就产生了闭环 MRP。闭环 MRP 大幅度提高了物料计划的可行性，它本质上是一个真正意义上的产供销系统。

4. MRP II

在闭环 MRP 的基础上，从产供销扩展到企业的经营规划、财务、成本，以及企业经营需求的资金约束，从而产生了 MRP II。MRP II 涵盖了企业发展所需要的人、财、物等全部资源，它的目标是使生产保持连续均衡，最大限度地降低库存与资金的消耗，减少浪费，提高经济效益。

5. ERP

在 MRP II 的基础上，将市场预测、供应链管理、生产管理、库存管理、人力资源管理、设备管理、销售管理，以及财务管理等整个企业生产经营活动整合起来，就形成了 ERP。相对于 MRP II，ERP 进行了三个方向上的扩展：

1）横向扩展：从供应链上游的供应商管理到下游的客户关系管理。

2）纵向扩展：从底层的业务数据处理到高层的管理决策支持。

3）行业扩展：从以制造业为主到面向所有行业。

由于 ERP 应用行业间的差异，不同企业对于 ERP 的需求也有较大差异。近年来，随着云计算的发展，ERP 有三大发展趋势：集成化、行业化、云化。

1）集成化：是指 ERP 的功能越来越健全，系统越来越"胖"。

2）行业化：是指 ERP 的行业特征越来越明显，面向不同行业提供不同的产品，比如银行系统的 ERP 和制造业的 ERP 大相径庭。

3）云化：是指将 ERP 变成 SaaS 应用，方便企业前期系统上线和后期系统运维。

随着企业数字化转型的不断深入，ERP 开始变得越来越力不从心，其各功能模块在管理的深度和广度方面都不能满足企业数字化的需求。因此，随着各职能数字化应用软件的发展，企业对于 ERP 的功能需求将会越来越少，ERP 将会开始瘦身，聚焦财务管理，变成一款财务管理软件。ERP 之前扮演的企业数据管理功能将会被大数据平台取代。基于统一的大数据平台，企业将能真正解决数据孤岛问题，实现数据在企业内部各应用系统间的高效流通，并且避免不同系统间类似功能重复建设。

16.3.4 实时成本分析系统

成本分析是财务管理的重要职能，很多企业也设有成本会计或者成本分析岗位。企业进行成本分析主要有三种方式：①由成本会计进行各种成本（费用）记账，事后进行成本统计分析，但这种方式只能让企业知道钱花在哪里，并不能起到真正成本分析的作用；②通过 ERP 系统进行成本分析，ERP 系统的成本分析功能本质上和成本会计记账差别不大，只不过一种是线下手工完成，另一种是人工将数据输入系统，由系统计算统计结果；③开发成本分析模型（通常是 Excel 工具），使用这种方式进行成本分析的结果比较精准，但是操作起来费时费力，还容易出错。这三种方式都属于事后分析，不能针对成本异常进行及时控制。

由于成本分析对于企业提升盈利能力非常重要，清晰的成本结构是新产品报价和现有产品成本控制的基础，原材料成本分析是企业降低采购成本的有效措施，因此企业对于实时成本分析的需求越来越强烈。随着企业数字化程度的提升，企业内部的数据越来越丰富，特别是 SCADA 系统或者工业互联网的大量实时数据的出现，为实时成本分析奠定了基础。

实时成本分析是商业智能（Business Intelligence，BI）的一种具体体现，虽然目前的 BI 大多数只是数据可视化，算不上真正的商业智能。实时成本分析是基于成本分析模型，通过采集生产经营活动中的实时数据进行成本分析的一种方式。针对任何分析对象，比如设备、产品或活动，通过实施获取它们与成本相关的数据，再通过灵活配置的成本模型进行成本分析，实时识别生产过程中的成本异常因子，为成本控制提供具体的方向和方法。

实时成本分析是企业大脑的重要功能之一，企业大脑需要建立在统一的大数据平台之上，因此实时成本分析也需要企业有完善的数据底座和统一的数据管理平台。

除了以上介绍的四项数字化财务管理应用系统外，还有一些成熟的应用系统如全面预算管理系统，以及一些不成熟的应用系统如企业大脑，这些内容本节不做详细说明。

数字化内控管理

　　企业在经营过程中，可能存在各种各样的风险，导致企业达不成经营目标。针对企业可能存在的风险，需要进行系统的风险管理。风险管理的主要手段是进行内部控制（简称内控），内控是指一家单位为了实现其经营目标，保护资产安全完整，保证会计信息资料真实可靠，确保经营方针贯彻执行，保证经营活动的经济性、效率性和效果性而在单位内部采取的自我调整、约束、规划、评价和控制的一系列方法、手段与措施的总称。

　　美国反虚假财务报告委员会下属的发起人委员会（The Committee of Sponsoring Organizations of the Treadway Commission，COSO）提到："再好的内控体系，也不能把一个劣迹斑斑的或没有经营智商的管理层变成一个非常有经验、头脑和能力的管理层。"所以，内部控制的作用不在于智慧和能力，而在于在企业实现主要目标的前提下，去完成外界强制要求完成的事情。它是一种防御性措施，它所强调的是一种必须做的义务和责任，而不是智慧和能力。

　　内部控制按照不同的控制目的，可分为会计控制和管理控制。会计控制是指与保护财产物资的安全性、会计信息的真实性和完整性，以及财务活动合法性有关的控制；管理控制是指与保证经营方针、经营决策的贯彻执行，促进经营活动经济性、效率性、效果性以及经营目标的实现有关的控制。会计控制与管理控制不是相互排斥、互不相容的，有些控制措施既适用于会计控制，也适用于管理控制。

企业内部控制一般包含五大要素：

1）内部环境：是企业实施内部控制的基础，一般包括治理结构、机构设置及权责分配、内部审计、人力资源政策、企业文化等。

2）风险评估：是企业及时识别、系统分析经营活动中与实现内部控制目标相关的风险，合理确定风险应对策略。

3）控制活动：控制活动是企业根据风险评估结果，采用相应的控制措施，将风险控制在可承受度之内。

4）信息与沟通：信息与沟通是企业及时、准确地收集、传递与内部控制相关的信息，确保信息在企业内部、企业与外部进行有效沟通。

5）内部监督：内部监督是企业对内部控制建立与实施情况进行监督检查，评价内部控制的有效性，在发现内部控制缺陷时及时进行改进。

17.1 建立内控管理体系

以企业内部控制五大要素为基础，企业内控一般拥有风险管理和审计两大核心职能，部分有信用管理职能的企业，一般也将信用管理设置在内控部门，因此本节从这三个方面来阐述建立内控管理体系。

（1）信用管理。信用管理主要是建立企业的信用评价体系和方法：对企业的信用进行全面和客观的评估；另外，也需要对客户、供应商和平行合作伙伴的信用进行全面评估，以降低业务风险。

（2）风险管理。企业在经营活动中，内外部均存在一定的风险：内部风险主要有组织架构、业务流程权责分配、人力资源政策、企业文化、技术水平、质量水平、安全合规等；外部风险主要有行业大环境，新技术，经营周期，经营地政治、经济、社会风俗、技术水平、市场竞争状况等。消除企业内外部风险，企业需要建立完整的管理体系，进行风险目标设定、风险事项识别、风险评估、风险应对、风险控制、风险沟通、风险监控，以降低企业经营风险。

（3）审计。为了降低企业经营风险、提升企业经济效益、确保经营合规合法，企业需要开展内外部审计工作。内部审计和外部审计总体目标是一致的，二者均是审计管理体系的有机组成部分，内部审计主要是为了提升管理效率和防范风险，外部审计主要是为了合法合规。内部审计由企业内控部执行，外部审计由外部审计机构执行。内部审计具有预防性、经常性和针对性的特点，是外部审计的基础，对外部审计起辅助和补充作用；外部审计对内部审计起到支持和指导作用。内部审计主要有离任审计、项目审计、经济责任审计、科研项目、管理审计、工程预决算审计、财务审计，合同审核和查询等。外部审计主要有政府审计和独立审计，政府审计的对象主要是国有企业，独立审计是指会计师事务所受托对企业财务报表及其相关资料进行独立审查并发表审计意见。针对内部审计和外部审计，企业要分别制定相应的管理办法。

17.2　数字化内控管理机会

企业的内部控制拥有以下数字化管理机会：

1. 信用管理

针对信用管理的四类对象：企业自身、客户、供应商和平行合作伙伴，要先开发相应的信用管理模型，然后将其软件化；再从企业自身的大数据平台或者各数字化系统中，取得信用管理系统需要的各类数据，实时对企业自身、客户、供应商和平行合作伙伴进行信用评价。当识别到信用风险时，及时向管理者进行风险预警，以便能及时采取相应的控制措施。信用管理系统可以分散到各应用系统中，也可以独立开发。

2. 风险管理

目前很多企业没有风险管理职能，甚至连风险管理工作也没有开展。执行了风险管理的企业，主要是通过开发 Excel 工具来进行的，由于不同人员对于风险的认知不尽相同，因此风险管理结果的主观性较强，这也导致风险管理只能在框架上进行标准化，然后由企业进行具体配置。在风险管理标准化方面，由于风险管理对象在企业内部比较确定，风险目标设定、风险事项识别、风险评估、风险应对、风险控制活动、风险信息与沟通、风险监控都能够比较程序化地实现，因此开发风险管理软件在技术层面不是问题。随着企业风险意识的增强，针对制造业企业的风险管理软件将会大量出现。

3. 审计

关于内部审计，一般企业使用的是 Excel 和 Word 标准文档。内部审计要先编制年度审计计划，然后再执行各项审计任务。审计任务主要包含审计通知、现场审计、审计初稿反馈、审计报告下发、审计整改、审计关闭等过程。由于每项审计任务都是独立的，审计资料要按照审计任务建立文件夹单独存放，这会导致审计资料不方便进行数据汇总、管理不透明、审计结果执行起来力度较弱等问题。鉴于内部审计的这些特点，比较容易开发审计管理软件；但是由于企业内部审计工作并不是高频工作，对于大多数企业来说，为了审计而开发软件的可能性较小，因此能够灵活配置的内部审计 SaaS 软件可能会比较受市场欢迎。

外部审计由外部审计机构主导。外部审计机构通常要面对众多客户，因此其存在自主开发审计软件的基础。通过审计软件，能够让审计过程更透明、更客观，审计报告格式更标准，生成更及时、更便捷。

17.3 数字化内控管理实践

结合上述数字化内控管理机会，本节主要介绍三种数字化内控管理实践：信用管理系统、风险管理系统和审计管理系统。

17.3.1 信用管理系统

信用管理系统是通过对信用管理对象进行信用建模，然后采集信用指标数据，进行信用等级评估及管理的信息系统，主要包含以下四大部分内容：

1. 信用评定标准建模

企业需要依据信用管理对象，建立适用于不同企业类型的信用评定标准模型。通常来说，企业的信用管理对象包括企业自身、客户群体、供应商群体，以及外部平行合作伙伴。信用评定标准模型的建立是对各类企业进行信用等级评定的逻辑基础，主要包括评估指标设置和各指标等级标准判定等功能。

2. 信用信息采集

根据信用等级评定模型中各信用指标需要的数据，通过信息采集系统对业务活动中的相关数据进行采集、加工和存储。若企业的大数据平台中包含了信用信息采集需要的全部数据，也可以将信用管理系统直接和大数据平台对接。

3. 信用等级评定

依据信用等级评定模型，结合采集的信用信息，对各对象分别进行信用等级评定。信用等级评定的过程是先进行信用评估指标的等级评定，然后再通过系统设定的信用评估算法或者人工对算法参数进行调整。在此过程中，对于不能通过引擎自动评估的评定指标，可以采用人工评估方法。

4. 信用等级管理

信用等级管理包括信用结果发布，信用等级管理措施制定、执行与结果监督，信用等级调整。信用等级评定结果可以通过数据接口在企业管理驾驶舱、官网、微信等渠道发布或进行内部通报；对于有信用风险的管理对象，要制定相应的管理措施，并指定具体负责人进行监督；当需要对信用管理对象进行信用等级调整时，要及时向内外部进行披露。

17.3.2　风险管理系统

企业在经营活动中存在各种内外部风险，针对这些风险设计风险管理模型然后将其软件化，建成风险管理系统，可用于相关业务活动的风险评估和应对。

风险管理系统是运用信息技术，基于风险管理模型，实时收集业务流程中的相关信息，从而对业务流程中的风险进行识别、分析、评估和预警，并制定相应的风险管控措施，应对现存的或者潜在的风险，控制并降低风险所带来的不利影响。

风险管理系统的结构和信用管理系统相似，主要由风险评价模型、风险信息采集、风险评价和风险管控措施四大部分构成，本节不再做具体阐述。

风险管理系统能够给企业带来以下两大收益：

1）风险评估更加全面。在进行风险评估时，依据软件系统的提示，企业可以全面评估自身可能存在的潜在风险，消除由于人员经验差异而造成的影响。

2）风险管理更加规范。针对评估出的风险，系统会按照风险等级要求，提醒相关人员进行全方位的风险预防。针对风险预防措施，系统会进行监控，直到风险责任人采取了相应的预防措施为止。

17.3.3　审计管理系统

审计管理系统以审计准则为主线，提供档案管理、审计规范、审计资源、审计知识、审计计划管理、审计执行、审计整改、统计分析等功能，实现实时在线查看审计相关动态、共享审计资源、实时监督与管理审计工作的执行结果。

通常审计管理系统有三大功能：审计项目库、审计项目管理、审计数据管理。

（1）审计项目库。依据最小的独立的审计任务，将全部审计工作模块化，然后建立标准化的审计项目库。当企业需要开展相应的审计工作时，直接从系统里面调用相关的项目信息。

（2）审计项目管理。将审计工作按照项目管理的方式，进行审计项目管理，主要包括项目流程、输入和输出管理。比如，通常的审计项目五大流程为：审计立项、审计准备、审计实施、审计终结、审计整改。审计项目管理应对每个流程都设定好标准的输入物，如审计立项阶段的审计工作计划、审计准备阶段的审计工作方案和审计通知书等。当完成各阶段的工作后，系统就会输出相应的结果。

（3）审计数据管理。审计数据包含基本审计信息数据和审计项目数据。常见的基本审计信息数据有审计机构、审计人员、审计人员证书、专项审计类型、被审计机构、被审计机构负责人等。审计项目中包含了大量的有价值的业务数据，在审计管理系统的基础上，可以将这些审计数据结构化存储，以便进一步进行数据分析；通过数据分析，可以识别出企业的高风险业务流程，从而为企业健全业务流程指明方向。

相对于传统的内外审工作，审计管理系统有如下三大优势：

（1）内部审计工作更加系统和科学。内部审计计划是由审计人员编制，经企业经营层批准而生效的。"内部审计计划全不全面，是不是针对主要风险的"，这是一个专业问题，企业经营层通常很难得出答案；而如果审计计划的编制人员对企业的风险缺乏全面认识，更是难以回答这个问题。审计管理系统能够建议高风险的审核对象，也能够提示审核人员欠缺的审核对象，这样既能够保证内审计划的全面性，又能够保证其科学性。

（2）审计报告更客观和简单。内部审计结果出来后，可能会有一些部门提出种种理由要求内审人员更改审计结果。当采用审计管理系统后，审计结果自动生产，内审人员无权修改，从而提升审计结果的客观性。

（3）审计问题监控更加简单和透明。企业审计的一大痛点是审计结果的整改与监督，由于审核报告不透明，经营层不能够直观地了解审计结果的执行情况，因此审计问题的整改力度一直得不到保证，这通常也是企业审计人员的工作难点。通过审计管理系统，经营者能够随时随地了解审计结果，以及审计问题的处理情况，从而提高企业审计问题的整改力度。

目前内控管理在中国企业并不是普遍存在，中国大多数民营企业都没有进行内控管理，国有企业的内控管理比民营企业健全，上市公司（不论国有还是民营）基本都有健全的内控管理制度，但是随着中国制造业企业管理水平的提升，内控的重要性将会进一步增加。

数字化人力资源管理

　　人是企业最宝贵的财富，人力资源管理要保证企业有足够的人才来支撑企业长远发展。"选育用留"是人力资源管理的经典模式：在选才方面，要选择那些和企业文化和价值观相符的人才；在育才方面，要持续提升员工技能，需要有完善的人才发展和培训管理体系；在用才方面，要人尽其才，需要有完善的绩效考核管理制度和激励制度；在留才方面，要关心员工，和员工分享企业的发展成果，需要有竞争力的薪酬福利体系、舒适的工作环境，以及全面的员工关怀。虽然每家企业都很重视人力资源管理，但是中国有健全的人力资源管理体系的企业并不多。

18.1　建立人力资源管理体系

　　建立人力资源管理体系可以围绕人才的"选育用留"四大核心，以及人力资源战略管理和日常管理来开展：人力资源战略管理主要是打造企业文化和进行人力资源规划，人力资源规划主要是确定企业需要什么样的人才、组织架构设计、岗位和工作职责设定等；选才主要是招聘管理，选择企业需要的人才；育才主要是能力管理、培训管理和人才发展；用才主要是绩效管理、激励管理；留才主要是薪酬管理、福利管理、员工关怀（通常纳入员工关系管理中）；人力资源日常管理主要是员工关系管理、考勤管理等事务。

企业文化是企业在经营过程中形成的价值观、经营准则、行为规范等的总称，其中最重要的是价值观。企业文化一旦形成，就需要贯穿企业的日常管理，需要全体员工共同遵守和维护。例如一些十分重视企业文化建设的企业，为了将价值观固化到每一名员工的行为中，制定了价值观考核，作为员工绩效考核的一部分，其比重甚至超过了工作绩效考核。

企业在发展过程中，需要持续补充新鲜血液。企业到底需要什么样的人，不能由各职能部门自由提出，而是要进行统一规划，以免企业团队失去合力。通过人力资源规划，明确企业需要具备哪些价值观和能力的候选人，若发现组织架构不能满足企业发展需求时，还要及时调整组织架构。

招聘管理是人力资源管理的核心工作之一。一是企业要有健全的招聘渠道，如内聘、猎聘、校园招聘、网聘等；二是企业要依据人力资源规划，明确到底要招哪些人（依据组织规划），以及招什么样的人（依据岗位说明书）；三是企业要有完整的招聘流程，如产生候选人、面试候选人、评价候选人、调查候选人、录用候选人等；四是新员工试用期管理，招聘人员要帮助新员工适应企业，为其度过试用期提供指导；五是管理培训生和实习生管理，针对大型企业，管理培训生能够为企业发展提供新鲜血液和人才储备，实习生能够增加用工灵活性和识别高潜力人才。

人力资源部的使命是为企业发展提供人才支持，因此能力管理是人力资源部使命的终极体现，也是最重要的事务，主要是持续提升各部门胜任力和员工胜任力，以满足企业需求。为了将能力管理做好，要依据企业对于能力的需求，建立完整的能力管理体系；然后基于能力管理体系，对部门胜任力和每名员工的胜任力进行评价。部门胜任力是指部门现有能力和部门需求能力之间的比值；员工胜任力是员工现有能力和岗位需求能力间的比值。

培训管理是员工能力提升的重要路径。培训管理包括培训资源管理、培训计划制订和培训实施。要将培训落实到位，还需要有相应的培训资源，如培训师、培训场地、培训资料等。培训计划需要依据企业战略需求、部门战略需求和个人发展需求来综合制订；在培训计划的指导下，由公司培训部组织内外部培训资源实施培训，并进行培训效果跟踪与评价。

人才发展既是育才的重要工作，也是留才的重要措施。每个人在企业里面都需要发展，不能发展的人注定要被淘汰。企业要发展人才，需要有一套完整的人才发展体系，识别员工潜力和客观评价员工的价值贡献，把员工培养成更高价值的人才，以便为企业创造更大的价值。常见的人才发展方式有职业生涯规划、晋升、轮岗、培训和带教等。

绩效管理是企业战略落地和人尽其才的关键。通过建立完善的绩效管理体系，每年依据战略目标需求选择有针对性的绩效考核指标，设定合理的绩效指标值，并将绩效指标和员工能力匹配起来，是绩效管理的关键。另外，员工的绩效结果也是确定员工发展措施和员工激励的关键依据。

激励管理主要是为了提高员工的工作效率和激发员工潜能。常见的激励形式有物质激励与精神激励、正激励与负激励、内激励与外激励。企业要为了一定的目的制定相应的激励措施：为了鼓励高价值人才长期为企业服务，企业需要制定中长期激励措施，如员工持股等；为了肯定员工关于具体工作的成果，企业需要制定短期激励措施，如项目奖金等；为了激励人才快速发展，企业需要制定弹性的晋升激励措施，如晋升绿色通道等。

基于笔者过去进行的人力资源咨询项目的问卷调查结果，员工最关心的是薪酬，因此合理的薪酬管理制度是企业留才的关键。薪酬管理是在组织发展战略的指导下，对员工薪酬的支付原则、薪酬策略、薪酬结构、薪酬等级、薪酬水平进行确定、分配和调整的动态管理过程。薪酬管理包括薪酬体系设计和薪酬日常管理两个方面：薪酬体系设计主要是薪酬构成设计、薪酬等级设计、和薪酬水平设计；薪酬日常管理包含薪酬预算、薪酬支付和薪酬调整（含普调和特调）。

福利是员工的间接报酬，一般有医疗保险、带薪休假、退休金等形式。福利管理是指对福利项目选择、福利标准确定、福利预算等工作的管理。建立健全的福利管理制度，对于提升员工满意度，帮企业留才有重要作用。基于中国制造业利润率普遍偏低的现状，增加福利相当于增加企业人工成本，于是多数企业的福利策略尽可能地减少，除了最基本的五险一金外，基本没有其他福利。

员工关系管理主要有劳动关系管理，如入职离职手续办理、劳动争议处理、员工上岗、离岗面谈、处理员工申诉和人事纠纷等；工作纪律管理，如引导员工遵守企业的各项规章制度、劳动纪律，提高员工的纪律性等；企业内部人际关系管理，如引导员工建立良好的工作关系，创造利于员工建立人际关系的环境等；员工服务，如为员工提供有关国家法律、法规、企业政策、个人身心健康等方面的咨询服务，协助员工平衡工作与生活的关系等。

考勤管理是企业对员工出勤进行考察的一种管理制度，包括迟到、早退、旷工、请假、加班等。对于将考勤结果和员工薪酬挂钩的单位，考勤结果通常还会影响员工的月收入和年终奖金；另外一些单位还会将考勤结果作为员工晋升或淘汰的重要参考依据。

18.2　数字化人力资源管理机会

人力资源管理体系是每家企业最基本的管理体系之一，不同行业在管理内容、管理方法和管理工具方面的差异不大，主要在管理标准上有所不同，因此存在非常多的数字化管理机会。

（1）价值观评估。企业文化给人的感觉很虚无缥缈，但是企业文化中的价值观，可以提炼成具体可执行的准则和评价标准。基于这些准则和评价标准，企业可以开发价值观评估小软件或App，方便员工随时随地学习、自评和考核。若要进行价值观考核，需要将其和激励制度挂钩。

（2）人力资源规划。人力资源规划需要依据企业战略展开，由于企业战略要根据实际商业环境进行及时调整，因此人力资源规划的输入部分难以标准化；但是针对人力资源规划的输出结果，比如组织规划图、岗位说明书，以及人力预算表等都可以标准化，以提高实际工作效率。因此，人力资源规划可以作为企业战略规划系统的一部分，在企业大脑中实现。

（3）招聘管理。从候选人简历筛选、到面试登记、面试评估、背景调查、录取通知、入职手续、档案管理等一系列工作，都有标准模板，都可以在员工数据库的基础上通过数字化管理软件来实现，能够提升管理效率和便于员工档案管理。

（4）能力管理。企业的能力需求和业务需求相关，当企业业务变化时，能力需求也会相应变化，因此能力管理是一个开口系统。虽然企业所需的全部能力不能确定，但是针对某一项具体能力，可以确定其管理方式，因此可以基于单一能力管理模型开发能力管理系统：首先盘点所需要的全部能力；然后建立能力管理数据库；再结合员工数据库，全面评价企业能力现状和每名员工的能力现状；最后结合企业的战略需要，确定要发展的能力和能力发展对象；如果要引入新能力，需要确定新能力的发展方式。

（5）培训管理。培训需求有三个来源：一是企业战略需要；二是部门战略需要；三是个人发展需要。在能力管理的基础上，明确了为实现企业战略所需要发展的能力以及能力发展对象（员工）；再结合能力发展方式，就能制定出实现企业战略所需要的培训需求；同样结合部门战略需求和个人发展需求，也能提出相应的培训需求。当这些培训需求都明确后，可以开发培训管理系统，以提升培训管理的透明度与工作效率。另外培训管理系统和能力管理系统还可以无缝对接起来，以确保企业需要发展的能力得以提升。

在培训方式上，传统方式是采用线下教学，结合数字化方式，以线上教学为辅助；在培训资料开发上，传统方式以 PPT 为主，结合虚拟仿真等数字化技术，可以开发出更为生动直观的培训资料，特别是针对技术类培训，传统方式培训效果一直较差，虚拟仿真将能极大地提升培训效率和质量。

（6）人才发展。人才发展也是员工管理的一部分，要分析员工潜力，为每名员工制定发展路径。在每家企业，人才发展方式一般比较固定，可以将人才发展方式变成可选项固化到人力资源管理系统中，由员工和主管一起确定发展方式，并变成员工档案的一部分。

（7）绩效管理。绩效管理需要企业先设计完整的绩效指标体系，并与战略管理系统对接，因此很多企业称之为战略绩效管理。绩效指标可以分为指标类指标和事务类指标，任何一个指标类指标都是由基础数据和指标计算公式构成的，任何一个事务类指标都可以通过方针管理或项目管理来管理，因此可以将战略绩效管理完全软件化。另外，战略绩效管理通常和激励管理直接挂钩，可以为重要的绩效指标设定具体的激励措施，并将其完善到战略绩效管理系统中。

由于战略绩效管理需要调用众多数据，基本覆盖了企业管理的方方面面，因此建议战略绩效管理系统只在数字化程度较高的企业实施；若在数字化程度较低的企业实施，还需要人工统计大量数据并进行手工录入，此时安装系统和不安装系统没有多大差别。

（8）薪酬福利管理。依据企业的薪酬结构和薪酬标准，以及福利类别和福利标准，较容易开发薪酬福利管理系统。薪酬福利属于员工基本信息的一部分，部分企业的薪酬还和考勤挂钩，因此需要将薪酬福利管理系统和员工关系管理系统以及考勤系统打通。

（9）员工关系管理。员工关系管理是人力资源部最高频的工作，当企业规模较大时，可以建立员工关系管理平台，采用行政服务大厅的形式为员工提供服务。

（10）考勤管理。传统企业是人工考勤，一般分为两级：第一级是业务部门考勤，由各部门统计员工的出勤状况，然后汇报给人力资源部；第二级是企业考勤，由人力资源部汇总各部门的考勤数据并纠正明显的错误。随着考勤工具的发展，出现了考勤机，员工上下班时打卡，由考勤机记录员工的出勤数据，人力资源部只需每个月从考勤机中拷出数据，省去了人工统计和汇总的时间。不论是人工考勤还是考勤机考勤，最终数据还是以线下 Excel 表的形式存在，不便于数据调用和汇总。随着物联网技术的发展，通过员工芯片卡和智能物联考勤设备，当员工进入工作区域时能够自动考勤，并将员工出勤数据发送到后台考勤管理系统，如 ERP 或者 E-HR 系统等，这样就能完全取代传统的人工考勤方式。

18.3 数字化人力资源管理实践

数字化人力资源管理是以人为主线，将人力资源的各职能串联在一起，形成综合的 E-HR 解决方案；另外，基于企业的实际需求，也出现了一些面向某些具体人力资源管理职能的系统，如能力管理系统和战略绩效管理系统等。本节将对这些常见的系统进行简单说明。

18.3.1 E-HR 系统

目前很多企业进行数字化人力资源管理实践时，是按照零碎需求逐步实施的：比如需要绩效管理时，就安装绩效管理系统软件；需要招聘管理时，就安装招聘管理系统软件；需要薪酬管理时，就安装薪酬管理系统软件；需要考勤时；就安装考勤管理系统软件。这样按功能模块逐步实施的方式会导致各个系统上线后，即使在人力资源管理部门内部，各个数字化系统之间也不方便相互兼容和互联互通。例如企业想要关于人员完整的档案信息，要么人工从各分散的系统导出数据进行整合，要么开发新的应用从各分散的系统中提取数据。因此，针对企业数字化人力资源管理实践，建议安装完整的 E-HR 系统，不仅能够简化企业数字化转型过程，还能节省成本。某企业 E-HR 系统结构如图 18-1 所示。

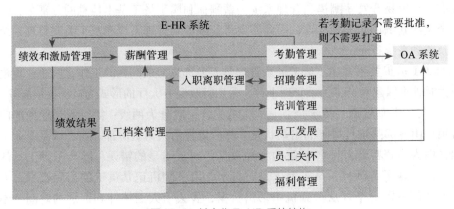

图 18-1　某企业 E-HR 系统结构

在图 18-1 中，将人力资源管理部门除能力管理之外的其他职能都整合到了一起，以员工档案管理为基础，开展和人员相关的管理工作，如入职离职管理、招聘管理、培训管理、员工发展、员工关怀、薪酬和福利、绩效和激励、日常考勤等。由于很多人员管理工作需要批准，如招聘管理、培训管理等，因此可以将 E-HR 系统和 OA 系统打通，实现无纸化办公。对于一些需要建立人力资源公共服务中心的企业，也可以基于 E-HR 系统来创建服务平台。

18.3.2　能力管理系统

能力管理系统是以企业需要的能力为管理对象，可以完全独立于 E-HR 系统，也可以和 E-HR 系统集成到一起。能力管理系统主要有以下几大功能：

（1）能力规划。结合企业的组织架构和所有岗位，进行组织能力规划。能力规划的结果要识别出组织（含全部职能）需要哪些能力、每种能力如何评价，以及如何培养和发展。当能力规划好后，企业就有了能力管理的基础。由于企业需要的能力是随着企业发展而变化的，因此能力要方便进行增减，一般建议只增不减。

（2）能力盘点。能力盘点是用能力规划模型和能力等级标准，确认组织能力现状。能力盘点完成后，就能够将组织各部门、各岗位和全体员工能力进行量化并计算胜任力。

（3）能力差距分析。通常来说，企业对于各种能力的需求程度是不一样的，要结合岗位和能力制定具体的能力需求标准。再结合各部门、各岗位、各人员的能力现状和能力需求标准，识别企业哪些能力有所欠缺，输出结果是部门能力符合率、岗位能力符合率和人员胜任力，然后针对有欠缺的能力进行发展。

（4）能力发展。结合能力盘点现状，以及企业战略、部门战略和员工个人发展对于能力提升的需求，确定企业需要提升哪些能力，以及如何提升。能力发展的产出是企业的能力提升计划，能力提升计划是制订培训计划的依据。

以上是能力管理系统的主要功能，一些企业为了提升组织能力和沉淀 Know-How，开始兴建企业大学，企业大学也可以数字化。当有了数字化能力管理系统后，再将能力提升资源数字化和互联化，就能建立起数字化企业大学。

18.3.3　战略绩效管理系统

企业制定完年度战略后，需要将战略落地。通常来说，战略落地有三大支柱：一是组织规划；二是绩效管理；三是全面预算管理。由于绩效管理的使命是落地企业战略，因此也称为战略绩效管理。在企业数字化转型实践过程中，战略绩效管理系统是企业大脑的核心组成部分，目前众多系统只是进行了简单的指标目视化展示，和战略绩效管理的本质有很大出入。战略绩效管理系统由以下几大核心功能构成：

（1）关键绩效指标体系。战略绩效管理的核心是搭建关键绩效指标体系。由于企业内部有不同部门的、不同层级的、不同性质的绩效指标，而且这些指标间还有千丝万缕的联系，如果不能将它们整合成一个完整的体系，那么当企业战略目标确定完后，有可能设定不出来关键绩效指标，或者设定不准，从而发生企业的实际行动和战略目标不一致的情况，让企业上下不能形成合力。

（2）绩效指标设定。基于关键绩效指标体系，再结合中长期战略和年度战略的目标和决策，选择关键绩效指标和确定关键事务。

（3）潜力分析与目标值设定。潜力分析和目标值设定是战略绩效管理系统中最难和最复杂的部分。选择关键绩效指标后，要设定具体的目标值；设定目标值需要清楚目标的潜力有多大；要分析目标的潜力，需要有充足的数据。一般企业在设定目标值时，主要靠战略目标驱动（不管指标的潜力有多大）或者拍脑袋，设定结果并不科学和客观。若当某个指标的潜力被全部挖掘出来后也不能达成战略目标，就需要开辟新方向。在战略绩效管理系统中，若能基于各指标数据源进行数据分析，识别指标潜力，将能大幅度降低绩效目标设定的难度和提升目标设定的准确性。

针对事务类指标，主要需要设定关键时间节点和识别其对战略目标的价值贡献。要识别事务的价值贡献，需要进行相应的假设和数据分析。

（4）落地行动计划。当为指标类指标设定完具体目标值和为事务类指标设定关键时间节点后：针对关键指标，要进行指标分解，直到能产生具体行动计划为止，然后再指定指标负责人；针对关键事务，要按照项目管理工作包的方式进行任务分解，然后也要指定事务负责人；最后由各关键指标和关键事务负责人制订落地行动计划，让管理者相信所有的目标都是可以实现的。

（5）关键绩效指标跟踪与纠正。企业跟踪关键绩效指标的传统方式是开月度经营会议，各职能部门分别报告各自部门的指标达成情况，针对未达标指标进行解释说明，整个过程效率很低；有时职能部门为了掩盖问题，还会进行数据造假或者为不能达成目标找借口，而不是聚焦于解决问题。在战略绩效管理系统的帮助下，可以自动生产经营报告，省去职能部门制作报告的时间；另外还能基于系统数据，消除人为数据造假，提升报告的真实性，让职能部门将重心放在解决问题上。

战略绩效管理系统需要建立在企业大数据平台上，从大数据平台中抓取绩效指标所需要的数据，然后在战略绩效管理系统中进行绩效指标和目标值设定、人员安排、行动计划制订与跟踪、绩效指标跟踪与纠偏等工作。若企业还没有建立大数据平台，那么战略绩效管理系统中的相关数据就需要从各系统中导出或者人工整理和输入，会降低系统的运行效率，也不能实时监控指标的变化情况，因此不建议数据基础不好的企业安装战略绩效管理系统。

在企业安装战略绩效管理系统前，建议先运行 Excel 版的战略绩效管理系统，将绩效管理跑顺，让企业全体员工都熟悉这套系统和流程。

数字化行政管理

行政管理是制定企业行政事务管理制度、流程、工具的部门，并依据制定的制度、流程、工具开展行政事务管理，保证企业生产经营活动的顺利进行。行政管理是企业里面事务最杂的部门，一些企业也将其称为厂务管理。

19.1　建立行政管理体系

行政管理的主要内容有企业日常事务管理、会议管理、车辆管理、门禁管理、食堂管理、宿舍管理、清洁管理、安防管理、安全生产管理、工伤管理、消防管理、环境管理等。一些企业成立了独立的 EHS 部门，来负责企业的安全生产管理、工伤管理、消防管理和环境管理工作。

企业日常事务管理主要包括企业活动管理、文化宣传、工作纪律管理、员工行为规范管理等内容。通过规范的日常事务管理制度，能够提升组织的运作效率和促进企业文化建设。

会议管理包括会议室管理、会议室预定管理、会议日程管理、会议参与人员管理、会议纪律管理、会议记录管理等。通过规范的会议管理制度，能够提升会议效率和效果。

车辆管理包括车辆购买或租赁申请、车辆日常维护、车辆调度、车辆处置、车辆使用分析等。通过车辆管理，能够降低企业出行成本、提升出行效率和出行安全。

门禁管理包括厂区进出管理、重点区域门禁管理、生活区和生产区门禁管理，要针对不同区域设定相应的管理制度。

食堂管理包括食堂卫生管理、食堂安全管理、菜品留样管理等。另外，随着人们对饮食健康的重视，一些企业食堂开始进行食物热量管理，为员工健康饮食提供参考数据。

制造业企业有大量的一线员工。为方便安置员工，很多企业建造或租赁集体宿舍。针对企业集体宿舍要制定宿舍管理制度，以确保员工的人财物安全。宿舍管理主要包括外来人员管理、用电管理、消防管理、卫生管理等，确保员工安全健康。

针对企业全部区域，要制定相应的清洁管理制度，划分区域责任人。清洁管理包含了内部员工自我负责的清洁管理工作，也包括了聘请的外部清洁服务企业的日常管理工作。

安防管理主要是为了提升厂区安全，针对重点管控对象进行安全管理，如厂区巡逻、车辆进出查验、企业财产进出放行等。

安全生产管理包括生产作业安全、重点区域防护管理（如危化品仓、易燃易爆品仓等）、受限空间管理、安全隐患管理、相关方管理（主要指外来作业人员，企业要对外来人员进行安全宣导、相关作业资质检查、安全作业检查等方面的管理）、危险源管理等。

工伤管理包括工伤目标管理、工伤分类管理、工伤应急管理等内容。工伤管理的目的是为了提高员工的安全意识、消除安全伤害。

消防管理也是企业安全管理的重要内容。主要内容有消防安全意识、消防设施布置与日常管理、消防演习、重点区域消防管理、施工消防管理、消防应急措施等。

环境管理包括生产环境、办公环境、生活环境三大方面。主要内容有噪声管理、光照度管理、温湿度管理、粉尘管理、三废管理（废水、废气、固废）等。一般来说经济发展破坏生态平衡和造成环境污染，主要是管理不善导致的。环境管理的目的是在保证经济长期稳定增长的同时，使人类有一个良好的生存和生产环境。

19.2　数字化行政管理机会

由于很多企业行政管理事项和智慧城市相关，过去几年智慧城市的发展非常迅速，再加上不同行业的企业行政管理工作本质上差别不大，因此企业行政管理的数字化解决方案十分成熟。

（1）日常事务管理。目前日常事务管理的解决方案主要有OA系统和一些事务管理软件，将企业日常事务、相关人员、日期建立关联，自动排出日常事务可视化图表，并具备实时提醒功能，员工也可以实时查看和自己相关的事务，这样能够大幅度减少办公室人员的日常事务管理时间，提升办公效率。未来，随着人工智能的发展，智能秘书助手将会逐步成熟，将能为企业各级人员提供更好的日常事务管理服务。

（2）会议管理。目前智能会议管理系统非常成熟：可以和OA系统互通，实现会议室在线预约，并且自动提醒入会人员相关会议信息，避免会议日程冲突和忘记会议；可以通过物联网技术将传统会议室改造成智能会议室，实现会议日程和会议室状态同步显示，会议室里各项操作智能化，比如空调、投影、电话自动控制等，免去人员操作不熟练带来的各种问题，提升会议效率；另外，会议记录也可以通过系统和日常事务管理系统相连，入会人员可以实时知晓会议决议并了解决议的执行状况。

（3）门禁管理。门禁管理的常见数字化机会有厂区人员和车辆进出识别系统、重点区域人脸和指纹识别系统等。这些系统都非常成熟，企业需要先进行整体规划，确定要在哪些地方设置门禁，以及设置何种形式的门禁，然后选择服务商实施即可。

（4）食堂管理。在传统食堂管理的基础上，有在线点餐、数字化食堂、饮食健康管理等机会。员工可以依据系统中提供的每餐饮食信息，结合自身的出勤状况和食品热量信息，提前选择自己喜欢的食物；系统可以实时统计员工的需求信息，然后购买食材，制作相应食物；当员工就餐时，数字化食堂可以提供快速无人结算、透明化管理等一系列数字化服务，既能够提高员工满意度，还能够按需制作食物、避免浪费和帮助员工进行饮食健康管理，这样的食堂会更受员工欢迎。

（5）宿舍管理。宿舍管理需要按照要求进行相应的数字化转型：宿舍管理和考勤管理联系起来，可以防止员工在工作时间去宿舍；宿舍管理和门禁管理联系起来，安装人脸识别系统，可以防止未授权人员进入；宿舍管理还可以和智慧楼宇管理系统联系起来，安装一些智能控制系统，提升宿舍安全和实现节能减排等。

（6）安防管理。安防管理的数字化解决方案很成熟并且有较多应用场景：针对厂区四周，可以加装电子围栏或者摄像头，再结合相应的分析软件，可实现异常实时预警；针对进入厂区的车辆，结合物联网技术，可以进行位置和速度管理；针对厂区巡逻点，可以通过物联网或者人工智能技术，替代人工巡逻，实现实时信息反馈等。

（7）安全生产管理。为了确保安全生产，针对重点区域，可以利用物联网和人工智能技术进行实时监控，当识别到可能引发安全生产事故的信号时，进行预警或者自动采取预防措施。比如针对防爆区域，可以监测危险物成分，在爆炸临界点前发出预警，以便及时启动应急预案；针对相关方，企业可以发放相关智能硬件产品，监控其在企业内部的位置和行为，如果相关方去了不该去的地方或者其行为不符合企业的相关方管理规范时进行预警，以便企业及时采取措施。

（8）消防管理。企业发生火灾主要是危险源管理不善造成的，通过物联网和人工智能技术，对危险源进行实时监控，可以有效预防消防事故发生，或者降低消防事故的危害程度。比如当视频识别到有人在禁烟区吸烟时，系统会立即通知行政人员，让他及时去制止；当有异物堵塞消防通道时，及时提示区域负责人进行清理等。

（9）环境管理。针对企业内部的环境监控点，采用传感器获取噪音、光照度、温湿度、粉尘、水质、有害气体等信息，然后和管理阈值进行对比，当到达警戒线时进行预警，以便管理人员及时采取措施；另外，若政府或相关外部机构需要企业关于环境管理的相关数据时，可以将监控点数据采集和政府管理平台集成，提升管理效率。

19.3　数字化行政管理实践

将上述数字化行政管理的诸多机会整合到一起，主要可归为两大应用系统：一是智慧园区管理系统；二是 EHS 管理系统。

19.3.1　智慧园区管理系统

智慧园区管理系统是集成物联网、人工智能视觉识别、公共广播、信息显示和预警等多种功能，全方位实现企业园区的智能化管理的系统，为员工打造安全、便捷、规范的工作环境，为企业管理者提供高效、可靠、综合的管理手段，从整体上提高企业形象。常见的智慧园区管理系统主要有以下几大功能：

（1）入侵检测系统。入侵检测系统由前端探测器、报警控制主机、管理软件、防区扩展模块、报警对外输出和电子地图等组成。在入侵检测系统中，入侵探测器是防范现场的前端探头，通常将探测到的非法入侵信息以开关信号的形式，通过传输线路传送给报警控制主机，报警控制主机经过识别、判断后发出声光报警，并启动相关的外部设备。

（2）视频监控系统。视频监控系统主要由电话通信系统、计算机局域网系统、有线电视信号分配系统、视频监控系统、消防报警系统等组成。适用于园区的视频安防监控，可与入侵检测系统联动实现警告抓拍功能。另外，针对一些事故可以进行视频回放，协助查找事故起因。

（3）公共广播系统。公共广播系统具有背景音乐、业务广播、紧急广播功能；还可接受基础平台发送的警告信息，智能分析警告内容，判断是否触发实时录制的紧急广播。当紧急情况出现时，公共广播系统可以统一指挥人员疏通，避免无序状况发生。

（4）停车管理系统。数字化停车管理是在停车场地面安装感应装置，感知停车位是否有车；然后通过智能物联网关将信息传到后台系统；再结合移动 App，员工可以很方便地找到空闲停车位。也可以将停车管理系统车位信息和目视化系统互通，实时显示停车状态。

（5）会议室管理系统。会议室管理系统由多渠道预定系统、门禁系统、显示系统、自动控制系统组成。会议组织者可以通过电脑、移动 App 进入系统，系统自动推荐最匹配的会议室，然后进行预定确认；另外对会议室进行智能物联改造，可以实现会议室状态显示、设施自动控制、人脸识别门禁签到等功能。

（6）可视化系统。目视化系统是一个网络化的多媒体控制与播放系统，主要包括中心平台、管理平台和媒体终端显示器。常见的终端显示器有液晶电视、等离子显示、LED 大屏幕、CRT 显示器等，可放在企业大门口、前台、走廊、电梯、餐厅、主干道等地方，用于企业文化宣传、信息共享、活动通知等。

除上述常见的六大功能外，智慧园区管理系统可以根据企业的实际需要，自定义相关管理功能，然后进行系统集成。智慧园区管理系统各方面的技术都比较成熟，而且整体投入不大，所以一般企业的实施意愿较高：针对现有工业园区，一般是按子系统逐个实施，然后集成；针对新工业园区，建议系统规划智慧园区解决方案，整合各子系统集中实施。

19.3.2　EHS 管理系统

EHS 管理系统主要面向企业职业健康安全和环境管理。EHS 系统主要由日常管理和实时管理两大部分构成：日常管理主要由人工进行作业，如安全隐患检查、劳保用品管理、工伤管理等，相当于将 EHS 工作无纸化；实时管理主要是对重点管控对象进行实时监控和管理，主要由物联网系统、数据分析系统、响应系统、可视化系统构成。物联网系统主要是对管控对象进行数据采集和状态监控；数据分析系统是对物联网系统采集的数据进行分析和判断；响应系统是基于数据分析系统的结果启动相应的应对措施，比如通知管理人员或者进行自动控制等；可视化系统是将监控对象的数据通过图表或者视频等方式显示出来。由于EHS 管理系统的应用场景十分复杂且多变，对于每家企业来说，基本没有现成的解决方案，需要按照客户需求和实际工况进行定制。

　　EHS 日常管理能够形成标准化，很多企业开发的 EHS 管理系统主要就是实现了这方面的功能：安全管理主要是将潜在安全识别与管理表软件化；工伤管理主要是将工伤等级与响应措施软件化；劳保用品管理是将劳保用品库存管理表、领用表、请购表等工具软件化。

　　EHS 管理系统的实时管理功能在消防安全、重点区域管理和受限空间管理方面应用较多。主要原因是这些场景比较相似，能形成标准化的解决方案；大多数企业在这些场景的数字化投入不大，而且投入后能有立竿见影的效果。

　　在安全生产管理方面，EHS 管理系统的实时管理功能需要对安全要素进行实时监控，如人的不规范作业行为、设备安全隐患等，由于这些监控对象都是个性化的，因此对每个对象进行数据采集和分析也都是个性化的，再加上安全生产要监控的点位数较多，导致整体投入较高，而且对于企业提高生产效率没有直接帮助。虽然这方面的技术方案比较成熟，但是一般企业也不会进行大规模投资。针对局部的一些高危作业，部分企业会有局部需求。

　　EHS 管理系统的实时管理功能在环境管理方面能形成标准化的解决方案。目前，由于部分企业达不到环境政策的要求，存在着不同程度的违规现象，如果应用 EHS 管理系统的实时环境管理功能，相当于将企业的环境信息透明化，无异于揭自己的"伤疤"。因此，企业不愿意主动应用这方面的功能，只会针对一些进行了环境改造，并且达到了政策要求的场景局部应用，比如人工去测废水pH 酸碱度的场景可以用物联网替代等。随着全社会环保意识增强和环保政策加码，企业环境信息联网是大趋势，届时 EHS 管理系统实时环境管理功能才会大规模应用。

　　从第 7 章到第 19 章，本书系统地介绍了企业内部各职能的数字化管理实践应用。若一家企业完成了全部职能的数字化管理升级，那么就能建成稳固的数字化底座。数字化底座会沉淀大量的数据资产，在数字化时代，这些数据资产将会成为企业的核心资产，因此要对数据进行统一管理；另外，企业也要基于这些数据，为自身的经营管理活动赋能。

平台篇

　　制造业数字化转型持续进行，在传统的信息基础设施平台上，大数据平台的重要性逐步凸显。

　　大数据平台是企业的数据载体，用于数据采集、集成和交换，打通企业应用系统间的数据孤岛，让数据在企业内部自由流通，降低企业数据管理成本。

　　另外，数字化转型也离不开信息基础设施的升级。企业的信息基础设施要和需求相匹配，不需要过度高配，也不能配置不足，影响系统运行的稳定性。

大数据平台与企业大脑

在企业数字化转型的过程中，数据会越来越丰富。随着数据量的增加，新问题也接踵而来：信息孤岛导致不同系统间不能互联互通；信息系统功能重叠；同一数据在不同系统中数据格式不一致；不同系统关于同类数据进行重复采集造成企业数字化转型成本过高；数据实现了从无到有，但是数据价值挖掘不足，基本停留在图表可视化阶段。为了解决这些新问题，需要企业建立统一的大数据平台，基于大数据平台进行数据治理、统一数据标准，并进行数据挖掘，打造企业大脑。另外，想要建立大数据平台，需要对信息基础设施进行整体规划和升级，特别是工业互联网规划。

20.1 大数据平台

关于数据存储管理，过去出现了非常多的概念，如数据库、数据仓库、数据湖、数据集市、大数据平台等，本书先对这些概念做简单介绍。

（1）数据库。数据库一般分关系型数据库和非关系型数据库，能满足企业基本、日常的事务处理需求，通常和应用系统联系在一起。

（2）数据仓库。数据仓库是在企业管理和决策中面向主题的、集成的、与时间相关的、不可修改的数据集合。如客户管理中的订单数据、客户数据、库存数据存放在不同的数据库中，构建数据仓库，把不同业务系统数据库中的数据同步到一个统一的数据仓库中，然后按照划分主题域的方式组织数据。因此数据仓库的主要应用是联机分析处理（On-Line Analytic Processing，OLAP），支持复杂的数据分析，侧重决策支持，并且提供直观易懂的查询结果。

（3）数据湖。数据湖是存储企业各种原始数据的大型仓库，其中的数据可供存取、处理、分析及传输，作为数据汇总及处理的一个核心功能，除了为数据仓库提供原始数据之外，也可以为上层应用系统提供数据服务。

（4）数据集市。数据集市可以理解为一种小型数据仓库，它只包含单个主题，数据从企业的数据库、数据仓库或数据湖中抽取出来，迎合特定群体的特殊需求，面向部门级业务或某特定主题，解决了灵活性和高性能需求间的矛盾。

（5）大数据平台。大数据平台是基于数据治理，通过内容共享、资源共用、渠道共建和数据共通等形式打造的企业数据底座，基于数据底座为各业务提供数据或应用服务，能够进行海量个性化、多样化数据的存储、分析和计算，实现数据为业务赋能的目标。

企业在数字化升级转型的过程中，随着数据量的急剧增加，各类数据问题凸显，大数据平台成为解决这些问题的主要方式。大数据平台主要有以下五方面的优势：

1）横向扩展。大数据技术出现之初所要解决的问题是数据存储与计算，随着数据生产速度的加快，传统平台存储与计算能力遇到瓶颈，而大数据平台是分布式架构，理论上可以无限扩展，所以能更好地适应企业数据量急速增长的发展趋势。

2）资源共享。企业通过使用统一的大数据平台，可以化零为整，整合所有服务器资源，并统一对内和对外提供服务，实现精细统一的资源调度，降低运维成本。

3）数据共享。使用单一存储架构，将企业内部所有数据集中在一个平台中，方便进行各种业务数据的整合使用，从而发挥大数据技术全量数据分析的优势。

4）服务共享。通过统一服务架构，可将一套统一的服务规则应用到所有服务实现上，例如一张表数据可以以文件形式共享，也能以接口形式共享，统一之后各部门以相同方法调用使用，避免烟囱式架构，减少重复开发成本。

5）安全保障。通过统一安全架构，在单一平台架构基础上实现精细的资源隔离，方便根据不同人员进行不同授权。

企业建立大数据平台主要进行三方面工作：数据资产盘点、数据治理、大数据平台规划与建设。

20.1.1 数据资产盘点

依照数据来源的不同，数据可分为内部数据和外部数据。内部数据是指来自于企业内部、分散存在于各处，或者本身不存在需要去生产的数据；外部数据是指存在于企业外部网站或者其他"第三方的数据"。

在大数据平台规划与建设前，要对全部业务领域数据资产进行盘点，包括：现有应用系统的数据库、数据表、数据字段、元数据、数据质量、数据流转、数据报表、数据指标等；各业务领域线下现有报表、缺失报表；确定当前数据资源分布情况、数据质量现状、数据应用现状与期望，形成"数据资产目录"。

在数据资产盘点过程中，要分析每种数据是什么数据类型，数据从哪里来，以及如何去获取这些数据，数据获取频率等。

（1）数据类型。数据类型是指要对数据进行分类，数据分类就是把具有某种共同属性或特征的数据归并在一起，通过类别的属性或特征来对数据进行区别。

（2）数据来源。数据来源是指数据从哪里来。内部数据主要来自于各应用系统、数据库、工作日志、还有一些数据可能没有直接的数据来源，需求企业进行数据生产，比如通过传感器或其他一些方式去获取。外部数据主要存在于企业外部网站、社交媒体，或以其他形式存在。

（3）数据获取方式。当知道数据来源后，基本就能确定数据获取方式了。通常来说，数据获取方式有系统直接抓取、设备导入、人工输入、数据生产等，不同数据获取方式对应的技术难度和数据获取成本不一样。获取内部数据：主要是导出内部各信息系统的数据，以及采用数据采集或数据生产的方式获取实时数据；针对没有数据收集工具的内部数据，还需要设计收集工具。获取外部数据需要依据业务需求和情报来源，采用数据爬虫和人工摸底收集相结合的方式，最大限度地降低数据获取成本和提升数据获取效率。在确定数据获取方式时，要依据业务需求，定义数据获取频率，数据获取频率会直接影响数据存储空间的大小。

20.1.2 数据治理

数据治理是企业数字化转型至关重要的环节，关系着能否规范化管理企业核心数据，数据的价值能否充分发挥等。数据治理主要包括建立数据治理组织、设定数据战略，然后进行数据架构管理、数据开发、数据操作管理、数据质量管理、数据安全管理、主数据管理、元数据管理、时序数据管理等工作。

在数据治理过程中，有两个概念经常会被混淆：数据标准和数据标准化管理。

1. 数据标准

数据标准是指为了保证数据定义和使用的一致性、准确性和完整性的规范性约束。对企业而言，数据标准是对数据的命名、类型、长度、业务含义、计算口径、归属部门等进行定义的一套统一规范，保证各系统对数据统一理解、对数据定义和使用一致。

一般从三个维度进行数据标准分类：数据结构、数据内容来源、技术业务。

（1）数据结构。从数据结构角度可以分为结构化数据标准和非结构化数据标准：结构化数据标准通常包括信息项分类、类型、长度、定义、值域等；非结构化数据标准通常有文件名称、格式、分辨率等。

（2）数据内容来源。从数据内容来源角度分为基础类数据标准和派生类数据标准：基础类数据是业务系统直接生成的明细数据和相关代码数据，目的是保障业务活动相关数据的一致性和准确性；派生类数据是指基于基础类数据，并按企业管理需求加工计算而产生的数据，如绩效指标类数据、实体标签等。

（3）技术业务。从技术业务角度可以分为业务数据标准和技术数据标准：业务数据标准是指为实现业务沟通而制定的标准，通常包括管理部门、业务名称等；技术数据标准是从信息技术角度对数据标准的统一规范定义，通常包括数据类型、字段长度、精度、数据格式等。

数据标准是数据治理的基础性工作，具体体现在以下几个方面：

1）数据标准为大数据平台提供统一的数据标准定义和平台逻辑模型。

2）数据标准是大数据平台进行数据治理的依据。

3）数据标准是衡量大数据平台数据资产运营和管理的评估依据。

4）通过数据标准的实施，实现对大数据平台全网数据的统一运营管理。

2. 数据标准化管理

数据标准化管理是一套由管理制度、管控流程、技术工具共同组成的体系，通过这套体系统一数据定义、数据分类、记录格式和转换、编码等实现数据标准化。数据标准化管理是规范数据标准的制定和实施的一系列活动，是数据资产管理的核心活动之一，对于提升数据质量、厘清数据构成、打通数据孤岛、加快数据流通、挖掘数据价值有着至关重要的作用。在进行数据标准化管理时，需要企业具备以下两个前提条件：

（1）设立数据标准管理组织。数据标准体系建设需要得到企业高层的重视和支持，更需要企业所有部门共同参与，形成高层决策、数据标准管理部门统筹、各部门参与的数据标准管理长效机制。其中，高层扮演数据标准化工作的决策角色，数据标准化工作小组负责推动企业的数据标准化工作。

（2）制定数据标准管理制度。主要包括制定相关数据标准管理办法和细则，从制度层面明确标准化中相关方的职责，建立数据标准制定与分布、落地执行流程，变更与审核机制，使数据标准在制度层面得到保障。

常见的数据标准化管理有如下内容：

1）标准管理：管理国家标准、行业标准、企业标准和地方标准，在定义元数据实体或元素时进行关联。

2）字典管理：对于标准之外的规范化数据，作为系统内部使用的字典，在定义元数据实体或元素时进行关联。

3）元数据管理：包括元数据实体和元素定义、数据元管理、数据表单管理等。由于在业务使用过程中，元数据定义可能会改变，所以元数据实体和元素管理、数据元管理都需要具有版本管理功能。

4）元数据实体或元素管理：管理信息资源所涉及的元数据实体或元素。用户工作中涉及的元数据实体或元素，系统允许用户自行添加、修改和删除。当元数据实体或元素来自于国家标准时，可以选择引用国家标准，在各个引用该元数据实体或元素的页面中将可以选择标准值；当元数据实体或元素为选择性数据时可以添加字典用于页面中的选择项。

5）数据集管理：定义了元数据基本信息、元数据实体或元素的关联功能和数据元名称等信息。用户可以根据业务需要，把相互关联的元数据实体或元素组成一个数据集，为业务系统提供底层数据结构层面的支持。系统允许建立不限数量的数据集。

6）表单管理：系统为支持数据集的结构设计而自带的自定义表单设计工具，支持读取数据集，支持表单自定义样式，生成的表单将作为数据采集时的录入界面。

数据标准化管理建设过程中需要注意以下事项：

1）数据标准统一规划。以数据资产管理需求为导向，结合数据标准规范指导内容，构建适合大数据平台的数据标准体系，并制定数据标准实施方案。

2）建立数据标准挂历的支持体系，包括数据标准管理组织架构、数据标准管理办法和流程制度，以及数据标准管理支撑工具。

3）注意大数据平台中数据业务口径和技术口径的有效协同。

4）要满足大数据平台和平台化、产品化和数据资产运营的需求。

5）支持大数据平台的数据接口标准化定义。

6）满足原有数据可逐步进行数据标准规范的迁移和统一。

20.1.3　大数据平台规划与建设

企业数字化逐渐成熟，建立大数据平台是其必然选择。大数据平台会变成企业数字化的土壤，当土壤肥沃后，将能种瓜得瓜、种豆得豆（瓜和豆是指形形色色的数字化应用软件系统）。大数据平台通常包含七个子平台：主数据和参考数据子平台、数据仓库子平台、物联网子平台、应用互联子平台、数据资产子平台、BI 子平台、AI 子平台。

（1）主数据和参考数据子平台。主数据和参考数据是企业数据的纲领，是核心的运营数据，它们都是跨业务领域、跨流程和跨系统使用的数据。主数据是有关业务实体的数据，如员工、客户、产品、资产等，这些实体为业务交易和分析提供了语境信息；参考数据用于描述或者分类其他数据，或者将数据与组织外部的信息联系起来。主数据和参考数据子平台是面向数字化转型企业的数据治理平台，要提供对企业数据执行标准进行全方位管理的相关信息，以及满足跨部门业务协同需要、反映核心业务实体状态属性的企业的基础信息。通过建立数据模型、编码规则和管理流程，制定企业数据治理的管理标准，从而实现数据的查询、申请、变更、禁用、分发等业务，并维护业务数据的一致性、完整性、及时性和精确性。

（2）数据仓库子平台。数据仓库子平台是建立一条从业务系统相关数据的采集、处理、应用设计到结果展现的柔性数据处理流水线，满足不断丰富、变化的数据分析、挖掘类需求；形成统一、一致、完整的业务信息视图；建立数据质量管控体系，保障数据在整个生命周期过程中的质量；建立数据共享服务中心，随时随地获取可靠的授权信息，实现信息效益的最大化。

（3）物联网子平台。物联网子平台为多源的边缘设备提供接入能力与强大的边缘计算能力，支持多种工业协议解析，提供可视化流式管理，提供数字化建模和实体映射，提供设备即服务的应用模式，助力企业实现数字化生产。物联网子平台需要实现多类型设备数采、协议动态适配、边缘计算、设备资产建模与管理等功能。

（4）应用互联子平台。应用互联子平台是应用系统、服务集成、注册、管理的核心基础平台，也是各应用系统信息交换的中介。应用互联子平台主要采用ESB⊖或微服务架构，构建内外部应用系统之间的信息交互服务体系，解决多源异构系统间的数据孤岛问题，支撑企业业务应用系统互联互通和互操作。通过信息交换模型实现接口的标准化服务转换，通过参数化适配模型实现路径选择、协议转换，通过协议包装器实现服务的解构与重构，并储存服务信息形成虚拟服务

　　⊖　Enterprise Service Bus，企业服务总线。

目录资源。

（5）数据资产子平台。数据资产子平台是集数据采集、集成、治理、组织管理、智能分析于一体的数据平台，主要包括元数据管理、数据标准管理、数据模型管理、数据质量管理、数据安全管理、数据生命周期管理、数据需求管理、数据资产目录管理和数据资产应用等功能。数据管理人员通过数据资产子平台能够全面掌握数据资产现状、提升数据质量、保障数据安全。数据资产子平台可以将企业的数据资产统一管理起来，实现数据资产的可见、可懂、可用、可运营。

（6）BI子平台。BI子平台对接数据资产子平台，进行数据加工处理、分析和挖掘，提供一站式的商业智能和大数据分析功能，并进行可视化展示满足用户的全场景数据分析需求，如大数据分析、可视化分析、企业报表等。管理驾驶舱是BI子平台的可视化应用，能够让各级管理者迅速了解企业的经营和运营状态。

（7）AI子平台。AI子平台是大数据平台的重要组成部分，是数据深度应用、预测分析、机器学习、提升业务智能化程度、实现管理自动化的平台。AI子平台的业务场景以各业务域需求为导向，分析存在的业务智能化场景；分析业务智能化需要的数据，并评估数据可用性；明确AI子平台的技术构架，以支撑企业未来的智能化需求。

大数据平台规划要以自身业务需求为出发点，先确定业务范围，并访谈相关业务人员，了解他们想要什么，记录他们关心的问题和想要的数据；大数据平台规划还要描述数据从哪里来，到哪里去，以及用什么样的方式进入平台，包括所需要的硬件和软件细节；大数据平台规划要包含上述七大子平台的详细规划以及它们之间的构架关系；另外还需要规划大数据平台的管理流程，以确保大数据平台建设后能规范化运作。大数据平台规划在考虑性能、数据可用性、时间性的前提下，还需要考虑扩展性、安全性要求，以支持企业中长期业务发展需要。

在大数据平台构架规划好后，就可以开始建设大数据平台。大数据平台建设的主要工作有系统安装、分布式计算平台/组件安装、数据导入、数据分析（包括数据预处理和数据建模分析两个阶段）、结果输出以及可视化显示等。也有些企业将大数据平台规划和建设一起实施，本书建议分开，原因是如果在规划方案没有得以确认的情况下同步实施，出现问题不好纠正，或者纠正成本过高。

20.2　企业大脑

基于大数据平台，可以开发出真正的企业大脑。一些企业关于企业大脑有一个认知误区，认为企业建立了工业互联网平台，实现了数字孪生就算建成了企业大脑。实际上，真正的企业大脑像人脑一样，具备自主决策功能。企业里面的所有工作，企业大脑都可以进行相关分析和决策，与智能机器人相似。企业大脑是企业数字化转型要实现的高级模式，目前还是智能制造的一个难点，没有完整的解决方案。本节主要对企业大脑的实现过程进行初步探索，主要包括：业务功能定义、业务模型开发、软件开发与优化、数据底座和大数据平台的持续完善。

1. 业务功能定义

要开发企业大脑，需要先明确企业大脑要进行哪些决策（通常是辅助决策，企业大脑给出科学的决策建议，企业管理者最终做出决策选择）。这些决策可以是企业层面的，如投资决策建议、市场开拓方向、业务组合建议等；也可以是部门层面的，如业务流程改进建议、产品优化建议、质量提升措施建议等。要想让企业大脑具备这些决策能力，先要将业务模型和决策目标植入企业大脑中。

2. 业务模型开发

业务模型是指处理一项具体业务的方法和工具，要将其提炼成能被计算机处理的形式。比如要进行投资决策建议，需要开发投资决策模型。投资决策模型需要基于销售预测、产能分析、设备绩效和设备替代来综合判断：基于销售预测能够知道未来一段时间需要生产哪些产品以及生产多少；基于产能分析能够知道现有产能和目标产能之间的差异；基于设备绩效能够知道针对短缺产能需要投资哪个品牌的设备以及投资多少台；如果企业在开发投资决策模型时，还考虑剩余产能是否能够替代部分短缺产能，那么还需要进行设备替代分析。通过开发这类业务模型，将其转化成计算机能够处理的逻辑，就可以进行软件开发了。

3. 软件开发与优化

通过软件开发，将业务模型的处理逻辑固化下来。在传统模式下，每进行一次决策分析，都需要不同部门的人去找数据、做分析、提建议，整个过程费时费力，决策效率低。基于企业大脑，可以依据大数据平台上的实时数据和历史数据，实时进行决策分析和提出决策建议。

另外，在企业大脑的运行过程中，若管理者对业务模型进行了优化或者变更，需要同步更新软件。在未来，当企业大脑发展成熟以后，管理者将会从日常事务处理中解脱出来，主要工作变成业务模型优化和做决策选择。

4. 数据底座和大数据平台的持续完善

当企业大脑的相关功能软件开发好后，若发现大数据平台上部分数据缺失，需要去完善数据底座和大数据平台。从这个角度来看，数据底座和大数据平台的建设是持续进行的。因此，企业在进行数字化转型时，一开始建设数据底座和大数据平台时不用担心数据不全（在力所能及的前提下，数据越全面越好），只要企业数字化规划框架和数据治理方法健全就行。

如果产业链上的企业都有企业大脑，那么将这些有"脑"的企业互联起来，就能建成真正的产业大脑。产业大脑可以解决产业链上众多核心问题。

第21章 CHAPTER

信息基础设施

企业做好业务层面的数字化需求规划和大数据平台规划后，还需要进行信息基础设施规划。信息基础设施是支撑企业数字化大厦的基石，随着企业数字化的不断深入，企业的数据量会急剧攀升、业务运营模式也会发生重大变化，对于信息基础设施的需求也会发生变化。当企业的业务需求和数据需求明确后，需要基于业务需求和数据需求进行信息基础设施规划；而当企业开始数字化建设时，信息基础设施建设又要先行。

制造业企业信息基础设施主要包括网络、信息硬件设备设施、基础软件。网络规划包括数据流量及约束条件分析、网络选型、网络拓扑结构设计、网络安全规划、网络建设方案等；信息硬件设备设施包括机房、服务器、路由器、交换机、计算机、打印机、手持设备等的规划和配置；基础软件规划包括操作系统软件、数据库软件、安全软件等。

进行信息基础设施建设主要有四方面的工作：一是信息基础设施现状调研；二是信息基础设施需求分析；三是信息基础设施规划；四是信息基础设施投资预算制定。

21.1 信息基础设施现状调研

按照信息基础设施的三大内容，对现有网络、现有信息硬件设备设施和现有应用软件进行调研。另外，一般企业或多或少有一些应用软件，因此在调研过程中也要将现有应用软件一起调研。在对应用软件的调研过程中，经常会碰到调研对象反馈现有系统不能满足需求的情况。若出现这种情况，调研人员只需将反馈信息记录下来即可，对现有基础设施调研没有影响。

现有信息基础设施调研的主要目的是确认现有基础设施现状，以便在进行信息基础设施规划时确认哪些基础设施可以利用，对信息基础设施投资预算有影响。

1. 现有网络调研

进行网络调研时，要详细调研如下内容：

1）网络现状：包含局域网、广域网、互联网、无线网，要详细调研各网络的用户数量，网络数据量、网络拓扑结构设计、带宽等信息。

2）网络安全现状：现有网络的安全防护措施建设情况，是否有物理措施、网络备份和网络安全防护措施等。

3）总部与分支机构的网络连接：总部和分支机构间的网络是如何链接的，如专线或 VPN 等。

4）为出差人员提供的解决方案：出差在外或者不在企业的人员如何能够便捷、安全地开展工作。

5）网络升级设计：由于企业的规模是持续发展的，现有网络如何支持企业业务的发展，网络设备是否在升级原有网络后能够继续使用。

当调研完网络现状后，要形成一份完整的网络调研报告。

2. 现有信息硬件设备设施调研

现有信息硬件设备设施要详细调研如下内容：设备名称、设备型号、设备配置、数量、位置。另外，还需要描述硬件设备是为什么业务服务的，可能会遇到同一设备为不同业务服务的情况。若遇到这种情况，记录时要分成不同的行分开记录。

3. 现有操作系统调研

操作系统是管理和控制计算机硬件与软件的计算机程序，是直接运行在"裸机"上的最基本的系统软件，任何其他软件都必须在操作系统的支持下才能运行。操作系统的种类较多，各种设备安装的操作系统从简单到复杂，可分为智能卡操作系统、实时操作系统、传感器节点操作系统、嵌入式操作系统、个人计算机操作系统、多处理器操作系统、网络操作系统和大型机操作系统。按应用领域划分主要有三种：桌面操作系统、服务器操作系统和嵌入式操作系统。

桌面操作系统主要用于个人计算机上。个人计算机从硬件架构上主要分为 PC 机与 Mac 机；从软件上主要分为 Unix 操作系统和 Windows 操作系统。常见的 Unix 和类 Unix 操作系统有 macOS、Debian、Ubuntu、Linux Mint、openSUSE、Fedora 等；常见的 Windows 操作系统有 Windows XP、Windows Vista、Windows 7、Windows 8、Windows NT 等。

服务器操作系统一般是指安装在大型计算机上的操作系统，如 Web 服务器、应用服务器和数据库服务器等。服务器操作系统主要集中在三大类上：Unix 系列，如 SUN Solaris，IBM-AIX，HP-UX，FreeBSD 等；Linux 系列，如 Red Hat Linux，CentOS，Debian，Ubuntu 等；Windows 系列，如 Windows Server 2003，Windows Server 2008，Windows Server 2008 R2 等。

嵌入式操作系统是在嵌入式系统中应用的操作系统。嵌入式系统广泛应用在从便携设备到大型固定设施的各个方面，如数码相机、手机、平板电脑、家用电器、医疗设备、交通灯、航空电子设备和工厂控制设备等，越来越多的嵌入式系统安装有实时操作系统。嵌入式领域常用的操作系统有嵌入式 Linux、Windows Embedded、VxWorks 等，以及广泛使用在智能手机等消费电子产品上的操作系统，如 Android、iOS、Symbian、Windows Phone 和 BlackBerry OS 等。

在统计操作系统时，要按类别和位置进行统计。

4. 现有数据库调研

数据库的基本结构分三个层次，反映了观察数据库的三种不同角度：以内模式为框架所组成的数据库叫作物理数据库；以概念模式为框架所组成的数据库叫作概念数据库；以外模式为框架所组成的数据库叫作用户数据库。

物理数据层是数据库的最内层，是物理存储设备上实际存储的数据集合，这些数据是原始数据，是用户加工的对象，由内部模式描述的指令操作处理的位串、字符和字组成。

概念数据层是数据库的中间一层，是数据库的整体逻辑表示，指出了每个数据的逻辑定义及数据间的逻辑联系，是存储记录的集合。它所涉及的是数据库所有对象的逻辑关系，而不是它们的物理状况，是数据库管理员概念下的数据库。

用户数据层是用户所看到和使用的数据库，表示了一个或一些特定用户使用的数据集合，即逻辑记录的集合。

在进行数据库调研时，要确认企业现有哪些原始数据，定义了哪些数据逻辑，以及有哪些用户数据。通常在大数据平台规划时，也会进行现有数据库调研。

5. 现有应用软件调研

在过去工业化和信息化进程中，大多数企业或多或少都已经安装了一些应用软件，也有一小部分企业除了 Office 或 WPS 等办公软件外，其他什么应用软件也没有。

在进行现有应用软件调研时，也可参照本书第 5 章智能制造顶层构架设计部分的七大步骤中的第三步"现状和机会盘点"，通过对现有要素进行盘点，全面了解企业的数字化现状。

21.2　信息基础设施需求分析

在清楚了企业的信息基础设施现状后，需要明确未来的信息基础设施需求，信息基础设施需求要建立在企业的业务需求之上。这对于 IT 人员来说是难点，因为 IT 人员基本不清楚企业的业务需求。

本书第 5 章到第 19 章阐述了企业数字化业务需求，让 IT 人员来主导这些业务需求显然不现实，但是 IT 人员又要依据这些业务需求来做信息基础设施规划。因此本书建议的实施路径是：企业先组织业务人员进行业务需求规划，规划完成后形成智能制造顶层构架设计方案，IT 人员要参与其中；然后 IT 人员依据智能制造顶层构架设计方案进行信息基础设施需求分析，若有不清晰的地方，再和业务人员交流。

进行信息基础设施需求分析时主要针对三个方面：一是软件对信息基础设施的需求；二是工业物联网对信息基础设施的需求；三是工业互联网对信息基础设施的需求。

21.2.1　软件对信息基础设施的需求分析

软件主要是指操作系统、数据库、基础办公软件、各数字化应用系统等。企业进行数字化转型时需要安装的软件众多，若每安装一款软件就升级一次信息基础设施，会给 IT 人员带来较大的工作负担，会出现重复建设或推毁重建的情况，导致信息基础设施建设成本过高和人员工作量过大。当完成业务需求分析后，企业基本清楚需要建设哪些软件；随着新技术的发展，新机会出现需要安装新系统，这是发展的必然规律，因此只需做到当前最好即可。针对当前能够识别的软件需求，需要执行如下两步工作：

首先，需要分析业务需求落地的技术方案和可行性。以现场无线网络为例，假设一项业务需求是将现场一组设备通过无线方式进行设备联网，那么信息基础设施需求分析就需要去确认这一组设备的通信接口、并统计通信接口种类，以及需要配置什么样的无线终端才能够将设备联网；如果针对没有通信接口的设备，是否有可行的解决方案等。

其次要将各业务需求的信息基础设施需求统筹考虑。针对众多的业务需求，可能一些业务需要的信息基础设施是相同的，因此需要将它们统筹起来考虑，避免重复建设。在日常生活中看见的道路上重复挖坑埋线的现象，如电信挖坑埋网线、水厂挖坑埋水管、天然气公司挖坑埋天然气管道等，就是由于没有统筹考虑所致。企业进行信息基础设施建设也存在类似情况，比如 MES 需要采集设备的开停机和产量数据；EMS 需要采集设备的能耗数据；EHS 需要采集设备的安全数据；设备健康管理系统需要采集设备关键零部件的运行数据等。在进行信息基础设施建设前，若不将这些需求统筹考虑，就会出现重复建设的现象。

21.2.2　工业物联网对信息基础设施的需求分析

企业在数字化转型过程中，需要建立数字化底座。数字化底座通常有四个数据来源：一是各应用系统数据；二是日常业务数据；三是工业物联网数据；四是工业互联网数据。这四个数据源有一些交集。企业需要对工业物联网和工业互联网具体采集的数据进行整体规划。目前，大多数企业的数字化转型都是以项目为单位开展，缺乏数字化转型的整体规划，也缺乏智能制造顶层构架设计，这样会导致企业数字化转型成本上升，并且效果不佳。工业物联网就是这方面的典型例子。

各数字化应用系统基本都有数据采集、数据传输、数据存储、数据分析、数据应用这几大功能，其中和工业物联网相关的主要是数据采集、数据传输和数据存储：数据采集有的通过信息技术直接从目标对象中读取，有的通过传感器、视频、扫描、感应等方式获取，也有的通过人工录入；数据传输可以通过 4G、5G、WiFi、蓝牙等方式；数据存储主要是确定选用本地存储、边缘计算还是云计算。由于不同的数字化系统管理的对象不同或者相同，就存在针对同一对象进行多种数据采集的情形，也存在不同系统可能需要在同一区域进行数据传输的需求（通常是要建设数据传输网络），如果不做工业物联网整体规划，就会存在非常严重的数据采集、数据传输和数据存储重叠浪费现象，可能还会导致数据冗余和处理难度变大。因此，在企业确定了业务需求、制定了数字化转型规划方案和智能制造顶层构架设计方案后，需要进行工业物联网整体规划。

工业物联网整体规划包括底层对象数据采集规划、物联网网络规划、数据存储规划。数据采集规划主要是盘点所有需要物联网的对象，分析每个对象要采集的全部数据，以及数据如何采集，并进行相应的硬件选型，如传感器和智能终端等；物联网网络规划是在企业有物联网需求的区域，进行物联网范围确认、基站设置、物联方式选择，确保数据传输的可靠性、防止数据丢包，以及考虑未来物联网对象增减和网络扩容等问题；数据存储规划需要明确数据传输频次、数据量分析、哪些数据需要本地存储、哪些数据需要边缘计算、哪些数据需要云计算等。

为了支持工业物联网的运行，需要企业投入相应的信息基础设施资源，如数据采集智能终端、物联网关、交换机、服务器等。这些基础设施资源选型和数量确认基于工业物联网整体规划会比较好。

21.2.3　工业互联网对信息基础设施的需求分析

工业物联网主要是从企业内部考虑如何打造数字化企业；而工业互联网包含的范围更广，不仅包括企业内部的工业物联网，还包括企业内外部需要互联互通的全体对象，比如销售出去的产品、需要连接的客户和供应商群体等。

企业在进行数字化转型规划时，做出了外部需要互联互通对象的决策。因此，基于企业内外部互联互通的需求，可以进行完整的工业互联网规划。

工业互联网规划除了包括连接对象规划、网络规划和存储规划外，还要包括服务规划。服务规划主要是通过计划工业互联网要对外和对内提供哪些服务，比如基于智能物联产品传回来的数据能给客户提供哪些增值服务，通过和供应商建立工业互联网平台要处理哪些业务等。

为了支持工业互联网的运行，也需要企业投入相应的信息基础设施资源，比如服务器、网络等，以及要开发相应的 SaaS/DaaS/MaaS 产品。

进行完三大类信息基础设施需求分析后，需要完善"信息基础设施需求分析表"，作为信息基础设施规划的输入。

21.3　信息基础设施规划

信息基础设施规划的目的是统筹考虑"信息基础设施需求分析表"中的各类需求，以免投资过剩或不足。信息基础设施规划主要包含三项工作：网络规划、信息设备设施规划、基础软件规划。

21.3.1　网络规划

网络规划主要内容有网络类型规划、网络拓扑结构规划、IP 地址规划、网络布线规划、逻辑网络设计、网络安全规划等。

在进行企业网络类型规划时，一般会涉及三类网络：外网、内部办公网、内部工控网。在这三类网络中，内部工控网的规划最复杂，因为它牵扯现场设备间的连接。除了设备自身外，设备的布局方式对网络规划也有一定影响；若不考虑设备布局，而是采用通用方式，网络成本一般较高。如果要考虑设备布局，就需要先进行布局规划，还需要考虑未来产能扩充和布局变化的可能性，这样规划起来更复杂。

网络拓扑结构规划是指对使用何种方式或传输媒介将各物理对象互联起来进行规划。常见的网络拓扑结构有总线型结构、星型结构、环形结构、树形结构、网状结构、混合型结构等。

IP 地址规划是指 IP 地址空间分配要与网络拓扑结构相适应，既要有效利用地址空间，又要体现网络的可扩展性、灵活性和层次性，同时满足路由协议的要求，以便规划网络中的路由聚类，减少路由表长度，减少对路由器、CPU 和内存的消耗，提高路由算法效率，加快路由变化的收敛速度，同时还考虑网络地址的可管理性。IP 地址合理规划是网络设计的重要环节，大型计算机网络必须对 IP 地址进行统一规划。

网络布线规划主要考虑服务器与交换机等网络关键设备的位置，网络终端的位置以及线路铺设途径中的安全性、施工方式、施工难度等因素。

逻辑网络设计要考虑网络的冗余性、可靠性、可扩展性。设计的主要内容包括设备冗余，链路冗余，安全策略部署，IP 地址预留，设备端口预留等。

网络安全规划是网络规划的重点内容，既要保证网络间相互连通，也要保证网络安全。由于网络安全在数字化时代越来越重要，本章在后文中对这部分内容进行单独详细介绍。

基于上述网络规划主要内容，可得出进行网络规划的基本原则：

1）网络架构要成熟、稳定安全、高度可靠、可用，尽可能减少一次性投入和后期维护成本。

2）网络管理要简单，采用易用的浏览器方式，以直观的图形化界面管理。

3）可以采用多种广域网连接方式，降低广域网链路费用。

4）无线接入点应覆盖范围广、配置灵活，方便移动办公和现场移动作业。

5）采用便捷、简单的统一通信系统，轻松实现交互式工作环境。

6）系统应安全保密性高，适合企业的低成本网络安全解决方案。

7）随着企业业务的发展，所有网络设备均可在升级原有网络后继续使用。

21.3.2　信息设备设施规划

常见的信息设备设施有机房、服务器、路由器、交换机、计算机、打印机、手持设备等。在业务需求、各应用软件需求以及网络规划的基础上，需要进行信息设备设施规划，这部分也可以作为网络规划的一部分。

信息设备设施规划分为两大类：一类是基于业务需求的硬件；另一类是基于信息技术实现的硬件。基于业务需求的硬件主要有传感器、智能终端、手持设备、打印机、计算机等，这些硬件设备设施的规划要在工业物联网整体规划时完成；基于信息技术实现的硬件主要有机房、服务器、路由器、交换机、显示屏等。

信息设备设施规划的两项核心内容是机房规划和信息设备选型。

在企业内部，要确定需要几个机房，以及每个机房的位置和大小。然后才能够进行机房的具体规划：如机房设备配置、品牌选型与购置，包括机房冷通道系统、机房气体消防、机房场地环境监控系统、机房 UPS、机房视频监控系统、机房门禁控制系统、新风系统等。机房工程施工包括机房装修工程、机房配电、机房强电布线、机房弱电布线、机房电源防雷接地系统等。

设备选型和网络规划有一定的相关性。有些网络规划是基于特定设备来进行的，当网络规划方案完成后，硬件设备也随之确定了；大多数方案规划好后，都有不同品牌的产品可选。在进行设备选型时，要综合考虑产品的价格、性能、稳定性、后期维护成本，不要单纯地比较一次性采购成本，否则不能做出恰当的决策。

21.3.3　基础软件规划

基础软件主要有数据库和操作系统。由于操作系统和通信设备设施选型有关，因此企业也可以先进行操作系统规划，然后按照操作系统指导设备设施选型。

数据库规划是基础软件规划的核心工作。由于数据库和应用软件是相互独立又相互关联的，因此企业需要基于应用软件对于数据的需求来规划数据库。

数据库有物理数据层、概念数据层和用户数据层三个层次。数据库规划要先定义用户数据层，要确定业务部门的数据需求；然后定义概念数据层，识别用户需要的数据是通过哪些逻辑关系得出来的；最后确定物理数据层，识别需要哪些原始数据，将这些原始数据定义好，确认好数据来源以及建立原始数据管理规则。

由于企业各应用系统的用户不同，需要有不同的用户数据，也需要有不同的物理数据层原始数据。针对物理数据层原始数据，要进行清晰的分类定义，比如常见的人员数据、产品数据、物料数据、设备数据、工艺数据等。在进行原始数据定义时，可能不能一下子把数据属性定义完整，因此要给每项数据留下一定的扩展空间。以产品工时这个数据为例，如果要满足工时分析需要，需要有循环时间、每个循环里人的工作时间和设备的工作时间等。目前在各种 ERP 系统中并没有这样的细分，也没有留下相应的空间进行修正。在实际系统上线时，由于各系统框架比较固定，经常要在其他栏位做备注说明进行栏位替代。

21.3.4　网络安全规划

网络安全主要有五方面内容：网络物理安全、网络拓扑结构安全、网络系统安全、应用系统安全和网络管理安全。

（1）网络物理安全。网络物理安全是整个网络系统安全的前提。在网络工程建设中，由于网络系统属于弱电工程，耐压值很低。因此在网络工程的设计和施工中，必须优先考虑保护人和网络设备不受电、火灾和雷击的侵害；考虑布线系统与照明电线、动力电线、通信线路、暖气管道及冷热空气管道之间的距离；考虑布线系统和绝缘线、裸体线以及接地与焊接的安全；必须建设防雷系统，防雷系统不仅考虑建筑物防雷，还必须考虑计算机及其他弱电耐压设备的防雷。总体来说，物理安全的风险主要有地震、水灾、火灾等环境事故，电源故障，人为操作失误或错误，设备被盗被毁，电磁干扰，线路截获，高可用性的硬件，双机多冗余的设计，机房环境及报警系统、安全意识等。因此，企业在规划网络安全时要注意这些安全隐患，同时还要尽量避免网络的物理安全风险。

（2）网络拓扑结构安全。网络拓扑结构安全也直接影响网络系统的安全性。例如在外部和内部网络进行通信时，内部网络的机器安全就可能会受到威胁，一旦受到威胁，也会影响在同一网络上的许多其他系统。通过网络传播，还会影响到其他网络。因此设计时有必要将公开服务器（WEB、DNS、EMAIL 等）和外网及内部其他业务网络进行必要的隔离，避免网络结构信息外泄；同时还要对外网的服务请求加以过滤，只允许正常通信的数据包到达相应主机，其他的请求服务在到达主机之前就应该遭到拒绝。

（3）网络系统安全。网络系统安全是指整个网络操作系统和网络硬件平台是否可靠且值得信任。无论是 Windows NT 还是其他任何商用的 Unix 操作系统，其开发商必然能够访问。从这个角度来说，没有绝对安全的操作系统。不同用户应从不同方面对其网络进行分析，选择安全性尽可能高的操作系统，并对操作系统进行安全配置；而且要加强登录过程的认证（特别是在到达服务器主机之前的认证），确保用户的合法性；还要严格限制登录者的操作权限，将其操作限制在最小的范围内。

（4）应用系统安全。应用系统安全和具体的应用有关，涉及面广。以互联网上应用最为广泛的 Email 系统来说，其解决方案有 Outlook、Lotus Notes、Gmail 等不下二十多种，安全手段涉及 LDAP、DES、RSA 等各种方式。应用系统在不断发展且类型在不断增加，在应用系统安全性上，主要考虑尽可能建立安全的系统平台，并通过专业的安全工具不断发现漏洞、修补漏洞，提高系统的安全性。各类应用系统的安全性还涉及信息和数据的安全，如机密信息泄露、未经授权访问、破坏信息完整性、假冒、破坏系统的可用性等。在某些系统中有很多机密信息，如果重要信息遭到窃取或被破坏，它的经济、社会和政治影响可能会很严重。因此，用户使用计算机必须进行身份认证，重要信息的通信必须授权，传输必须加密。采用多层次的访问控制与权限控制手段，实现对数据的安全保护；采用加密技术，保证网上传输信息的机密性与完整性。

（5）网络管理安全。网络管理安全是网络安全最重要的部分。责权不明、安全管理制度不健全、缺乏可操作性等都可能引起网络管理安全风险。当网络出现攻击行为或网络受到一些安全威胁时（如内部人员的违规操作等），无法进行实时检测、监控、报告与预警；同时在事故发生后，也无法提供黑客攻击行为的追踪线索及破案依据，缺乏对网络的可控性与可审查性。这就要求我们必须对站点的访问活动进行多层次记录，及时发现非法入侵行为。

一旦上述任何一种安全隐患成为事实，对企业造成的损失都难以估计。因此，网络安全是工业互联网发展过程中的重大挑战，只有企业能够保护数据和信息安全，才会有更多有价值的数据被采集、存储和应用。只有数据足够多，信息物理系统（Cyber Physical Systems，CPS）才能实现，虚拟的数字才能发挥更大的价值。

建立网络安全机制，必须深刻理解网络并能针对存在的问题提供直接的解决方案，在应对网络安全方面，通常采用网络安全预防措施，常见的有网络安全措施和商务交易安全措施，如图 21-1 所示。

（1）网络安全措施。网络安全措施是为了保护商务各方网络系统间通信过程安全。保证机密性、完整性、认证性和访问控制性是网络安全的重要因素。网络安全措施主要包括保护网络安全和保护应用服务安全这两大方面。

图 21-1　网络安全预防措施

1）保护网络安全的主要措施有：全面规划网络平台的安全策略；制定网络安全的管理措施；使用防火墙；尽可能记录网络上的一切活动；注意对网络设备的物理保护；检验网络平台系统的脆弱性；建立可靠的识别和鉴别机制。

2）保护应用服务安全，主要是针对特定应用，如 Web 服务器、网络支付软件系统等，建立安全防护措施，它独立于网络的任何其他安全防护措施。虽然有些防护措施可能是网络安全业务的一种替代或重叠，如 Web 浏览器和 Web 服务器在应用层上对网络支付结算信息包的加密，都是通过 IP 层加密，但是许多应用还有自己特定的安全要求。

（2）商务交易安全措施。商务交易安全措施紧紧围绕传统商务在互联网上应用时产生的各种安全问题，通过加密技术、认证技术和电子商务安全协议等安全技术来实现。

1）加密技术是基本安全措施，双方可根据需要在信息交换时使用。加密技术分为对称加密和非对称加密：对称加密又称私钥加密，即信息的发送方和接收方用同一个密钥去加密和解密数据，它的最大优势是加密和解密速度快，适合对量大数据进行加密，但密钥管理困难；非对称加密又称公钥加密，使用一对密钥来分别完成加密和解密操作，其中一个公开发布（即公钥），另一个由用户自己秘密保存（即私钥）。信息交换的过程是：甲方生成一对密钥并将其中的一把作为公钥向其他交易方公开，得到该公钥的乙方使用该密钥对信息进行加密后再发送给甲方，甲方再用自己保存的私钥对加密信息进行解密。

2）认证技术是用电子手段证明发送者和接收者身份及其文件完整性的技术，即通过确认双方的身份信息保证信息在传送或存储过程中未经篡改。认证技术主要有数字签名和数字证书两种方式。

①数字签名也称电子签名，如同出示手写签名一样，能起到电子文件认证、

核准和生效的作用。其实现方式是把散列函数和公开密钥算法结合起来，发送方从报文文本中生成一个散列值，并用自己的私钥对这个散列值进行加密，形成发送方的数字签名；然后将这个数字签名作为报文的附件和报文一起发送给报文的接收方；报文的接收方首先从接收到的原始报文中计算出散列值，接着再用发送方的公开密钥来对报文附加的数字签名进行解密；如果这两个散列值相同，那么接收方就能确认该数字签名是发送方的。数字签名机制提供了一种鉴别方法，以解决伪造、抵赖、冒充、篡改等问题。

②数字证书是一个经证书授权中心数字签名的，包含公钥拥有者信息以及公钥的文件数字证书。其主要构成为：一个用户公钥，加上密钥所有者的用户身份标识符，以及被信任的第三方签名。第三方一般是用户信任的证书权威机构，如政府部门和金融机构。用户以安全的方式向公钥证书权威机构提交他的公钥并得到证书，然后用户就可以公开这个证书。任何需要用户公钥的人都可以得到此证书，并通过相关的信任签名来验证公钥的有效性。数字证书通过标志交易各方身份信息的一系列数据，提供了一种验证各自身份的方式，用户可以用它来识别对方的身份。

近些年流行的区块链技术，就是由区块组成的链条，每一个区块中保存了一定的信息，它们按照各自产生的时间顺序连接成链条。这个链条被保存在所有分散的服务器中，只要整个链条中有一台服务器可以工作，整条区块链就是安全的。这些服务器在区块链系统中被称为节点，它们为整个区块链系统提供存储空间和计算能力支持。如果要修改区块链中的信息，必须征得半数以上节点的同意并修改所有节点中的信息，而这些节点通常掌握在不同的主体手中，因此篡改区块链中的信息是一件极其困难的事。相比于传统的网络，区块链具有两大核心特点：数据难以篡改和去中心化。基于这两个特点，区块链所记录的信息更加真实可靠，可以帮助解决人们互不信任的问题。

还有基于硬件的方法来管理用户权限、网络访问、数据保护等，如可信赖平台模块（Trust Platform Module，TPM）芯片。TPM芯片用来存储数字密钥、认证和密码，有了TPM芯片，不管是虚拟的还是物理的攻击都将变得更加困难。TPM芯片主要由以下几部分组成：I/O组件、非易失性存储、身份密钥、程序代码、随机数产生器、SHA-1算法引擎、RSA密钥产生、RSA引擎、Opt-in选择组件、执行引擎。

以上内容介绍了网络安全问题的主要类型以及预防措施，随着企业数字化转型的不断推进，网络安全问题会越来越突出，只有真的让数据所有者和数据消费者感受到网络安全，万物互联的时代才能够早日到来。

21.4　信息基础设施投资预算制定

当完成了信息化基础设施规划后，就要制定信息基础设施实施计划和投资预算。

企业数字化转型一般分三个阶段进行：第一阶段以工业物联网和大数据平台建设为主，实现设备互联互通和可知可控，关键生产过程和业务过程的数字化、透明化、标准化；第二阶段是在第一阶段标准数据和流程的基础上，以各职能业务应用为导向，通过上线各应用软件，来丰富数据和赋能业务；第三阶段是在工业大数据和工业互联网平台的基础上，打造企业大脑和协同供应链，实现管理自动化和挖掘供应链上下游的新价值机会。

数字化应用软件要严格按照智能制造顶层构架设计确定的先后顺序来实施。不同软件的实施基础不一样，有些软件是另一些软件的实施基础，要严格确定其上线的先后顺序，不能够颠倒。按照这个整体思路，完成"信息基础设施实施计划表"。

基于"信息基础设施实施计划表"，再调研各具体事项的实施费用，编制"信息基础设施投资预算表"。信息基础设施投资要紧紧围绕企业数字化转型需求，要做到既有前瞻性又有经济适用性。

展望篇

　　制造业企业在数字化转型过程中，要始终铭记"数字化是手段不是目的，不要为了数字化而数字化，降本增效升级转型才是数字化要追求的目标"。

　　为了实现降本增效升级转型的目标，制造业数字化企业要始终关注未来市场的竞争态势、存在的机会和威胁；要全面分析自身的优势和劣势；在此基础上明确市场和产品的定位以及开发方向，制造升级转型方向，以及进行相应的组织建设和人才建设。

　　随着产业链的整合和集中，会形成众多具有特色的产业园区，为打造产业大脑创造了积极条件。

制造业数字化转型展望

本章将从六个方面对制造业数字化转型进行展望：市场和产品方向、制造方向、组织建设方向、人才建设方向、智慧园区建设方向、产业大脑方向。

22.1　市场和产品方向

过去几年制造业数字化转型的重心在制造方面，但是制造业的本质是为客户提供高性价比的产品和服务，市场和制造对制造业企业而言同等重要。在生产力过剩的情况下，市场对企业而言就更重要，成为企业数字化转型的核心方向。该如何确定制造业数字化转型的市场和产品方向呢？

首先要全面地分析市场和产品。目前的产品已经覆盖了哪些市场？产品的市场竞争力和市场占有率如何？未来是否有新产品开发计划？如果有，是针对哪些细分市场的？针对不同的细分市场，企业目前的策略是什么？

企业可以设计简单的"市场和产品分析表"来解答这些问题。

通过现有市场与产品分析，可以识别产品和市场是否有交叉现象、产品市场占有率如何、企业是否需要进行产品线扩充、企业还有哪些可以进入但目前还未进入的市场等。在详细盘点完现有市场和产品后，企业营销部和技术部要深度讨论如下问题：

①针对现有市场的现有产品是否需要升级？

②是否可以用现有产品再去开拓一些新市场？

③针对现有市场是否需要开发新产品？

④现有行业中，是否还有一些可以进入但是还没有进入的细分市场？若要进入的话，需要生产什么样的产品？

⑤未来企业是否有机会进入其他行业？若有的话，需要什么样的产品？

在回答这些问题的过程中，需要持续更新和完善"市场和产品分析表"，然后再重点思考如下四个问题：

①企业市场方向是否有数字化升级转型机会？

②企业现有产品和计划开发的新产品，是否有数字化、智能化、物联化方面的产品升级机会？

③企业对客户是否存在服务创新的机会？

④企业是否可以提供"产品＋服务"的创新机会？

在回答上述问题的过程中，营销和技术团队可以参照本书第 6 章（产品创新、服务创新、商业模式创新）的相关内容。在完善了"市场和产品分析表"并回答完上述全部问题后，要和企业决策层进行讨论，共同做出最终决策，以明确企业的市场和产品开发方向。

22.2　制造方向

针对制造业企业，制造是主体，是价值创造的源泉。在企业数字化转型过程中，要结合企业的实际情况，制定制造升级战略。

目前我国制造业存在工业 1.0、工业 2.0、工业 3.0 并存，头小肚子大四肢发达（头是指工业 3.0、工业 4.0 企业；肚子是指工业 2.0 企业；四肢是指工业 1.0 企业）；工业 3.0 企业数量不足 5%；工业 2.0 企业数量在 65% 左右；工业 1.0 企业数量在 30% 左右，如图 22-1 所示。

虽然制造业企业的水平参差不齐，但是制造业发展的本质一直是降本增效。不论是处于哪个水平的制造业企业，制造方向永远要围绕降本增效来展开。因此，降本增效也是智能制造的内涵。

不同水平的制造业企业要如何进行"降本增效"呢？过去二三十年经常会提到精益管理、创新、自动化；近几年经常会提到数字化、智能化、互联化。将这些方法和工业社会企业的四大核心竞争力"质量、成本、交付、安全"结合起来不难发现：精益管理可以提升企业的四大核心竞争力，也能够帮助企业获得新客户；创新是企业发展的核心动力，是价值创造的源泉；自动化、数字化、智能化、互联化也可以提升企业的四大核心竞争力，创造新价值和获得新客户。

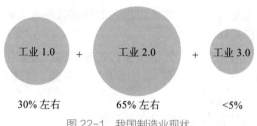

图 22-1　我国制造业现状

如果将创新纳入"精益管理"的范畴，将自动化、数字化、智能化、互联化纳入"智能制造"的范畴，那么"精益智能制造"就是精益化、创新化、自动化、数字化、智能化、互联化的结合体。精益智能制造理论就是为制造业降本增效升级转型而生，也是当前我国制造业的发展方向。关于精益智能制造理论在本书 6.4 节有简单介绍，也可以参考笔者的《精益智能制造》一书。

制造业企业的制造发展方向，要以精益智能制造为理论基础，要坚持以降本增效为出发点，不断进行制造升级和管理升级，推动自动化机器人，以及引导管理向流程化、信息化、透明化、自动化方向发展。

22.3　组织建设方向

由于数字化转型会对企业组织架构产生巨大冲击，很多传统工作岗位将会消失，一些新工作机会将会涌现；因此企业组织建设要和发展保持一致，为企业数字化转型提供保障。

通常围绕企业数字化转型，在组织建设模式上有两项工作要做好：一是组织数字化职能建设；二是组织数字化能力建设。

1. 数字化职能建设

一些企业的 IT 负责人经常跟我们诉苦说，企业领导让 IT 部来制定企业智能化的业务需求。由于 IT 人员不太熟悉企业具体业务，也制定不出来，但是还不能说服企业领导改变主意，只能被动接受任务。这种现象在过去和现在都非常普遍，主要原因是企业的组织建设和职能划分不清。

在企业数字化转型过程中，通常有三个部门是关键：精益管理部、智能制造部、信息技术部。在企业数字化转型过程中，建议这三个部门和其他业务部门的分工如图 22-2 所示。

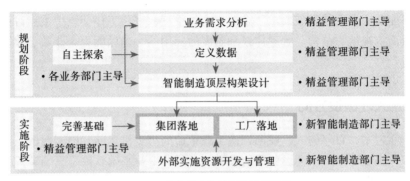

图 22-2　企业数字化转型关键部门分工

在规划阶段：由精益管理部门主导。其主要工作有业务需求分析、定义数据、智能制造顶层构架设计；各业务部门可以积极地探索各自业务的智能化方向，大胆提出设想，不用担心能不能实现以及企业会不会批准，并将探索结果反馈给精益管理部门，由他们整合到智能制造顶层构架设计中去。

在实施阶段：先由精益管理部门主导完善制造基础，将企业薄弱环节夯实补强，特别是核心管理体系方面的漏洞，一定要先补起来，否则智能制造如无土之木；其次建议将 IT 部门和智能制造部门合并成新智能制造部门，由合并后的新部门主导集团层面和工厂层面的具体项目实施，也可以成立数字化转型办公室，统一协调企业内部的数字化转型工作；在项目实施过程中，合并后的新智能制造部门要开发和管理外部智能制造实施服务商，精益管理部门要对服务商提供的解决方案、项目实施过程和结果监督把关，确保项目能够实现业务需求。

2. 数字化能力建设

为了满足数字化转型需求，企业还要持续提升数字化能力。传统企业数字化能力的最大短板在大数据方面，可以先在 IT 部门设立大数据岗位，引进和培养一批大数据专业人才。当企业的数据资产丰富以后，将大数据岗位从 IT 部门独立出来，成立大数据部门。另外，由于智能制造供给的标准化和需求个性化的矛盾越来越突出，企业还需要具备软件二次开发能力，适当扩大 IT 软件工程师团队规模。

当企业设置大数据岗位或成立大数据部门后，可以和外部机构建立合作关系，联合培养大数据人才，或者将部分数据服务外包，以不断提升企业的数据管理能力。

当数字化给企业带来深刻变革时，现有的企业组织结构、管理体系和制度可能不能适应企业的发展要求。企业要在每季度数字化工作会议中重点讨论此话题，全面审视组织结构、管理体系和制度的实用性，确保能为企业数字化转型保驾护航。

22.4 人才建设方向

十年树木，百年树人。在第四次工业革命的历史机遇前，中国制造业存在弯道超车或换道超车的机会。就目前来说，中国的工业基础软件、高端装备核心零部件等是痛点，这些痛点的背后其实是人才问题。中国要变成制造强国，不能靠舶来品，要自己培养人才，开发有完全自主知识产权的产品。近年国产替代的呼声很高，也是出于这方面的考量。

为企业数字化转型护航，以下四个方向的人才建设尤为紧迫：数字化人才、精益智能制造人才、创新人才、有工匠精神的人才。

1. 数字化人才

数字化人才主要包括硬件、软件、大数据、人工智能等方向的人才。企业数字化人才队伍建设可以采用如下四条路径：一是在内部各职能部门设立数字联络员，识别各部门的高潜力数字化人才，然后通过有效的培养方式，打造一支数字化队伍；二是积极和外部机构紧密合作，在人才培养、项目实施、经验交流等方面开展全方位合作；三是建立数字化智库，将引智工作落到实处；四是招聘一批数字化相关专业人才，可以是有经验的专家、工程师，也可以是应届毕业生。

2. 精益智能制造人才

精益智能制造人才主要包括精益管理、智能制造、经营管理相关方面，以及具备一定软技能的人才。在企业数字化转型过程中，数字化专业人才很重要，精益智能制造方向的复合型人才更重要。要培养一批既懂智能制造，又懂精益管理、经营管理，并具备一定软技能的复合型人才，以便将企业数字化转型和长期高质量发展结合起来。精益智能制造人才画像如图 22-3 所示。

熟悉经营管理知识可以帮助人树立正确的价值导向，识别价值的来源，是保证企业高质量发展的根本；熟悉精益管理知识可以清楚价值的创造和实现方式，方便规划企业数字化转型路径；熟悉智能制造知识可以明白技术底层是如何实现的，如何辨别良莠不齐的智能制造服务商；具有软技能能够让人和企业内外部其他工作人员建立良好的合作关系，更好地发挥自身价值。目前，我国社会对于各类复合型人才的培养还不够普遍，主流还是在培养专才。

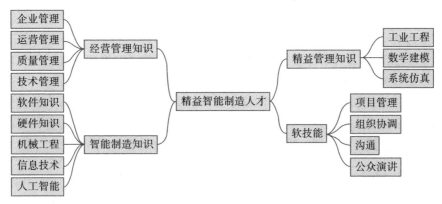

图 22-3　精益智能制造人才画像

3. 创新人才

创新是企业发展的原动力，企业要着力建立创新体系和打造创新文化，动员全员参与创新，让人人都成为创新高手。

企业需要重点培养管理创新、技术创新、产品创新和制造创新方向的创新人才。管理创新是基础，是其他创新的摇篮，创新管理人才是组织创新活力和能力的保证。技术创新是企业的灵魂，但是一般中小企业没有技术创新能力，所以一般建议大企业和科研机构扮演技术创新的角色。产品创新是企业和客户需求间的纽带，是持续满足客户需求的必然过程，也是企业价值的实现方式。制造创新是制造业提升核心竞争力的主要方式，是企业价值的源泉。

4. 有工匠精神的人才

企业里面每个工作岗位没有高低之分，只是工作性质不同。工作人员不论在哪个岗位，都要发扬工匠精神，尽力将工作做最好。很多企业并不缺乏高精尖的人才，而是缺乏有工匠精神的人才，从而导致组织战斗力低下。企业需要宣传工匠精神，并培养拥有工匠精神的人才，激发全体员工的工作激情，从而将组织价值最大化。

在组织人才建设方面，人力资源部门要依据企业人才建设的方向，定期组织各部门负责人进行人才需求研讨。针对人才缺口,企业要优先从现有内部人才中选拔,然后连同外部合作机构进行联合培养;另外也要积极从市场上引进高层次人才,确保组织人才的竞争力。

22.5　智慧园区建设方向

大型企业集团和产业园区正在数字化转型的引领下,全方位进行智慧园区建设。本书第19.3节从行政管理实践角度介绍了智慧园区管理系统包含的几项常见功能,如入侵检测、视频监控、广播系统、停车管理、会议室管理、可视化等。本节将系统描述智慧园区的建设方向,主要围绕如下十大方面:智能制造、智慧办公、智能人员管理、智能资产管理、智能安全管理、智能安防管理、智能消防管理、智能车辆管理、智能食堂管理、智能相关方管理。

1. 智能制造

园区各生产车间按照智能制造"降本增效"和"升级转型"两大基本原则全面建成。走进车间,出现在眼前的是和制造对象最匹配的生产方式;车间全面实现数字化,各类人员都能便捷了解到相关信息;生产管理全面智能化,各类管理和分析工作都由智能化系统自动完成,等待管理人员进行最终决策;生产计划全面智能化和自动化,通过和客户端信息系统集成,客户订单直接进入企业生产排程系统,由系统自动排程后同步发送物料订单给供应商,无须人工上传下达;物料能够实现信息自动追踪和精准管理,供应商依据消耗和订单进行及时补货;生产现场自动化程度高,从来料、加工到出货,主要工作均由机器人完成;车间安全性高,针对违规作业能够及时制止或警告;车间环境友好,对员工健康影响小。

2. 智慧办公

在踏进企业大门的瞬间,能够通过广播、电子显示屏等多种渠道了解企业当天的重大事务;踏进办公室,部门当日的重要事项就映入眼帘;打开计算机,就能够知道当日个人的工作安排;会议室资源和当日企业重要事项自动匹配,无须人员预定;走进智能会议室,在预定会议时间前会议设施自动启动,会议结束后自动关闭。

各建筑物内均配置独立的公共广播系统,可分别对各自管辖区域单独进行背景音乐播放、业务信息广播和紧急事务广播。各建筑物广播主机设备之间通过网络互联，同时全厂广播中心可进行持续、全方位的自检。

3. 智能人员管理

通过智能卡、物联网和人工智能技术，员工一卡在手，就能获得企业内部全部服务，如进出厂区、上岗、培训、停车、薪资查询、就餐、住宿、文体娱乐等。另外，企业也可以实现对员工的实时管理，比如人事关系、员工档案、出勤状况、在岗情况、工作绩效、技能等级等。

4. 智能资产管理

针对企业的固定资产和非固定资产类办公设备设施，通过物联网技术进行精准实时管理；对企业流动资产类的原材料、半成品、成品进行智能化管理，依据销售需求进行库存合理性分析，物料发生异动时能够及时反馈和更新。

5. 智能安全管理

针对企业 EHS 规定的危险区域，包含生产和非生产区域，通过物联网和人工智能技术进行实时动态管理。针对受限空间和重点区域，如消防水池、配电房等，执行非授权入侵报警；在管控区识别到人员的危险行为时，立即警告并反馈给管理人员；在管控区识别到危险信号时，能够进行自控制，启动预防措施，减少事故发生。另外还可以结合虚拟现实技术，进行安全模拟培训，让员工身临其境，切实感受到安全管理的重要性。

6. 智能安防管理

在企业厂区周边和厂内通过视频安防监控系统、电子围栏、电子定点巡查等智能化方式进行综合管理，确保巡查按时执行和确保企业人财物安全。

7. 智能消防管理

通过人工智能和物联网技术，对违反消防规定的行为进行及时警告；对消防通道、消防设施等进行实时监控，若有异常及时反馈处理；对消防隐患，进行实时监控，若有异常立即启动应急措施。

8. 智能车辆管理

对员工车辆，加装物联网终端，进入厂区后，进行位置和行驶状况实时管理；针对外来车辆，通过智能卡进行位置和行驶管理；针对公车，通过加装智能终端，进行位置、驾驶状况、里程、加油和维保管理；针对企业停车场，通过物联网进行车位状况实时显示，结合停车场显示屏或者移动 App 引导员工停车。

9. 智能食堂管理

建立智能食堂管理系统：对安全、卫生、留样进行综合管理，实现食堂管理透明化和智能化；通过和食品热量值数据库相结合，数字化显示每餐各类食物的热量值，帮助员工进行饮食健康管理；将员工智能卡和智能食堂管理系统连接，实现快速选餐、自动结算。

10. 智能相关方管理

以智能卡和智能安全穿戴装备为媒介，对相关方进出厂区、在厂内的位置和行为进行及时监管，促使相关方在厂内安全作业和遵守厂纪厂规。

22.6 产业大脑方向

本书第 20 章对企业大脑进行了简单阐述。目前，国内部分地区正在积极探索产业大脑建设模式，在企业大脑的基础上，产业大脑有望建设成功。产业大脑以工业互联网为基础，以数据为资源要素，集成产业链、供应链、资金链、创新链，贯通生产端与消费端，融合社会各利益相关方，为企业生产经营数字化赋能，为产业生态建设提供数字化服务，为经济治理提供数字化手段。

制造业产业大脑可以看作在德国工业 4.0 二维策略的基础上，集成产业链外的其他社会服务性资源，如银行、政府、终端消费者等，共同为产业赋能，因此可以称为德国工业 4.0 的升级版。智能制造产业大脑如图 22-4 所示。

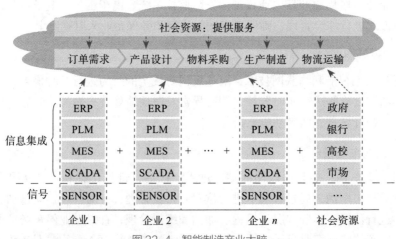

图 22-4　智能制造产业大脑

产业大脑要基于特定产业，打造数字化产业链，然后将产业需要的服务性资源集成，形成产业生态圈，然后再为整个产业链提供服务。不久的将来，中国制造业将会出现众多产业大脑。

在虚拟世界中，地理位置对产业链上的各企业没有多大影响；但在现实世界中，产业链分散会降低整个产业链的竞争力，如日常管理难度加大、物流成本高等。因此，产业集群会在未来逐步形成。在众多的产业集群里，政府可以基于当地资源和现有产业优势，打造有特色的、高竞争力的产业集群，这将是未来各地工业园区招商的重点和方向。在产业集群里再引进服务性资源，共同建设产业大脑。产业大脑建设过程如图22-5所示。

图22-5　产业大脑建设过程

产业大脑先要瞄准特定产业，进行整体规划。在整体规划决策完成后进行产业链上各类企业组合规划，确定要哪些类型的企业，每种类型企业要多少家。然后根据产业链的性质以及每类企业数量进行产业园区功能区划分，确保整体规划最优。这部分工作通常由产业园区管理单位和外部产业规划咨询服务单位一起完成。

在完成了产业园区整体规划后，园区招商部门按照规划结果进行招商，园区运营管理部门进行产业大脑平台建设。当企业入住后，先要进行智能制造顶层构架设计，顶层构架设计既要能满足园区产业大脑平台的数据需求，又要能满足企业自身降本增效、升级转型的数据需求。然后企业再开始进行智能化建设，建设完成后将企业工业互联网平台接入园区的产业大脑平台。当园区的全部入住企业都按照这种方式进行规划和建设后，一个完整的产业大脑就形成了。

目前，各地打造的产业大脑深度不足。打造产业大脑的前提是要有企业大脑，如果企业还没有大脑，那么产业大脑是建不起来的。企业大脑是智能制造的难点，目前还没有完整的解决方案。大多数企业关于企业大脑有一个认知误区，认为企业建立了工业互联网，将数据传输到云上就算建成了企业大脑。但其实真正的企业大脑是像人脑一样，具备自主决策功能。也就是企业里面的所有工作，企业大脑都可以进行相关决策，就像一个智能机器人一样。如果产业链上的全部企业都有企业大脑，那么将这些有脑的企业互联起来，并创造出新价值，才是真正的产业大脑。

以清晰的市场和产品开发方向为导向，在强有力的人才策略和组织双重保障下，企业可以将数字化转型进行到底，并最终实现智能化，为企业实现中长期战略目标打下坚实基础，并在数字化和智能化变革浪潮中引领行业发展。

第四次工业革命为中华民族带来了伟大复兴的重要历史机遇。近年来国家将智能制造上升到国家战略高度，颁布了《中国制造2025》，目标在2045年实现成为制造强国的目标。各部委以及地方各级政府也高度重视，配套政策相继跟进；高校和社会研究机构也在不断进行智能制造相关技术研究；行业龙头企业在政府的支持下，纷纷开始了数字化、智能化升级转型实践；各地产业园区也在大力推动数字化、智能化项目落地，打造智能制造产业链；社会上也形成了规模巨大的智能制造产业基金。相信在不久的将来，中国制造业定会迎头赶上，成为制造强国。

推 荐 阅 读

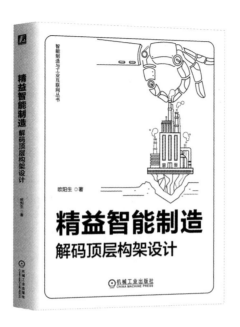

精益智能制造：解码顶层构架设计

ISBN：978-7-111-73777-3 定价：99.00元

　　本书从社会核心竞争力来源角度切入，阐述了中国制造业的基本国情和核心问题，再结合"中国制造2025"指出的制造业升级转型方向，提出了基于国情、符合发展方向、能解决实际问题的精益智能制造理论。书中详细阐述了精益智能制造理论体系以及落地方向和方法；还介绍了精益智能制造的实践案例；另外针对制造业实践智能制造最重要和最复杂的顶层构架设计工作，提出了智能制造顶层构架设计的完整方法论，方便企业落地精益智能制造，低成本实现"降本增效+升级转型"的目标。

推荐阅读

智能制造系统：模型、技术与运行

ISBN: 978-7-111-71962-5 定价: 89.00元

本书结合世界制造业强国的智能制造发展战略，分析智能制造系统在新一代工业革命中的重要作用，并在概要阐述智能制造的发展趋势、标准化历程和典型制造模式的基础上，详细介绍智能制造系统的主要模型、使能技术、关键装备、组织形式、运行管理，以及智能制造系统的典型应用案例，为提高制造企业的智能化水平提供有益参考。

本书为制造企业管理人员实现智能制造系统提供重要参考依据，可供智能制造工程、机械工程、自动化、计算机等智能制造相关领域的高校研究生和科研人员参考。